Wolfgang Stegmüller

Probleme und Resultate der Wissenschaftstheorie
und Analytischen Philosophie, Band I
Erklärung – Begründung – Kausalität

Studienausgabe, Teil G

Die pragmatisch-epistemische Wende
Familien von Erklärungsbegriffen
Erklärung von Theorien: Intuitiver Vorblick auf das
strukturalistische Theorienkonzept

Zweite, verbesserte und erweiterte Auflage

Springer-Verlag Berlin Heidelberg New York 1983

Professor Dr. Dr. Wolfgang Stegmüller
Hügelstraße 4
D-8032 Gräfelfing

Dieser Band enthält das Kapitel XI der unter dem Titel „Probleme und Resultate der Wissenschaftstheorie und Analytischen Philosophie, Band I, Erklärung – Begründung – Kausalität" erschienenen gebundenen Gesamtausgabe

ISBN-13: 978-3-540-11812-1  e-ISBN-13: 978-3-642-61774-4
DOI: 10.1007/978-3-642-61774-4

CIP-Kurztitelaufnahme der Deutschen Bibliothek
**Stegmüller, Wolfgang:** Probleme und Resultate der Wissenschaftstheorie und analytischen Philosophie/Wolfgang Stegmüller. – Studienausg. – Berlin; Heidelberg; New York: Springer
Bd. 1. Erklärung – Begründung – Kausalität.
Teil G: Die pragmatisch-epistemische Wende; Familien von Erklärungsbegriffen; Erklärung von Theorien: Intuitiver Vorblick auf das strukturalistische Theorienkonzept. – 2., verb. u. erw. Aufl. – 1983.

Das Werk ist urheberrechtlich geschützt. Die dadurch begründeten Rechte, insbesondere die der Übersetzung, des Nachdruckes, der Entnahme von Abbildungen, der Funksendung, der Wiedergabe auf photomechanischem oder ähnlichem Wege und der Speicherung in Datenverarbeitungsanlagen bleiben, auch bei nur auszugsweiser Verwertung, vorbehalten. Die Vergütungsansprüche des § 54, Abs. 2 UrhG werden durch die „Verwertungsgesellschaft Wort", München, wahrgenommen.
© Springer-Verlag Berlin Heidelberg 1969, 1974, 1983
Softcover reprint of the hardcover 2nd edition 1983
Herstellung: Brühlsche Universitätsdruckerei, Gießen
2142/3140-543210

# Inhaltsverzeichnis

**Kapitel XI. Die pragmatisch-epistemische Wende**

1. Die Phase des Überganges. Die Arbeiten von OMER, TUOMELA, GÄRDENFORS, BROMBERGER . . . . . . . . . . . . . . . . . . . . . 940
2. Der Weg zur systematischen Pragmatisierung. Die Analyse B. HANSSONS 950
3. Versuch einer pragmatisch-epistemischen Explikation der Familie informativer Erklärungsbegriffe. Darstellung und Weiterführung der Theorie von P. GÄRDENFORS . . . . . . . . . . . . . . . . . . . . . . . . 957
   - 3a. Formen der Abweichung vom HEMPELschen Modell. . . . . . . 957
   - 3b. Wissenssituationen: Statisches Modell . . . . . . . . . . . . . 960
   - 3c. Wissenssituationen: Dynamisches Modell . . . . . . . . . . . 964
   - 3d. Erwartete Wahrscheinlichkeiten. Wahrscheinlichkeitsmischungen. 965
   - 3e. HEMPELS Mehrdeutigkeit und die neue Variante des Prinzips der maximalen Bestimmtheit von REICHENBACH. . . . . . . . . 968
   - 3f. Drei graduell unterschiedliche, pragmatisch-epistemische Begriffe von Einzelfall-Begründung sowie von informativer Einzelfall-Erklärung. Potentielle „kausalistische" Einwände . . . . . . . . 971
4. Diskussion der epistemischen Begründungs- und Erklärungsexplikationen . . . . . . . . . . . . . . . . . . . . . . . . . . . . . . . . . . 978
   - (1) SCRIVENS Beispiel der progressiven Paralyse. . . . . . . . . . . 978
   - (2) Erklärungen und Voraussagen . . . . . . . . . . . . . . . . . . 982
   - (3) Kritik an der probabilistischen Erklärungsskepsis . . . . . . . . 983
   - (4) Der argumentative Aspekt . . . . . . . . . . . . . . . . . . . 986
   - (5) Detailpräzisierungen . . . . . . . . . . . . . . . . . . . . . . 987
   - (6) Maximale Bestimmtheit und Fortfall des Informationsdilemmas. . 988
   - (7) Das dritte Dogma des Empirismus . . . . . . . . . . . . . . . 990
   - (8) Deduktiv-nomologische Erklärungen . . . . . . . . . . . . . . 991
   - (9) Keine Erklärungen für den Allwissenden? . . . . . . . . . . . 992
   - (10) Vorgegebene sowie fingierte Begründungen und Erklärungen. . . 993
   - (11) Zwei mögliche Entwertungen von Erklärungen: Hypothesenpreisgabe und Wissensverschärfung . . . . . . . . . . . . . . . . . 996
   - (12) Konkurrierende Erklärungen und Erklärungsgrade . . . . . . . 997
   - (13) Erklärende Kraft . . . . . . . . . . . . . . . . . . . . . . . . 998
   - (14) Wie-möglich-Erklärungen und Warum-notwendig-Erklärungen. . 998
   - (15) Wie-möglich-Fall und epistemische Inkonsistenz. . . . . . . . . 999
   - (16) Beantwortung von grundsätzlichen Einwendungen . . . . . . . 1000
   - (17) Einige kritische Anmerkungen zu GÄRDENFORS. . . . . . . . . 1002
   - (18) Die Doppeldeutigkeit der Gegenüberstellung „Begründung-Erklärung" . . . . . . . . . . . . . . . . . . . . . . . . . . . . . 1005
   - (19) Kausalität und Erklärung . . . . . . . . . . . . . . . . . . . . 1007
   - (20) Kausalistische Perspektiven im epistemischen Rahmen. . . . . . 1009

5. Die Analyse der HEMPELschen Mehrdeutigkeit durch J. A. COFFA. Eine kritische Betrachtung . . . . . . . . . . . . . . . . . . . . . . . . 1012
6. Die Familie der Erklärungsbegriffe. Zusammenfassung, Rückblick und Vorblick . . . . . . . . . . . . . . . . . . . . . . . . . . . . . . . 1027
   (1) Pragmatisch-informative Erklärungsbegriffe . . . . . . . . . . 1028
   (2) Funktionales Erklären (nichtargumentativ-nomologisch) . . . . . 1030
   (3) Verstehendes Erklären (argumentativ-nichtnomologisch) . . . . . 1032
   (4) Theoretisches Erklären . . . . . . . . . . . . . . . . . . . . 1033
   (5) Reduktive Erklärung oder Erklärung von Theorien. Intuitiver Vorblick auf das strukturalistische Theorienkonzept . . . . . . . . . 1034
   (A) Theorien als mathematische Strukturen und der Begriff „theoretisch in bezug auf eine Theorie $T$". Die RAMSEY-Lösung des Problems der theoretischen Terme . . . . . . . . . . . . . . . . . . . . 1034
   (B) Constraints . . . . . . . . . . . . . . . . . . . . . . . . . 1047
   (C) Spezialgesetze, intendierte Anwendungen und paradigmatische Beispiele . . . . . . . . . . . . . . . . . . . . . . . . . . . . . 1052
   (D) Netze von Theorie-Elementen . . . . . . . . . . . . . . . . . 1056
   (E) Rekonstruktion des Begriffs der normalen Wissenschaft im Sinn von KUHN. Die beiden epistemischen Grundreaktionen. . . . . . . . 1058
   (F) Wissenschaftliche Revolutionen (Theorienverdrängungen) und Inkommensurabilität. Das Inkommensurabilitätsproblem. . . . . . . . 1062
   (G) Reduktive Erklärung oder Erklärung von Theorien als Lösung des Inkommensurabilitätsproblems . . . . . . . . . . . . . . . . . . 1065
   (H) Rationalität und revolutionärer Fortschritt; Die Verträglichkeit von radikalem Paradigmenwechsel und Erkenntniswachstum . . . . . 1069
   (J) Theorienevolutionen. Zweite Abkoppelungsthese . . . . . . . . 1072
Schlußanmerkungen 1982 . . . . . . . . . . . . . . . . . . . . . . . . 1078

**Bibliographie** . . . . . . . . . . . . . . . . . . . . . . . . . . . 1080

**Autorenregister** . . . . . . . . . . . . . . . . . . . . . . . . . . 1100

**Sachverzeichnis** . . . . . . . . . . . . . . . . . . . . . . . . . . 1103

**Verzeichnis der Symbole und Abkürzungen** . . . . . . . . . . . . . . 1116

Von der gebundenen Ausgabe des Bandes „Probleme und Resultate der Wissenschaftstheorie und Analytischen Philosophie, Band I, Erklärung – Begründung – Kausalität" sind folgende weiteren Teilbände erschienen:

**Studienausgabe Teil A:** Das dritte Dogma des Empirismus. Das ABC der modernen Logik und Semantik. Der Begriff der Erklärung und seine Spielarten

**Studienausgabe Teil B:** Erklärung, Voraussage, Retrodiktion. Diskrete Zustandssysteme und diskretes Analogon zur Quantenmechanik. Das ontologische Problem. Naturgesetze und irreale Konditionalsätze. Naturalistische Auflösung des Goodman-Paradoxons

**Studienausgabe Teil C:** Historische, psychologische und rationale Erklärung. Verstehendes Erklären

**Studienausgabe Teil D:** Kausalitätsprobleme, Determinismus und Indeterminismus. Ursachen und Inus-Bedingungen. Probabilistische Theorie der Kausalität

**Studienausgabe Teil E:** Teleologische Erklärung, Funktionalanalyse und Selbstregulation. Teleologie: Normativ oder Deskriptiv? STT, Evolutionstheorie und die Frage Wozu?

**Studienausgabe Teil F:** Statistische Erklärungen. Deduktiv-nomologische Erklärungen in präzisen Modellsprachen. Offene Probleme

# Kapitel XI
Die pragmatisch-epistemische Wende

## 1. Die Phase des Überganges. Die Arbeiten von Omer, Tuomela, Gärdenfors, Bromberger

Perioden der Krise und des Übergangs zum Neuen sind in der Wissenschaftstheorie, ähnlich wie in den empirischen Wissenschaften, dadurch charakterisiert, daß frische und überraschende Ideen und Gesichtspunkte auftauchen, die jedoch in Ermangelung eines adäquaten Rahmens „in das alte Paradigma hineingepreßt" werden. Diese zwar nicht formale, aber doch intuitive Inkonsistenz zwischen plötzlich auftauchenden schöpferischen Gedanken und dem zur Verfügung stehenden Rahmen kann dem ursprünglichen Projekt vorübergehend einen Scheinerfolg bescheren. Auf lange Sicht ist dieses jedoch zum Scheitern verurteilt, da sich der Konflikt zwischen den nicht mehr in den Rahmen passenden neuartigen Aspekten und den engen Schranken dieses Rahmens höchstens für einige Zeit verhüllen, aber nicht endgültig überwinden läßt.

I. A. OMER führt in seiner Arbeit [D−N Model] eine Reihe von pragmatischen Aspekten ein, die ihren Niederschlag finden in Wendungen wie „behauptender Disput" („assertive discourse"), „ist weniger informativ als", „relevante Information", „überschüssige Information". Er geht von der Überlegung aus, daß Erklärung Teil eines behauptenden Disputes ist und daher den Prinzipien genügen muß, die nach H. P. GRICE (gemäß einem Zitat von P. F. STRAWSON) für einen solchen Disput gelten. Zu diesen Prinzipien gehören:

(1) Man soll keine uneingeschränkte Behauptung aufstellen, falls man keine guten Gründe dafür hat, daß sie wahr ist.

(2) Sofern das Prinzip (1) befolgt wird, soll man nicht eine weniger informative als eine stärker informative Aussage machen. Die Wichtigkeit von (1) und (2) wird durch eine Äußerung von STRAWSON unterstrichen, der bemerkt, daß derartige Prinzipien eine *Bedingung der Möglichkeit der sozialen Institution der Sprache* bilden.

Im weiteren Verlauf knüpft OMER vor allem an das Prinzip (2) an, welches er auf Erklärungen *als Information liefernde Argumente* anwendet. Er gelangt von da aus zu der später mehrfach modifizierten und verbesserten Forderung, daß kein Satz im Explanans einen geringeren Informationsgehalt haben soll als das Explanandum. Weitere pragmatische Überlegungen, wie z. B. über den Informationsfluß und den durch ihn erzeugten Wandel von Wissenssituationen, werden nicht angestellt. Vielmehr greift OMER ziemlich unvermittelt auf das *logische Paradigma* zurück, indem er den Informationsgehalt mit dem logischen Gehalt im Sinn von CARNAP identifiziert. (Dies ist insofern überraschend, als er a.a.O. auf S. 419ff. neben CARNAP auch noch mehrfach POPPER zitiert, der einen anderen Begriff des Informationsgehaltes verwendet. Tatsächlich finden sich, wie zwischenzeitlich A. GRÜNBAUM nachgewiesen hat, bei POPPER fünf verschiedene und miteinander nicht identische Begriffe des Gehaltes eines Satzes. Nur einer davon entspricht dem Carnapschen Begriff.)

Wirklich benötigt wird von OMER nur ein einziger informationstheoretischer Begriff, nämlich die *Nichtvergleichbarkeit* des Gehaltes zweier Sätze. Diese liegt bereits dann vor, wenn keiner der beiden Sätze eine Folgerung des anderen ist. Im technischen Aufbau verwendet OMER den Begriff der Menge $T_k$ von letzten konjunktiven aussagenlogischen Komponenten einer Satzmenge $T$ von ACKERMANN und STENNER, dessen präzise Definition wir oben auf S. 921 gegeben haben und daher hier übernehmen können. Seine ersten vier Teilbestimmungen fassen wir zu dem Begriff $PotExpl(E, T)$ zusammen, der beinhaltet, daß $E$ potentiell durch $T$ erklärt wird. Man erinnere sich daran, daß $T_k$ logisch äquivalent ist mit $T$. ($T_k$ wird im folgenden statt als Menge als eine Konjunktion ihrer Elemente aufgefaßt werden, was wegen der Endlichkeit dieser Menge zulässig ist.)

$PotExpl(E, T_k)$ gdw
(1) $\{E, T_k\}$ ist konsistent, d.h. $\neg E$ wird nicht von $T_k$ logisch impliziert[1];
(2) $E$ folgt logisch aus $T_k$;
(3) für mindestens ein $t_{k_i}$, so daß $t_{k_i} \in T_k$, gilt, daß $t_{k_i}$ ein Gesetz ist;
(4) sämtliche Elemente $t_{k_i}$ von $T_k$ sind nicht vergleichbar mit $E$.

(Der erwähnte informationstheoretische Gedanke kommt genau in der vierten Bestimmung zur Geltung.)

Wie bereits diese vorläufige Bestimmung zeigt, bilden die pragmatischen Überlegungen, beginnend mit dem zweiten Prinzip für behauptende Dispute von GRICE, für OMER nicht mehr als eine *heuristische Ausgangsbasis*. Denn die Bestimmungen selbst sind ganz in der Hempel-Oppenheim-Sprache abgefaßt. Dasselbe gilt, wie wir sofort sehen werden, auch for die folgenden Überlegungen. Eine kleine, aber für die Lektüre zu vernachlässigende Zusatzkomplikation ergibt sich daraus, daß OMER, wie TUOMELA in [Deductive Explanation], S. 377, feststellt, im folgenden selbst nicht ganz im Einklang mit seiner

---
[1] Offenbar würde es genügen, die Konsistenz von $T_k$ zu fordern.

Ausgangsforderung[2] verbleibt. Während nämlich diese Forderung jeweils ein maximal informatives Explanans verlangt, behauptet OMER, daß dadurch *überschüssige Information verboten* werde. Wie dem auch sei – OMER begibt sich von da an jedenfalls auf die Suche von minimal informativen Explanantia. Es ist dies ein Gedanke, der dann später auch von TUOMELA selbst in seinem Verbesserungsversuch des Omerschen Modells beibehalten wird: Adäquate Erklärungen sollen *Minimalerklärungen* sein. Diese neue Forderung findet ihren Niederschlag in der letzten von OMER formulierten Bedingung, welche lautet:

(5) Es gibt keine Sätze $S_1, \ldots, S_r (r \geqq 1)$ derart, daß für eine Teilmenge $K$ von $T_k$ gilt:

(a)   aus $K$ folgt logisch $S_1 \wedge \ldots \wedge S_r$;

(b)   $K$ folgt nicht logisch aus $S_1 \wedge \ldots \wedge S_r$;

(c)   aus $T_{ks}$ folgt logisch $E$, wobei $T_{ks}$ aus $T_k$ dadurch entsteht, daß die Elemente von $K$ durch $S_1, \ldots, S_r$ ersetzt werden.

„$E$ wird durch $T_k$ erklärt", abgekürzt: „$Expl(E, T_k)$", sei dann eine Abkürzung für die Konjunktion aus $PotExpl(E, T_k)$ und der Bestimmung (5). Es wird also beansprucht, daß die fünf Bestimmungen (1) bis (5) notwendig und hinreichend für wissenschaftliche Erklärungen seien.

Omer versucht in den Abschnitten VI–VII seiner Arbeit [D–N Model] zu zeigen, daß diese seine Definition nicht mit den Mängeln der früheren Explikationsversuche behaftet ist. Auf S. 378 von [Deductive Explanation] konnte jedoch TUOMELA den Nachweis erbringen, daß ausgerechnet derjenige Fall, den man gewöhnlich als paradigmatisches Beispiel einer D–N-Erklärung zitiert, von OMER verboten wird, nämlich die Ableitung von $Ga$ aus $\bigwedge x (Fx \rightarrow Gx)$ und $Fa$: Es sei $E$ dasselbe wie $Ga$, während $T_k$ die Menge $\{\bigwedge x (Fx \rightarrow Gx), Fa\}$ bilde. Ferner wählen wir $K = T_k$ und $S_1 = Ga$. Dann folgt $S_1$ logisch aus $K$, $K$ hingegen folgt nicht logisch aus $S_1$. Die Menge $T_{ks}$ schrumpft zu der Einermenge $\{Ga\}$ zusammen, aus der natürlich $E = Ga$ logisch folgt.

*Damit ist die Inadäquatheit des Omerschen Explikationsversuchs gezeigt.* (Auf S. 921 f. hatten wir uns unter Bezugnahme auf dasselbe paradigmatische Beispiel bereits von der Inadäquatheit des Vorschlages von ACKERMANN und STENNER überzeugt.)

TUOMELA glaubt, den zum Verhängnis führenden Fehler im OMERS Explikation entdeckt zu haben und durch eine entsprechende Korrektur die Sache in Ordnung bringen zu können. OMER schien die folgende unerläßliche Forderung übersehen zu haben: Wenn $K$ Gesetze enthält (wie es normalerweise der Fall ist), dann muß auch einer der Sätze $S_1, \ldots, S_r$ ein Gesetz sein. (Da TUOMELA den Fall der Erklärung von Gesetzen und Theorien einschließen möchte, ist eine weitere Korrektur erforderlich, von der wir hier absehen

---

[2] Gemeint ist die weiter oben erwähnte Forderung, daß kein Satz des Explanans weniger informativ sein soll als das Explanandum.

können.) Die letzte Bestimmung von OMER wird somit von TUOMELA durch die folgende ersetzt, in der „$T_{ks}$" dieselbe Bedeutung hat wie in (5):

(5′) Es gibt keine Sätze $S_1, \ldots, S_r (r \geqq 1)$, *unter denen mindestens ein Gesetz vorkommt*, derart, daß für eine Teilmenge $K$ von $T_k$ gilt:

(a) aus $K$ folgt logisch $S_1 \wedge \ldots \wedge S_r$;
(b) $K$ folgt nicht logisch aus $S_1 \wedge \ldots \wedge S_r$;
(c) aus $T_{ks}$ folgt logisch $E$.

TUOMELA bringt noch eine weitere zweite Variante (5″) seiner Verbesserung. Sie stützt sich auf den (durch ein Beispiel in [Deductive Explanation], S. 380, erläuterten) Gedanken, daß ein Zuwachs an quantorenlogischer Allgemeinheit stets relevante Information liefert. Um zu verhindern, daß durch das Erklärungsmodell zu viel verboten wird, ersetzt er darin die Bestimmung (5′) (a) durch die Aussage: „$S_1 \wedge \ldots \wedge S_r$ folgt *junktorenlogisch* aus $K$."

Wie KÄSBAUER in [Erklärung] auf S. 264f. zeigt, *ist auch dieser Explikationsversuch inadäquat*, da darin das eben als Einwand gegen das Omersche Modell angeführte paradigmatische Beispiel für die Erklärung eines singulären Explanandums ebenfalls *verboten* wird. Um dies zu erkennen, wähle man die Satzfolge $S_1, \ldots, S_r$ so, daß sie aus den folgenden beiden Sätzen bestehe: $S_1 = \bigwedge x (Fx \rightarrow Gx)$; $S_2 = (Fa \vee \bigwedge x (Fx \rightarrow Gx)))$. Ferner sei $K = T_k = \{Fa, \bigwedge x (Fx \rightarrow Gx)\}$; $E$ sei wieder $Ga$. Es gilt dann:

(a) aus $K$ folgt logisch $S_1$ und $S_2$;
(b) $K$ (d. h. die Konjunktion seiner Komponenten) folgt nicht logisch aus der Konjunktion von $S_1$ und $S_2$. (Dies erkennt man am einfachsten, indem man die Wahrheit von $\bigwedge x \neg Fx$ sowie die Wahrheit von $Ga$ annimmt. Dann sind die beiden Sätze $S_1$ und $S_2$ wahr, $K$ jedoch ist falsch.)
(c) $T_{ks} = \{\bigwedge x (Fx \rightarrow Gx), (Fa \vee (Ga \wedge \bigwedge x (Fx \rightarrow Gx)))\}$.

Aus $T_{ks}$ folgt logisch $Ga$. (Sofern das zweite Adjunktionsglied des zweiten angegebenen Satzes richtig ist, erhält man $Ga$ sofort. Falls hingegen das erste Adjunktionsglied $Fa$ des zweiten angegebenen Satzes von $T_{ks}$ richtig ist, so erhält man $Ga$ durch elementare Schlüsse daraus und aus dem ersten angegebenen Satz von $T_{ks}$.)

Es zeigt sich also, daß sowohl der Versuch von ACKERMANN und STENNER als auch der von OMER als schließlich selbst der von TUOMELA ausgerechnet daran scheitern, daß sie alle diejenigen Fälle verbieten, die als paradigmatische Fälle von Erklärungen betrachtet werden!

Das letzte Resultat sollte uns nicht überraschen. Die fünfte Bestimmung von TUOMELA ist durch eine ad-hoc-Verbesserung des von ihm selbst entdeckten Nachteils der Definition von OMER zustande gekommen. Und wie sich auch hier wieder zeigt, sind ad-hoc-Verbesserungen selten erfolgreich.

Die Wurzel für das Mißgeschick liegt jedoch tiefer. Wir haben zu Beginn absichtlich den pragmatischen Ausgangspunkt von OMER, der von TUOMELA übernommen und in gewissem Sinn sogar noch verschärft worden ist, geschildert. Was man danach erwartet hätte, wäre gewesen: *die pragmatischen Aspekte ernst zu nehmen und ihre systematische Einbeziehung in die Erklärungsexplikation zu versuchen*. Statt dessen wurden sie bloß als *heuristische Anlässe* für die Art des Rückgriffes auf semantische und syntaktische Bestimmungen benützt. (Die einzige wesentliche Liberalisierung gegenüber früheren Versuchen besteht in beiden Fällen darin, daß die Explikation von bestimmten Modell-*sprachen* befreit wird.) Man kann hierin eine Analogie erblicken zu Vorgängen im naturwissenschaftlichen Bereich während gewisser Übergangsphasen; und man kann diese Analogie sowohl in der Terminologie von KUHN sowie in der von LAKATOS ausdrücken: Neuartige Ideen werden entworfen, aber in Ermangelung eines neuen theoretischen Rahmens dem alten Paradigma aufgepfropft bzw. dem alten Forschungsprogramm aufgesetzt. Erst das wiederholte Scheitern solcher Versuche, beides – nämlich alten Rahmen und neue Ideen – in ein kohärentes und konsistentes Ganzes zusammenzufügen, führt dazu, nach einem neuen Paradigma Ausschau zu halten. Wie dieses in unserem wissenschaftstheoretischen Fall auszusehen hat, soll in den beiden folgenden Abschnitten gezeigt werden.

Damit an dieser Stelle kein verzerrtes Bild von den Bemühungen TUOMELAS entsteht, ergänzen wir die Schilderung seiner Auffassung durch zwei qualifizierende Bemerkungen. *Erstens* ist er in einer wesentlichen Hinsicht vorsichtiger als alle vorangehenden Autoren, die sich dem Projekt hingaben, deduktive Erklärungen durch rein logische Kriterien auszuzeichnen. Auf S. 381 betont er ausdrücklich, daß er keine philosophischen Einschränkungen bezüglich des „substantiellen Gehaltes" von Erklärungen mache, sondern sich auf die rein formalen Aspekte der Erklärung beschränken wolle. *Zweitens* bildet seine Explikation des Begriffs der Erklärung singulärer Explananda nur einen Bestandteil eines umfassenderen und viel anspruchsvolleren Projektes, nämlich die Erklärung von Gesetzmäßigkeiten (und Theorien). Wir haben die Frage, ob es sich dabei überhaupt um dasselbe oder auch nur um ein ähnliches Projekt handle, absichtlich beiseite geschoben, da bei Zugrundelegung des strukturalistischen Theorienkonzeptes eine verneinende Antwort nahegelegt wird. Dies soll im letzten Abschnitt dieses Kapitels ausführlich zur Sprache kommen.

Innerhalb des pragmatischen Zugangs zur Erklärung, der in den folgenden Abschnitten befürwortet werden soll, wird die DN-Erklärung ihren Sonderstatus vollkommen verlieren. Als *paradigmatische* Beispiele werden die *probabilistischen* Erklärungen fungieren, innerhalb derer die DN-Erklärungen einen extremen und idealen Grenzfall bilden. Dementsprechend wird auch die Suche nach logischen Kriterien für deduktive Erklärungen ihre scheinbar zentrale Bedeutung verlieren. Immerhin kann man sich die Frage vorlegen, welche Rolle logische Kriterien in den Grenzfällen deduktiver Erklärungen spielen. Ein methodischer Ansatz dafür ist von GÄRDENFORS 1976 in [Redundancy] aufgezeigt worden. Die dabei zu Tage tretenden Details sind vollkommen unabhängig davon, wie eine pragmatische Explikation des Erklärungsbegriffs aussieht. Wir können daher bereits an dieser Stelle darauf eingehen und voraussetzen, daß die Resultate in Abschn. 3 an geeigneter Stelle eingefügt werden.

GÄRDENFORS beginnt mit einem Hinweis auf die Problematik der von OMER und TUOMELA vertretenen Forderung nach einer Minimalerklärung. Er hält diesem Verlangen, eine Erklärung so wenig informativ wie möglich zu machen, entgegen, daß dies gegen unsere intuitive Vorstellung von Erklärung verstoße. Denn wenn man ein Phänomen erklärt bekommt, welches man vorher nicht verstanden hat, so lernt man dadurch etwas. Und, so kann man weiter argumentieren, je mehr man dabei lernt, desto besser ist die Erklärung. Der springende Punkt ist ein anderer (den übrigens auch bereits OMER bemerkt hatte): *Die Information*, die durch eine Erklärung bereitgestellt wird, *muß* für das Thema *relevant sein*. Wenn ich jemandem erkläre, warum sich dieser Eisenstab ausdehnt, so erwähne ich dabei nicht mein Wissen darum, daß alles Kupfer Elektrizität leitet, ebensowenig wie die Tatsache, daß es sich bei diesem Eisenstab um Importware aus Schweden handelt.

Auch die Forderung, logische Kriterien anzugeben, die *notwendig und hinreichend* für adäquate deduktive Erklärungen sein sollen, wird von GÄRDENFORS a.a.O. auf S. 421f. in Frage gestellt. Er stützt sich dabei auf das Beispiel eines bedingten Bikonditionals, das in der einen Richtung für Erklärungen verwendbar ist, in der anderen Richtung nicht. Dieses Beispiel ist insofern interessant, als es eine bemerkenswerte Analogie zu dem oben auf S. 927 gegebenen Beispiel von BLAU aufweist. (GÄRDENFORS hat es offenbar in Unkenntnis dieses letzteren Beispiels formuliert.)

Muß es somit als ein hoffnungsloses Unterfangen erscheinen, logische Bedingungen zu formulieren, die für das Vorliegen einer Erklärung *hinreichend sind*, so kann man mit der Aufstellung solcher Bedingungen doch die bescheidenere Vorstellung verbinden, daß keine Satzmenge, die gegen geeignete Bedingungen verstößt, ein Explanans bildet. In Anknüpfung an den vorletzten Absatz kann das Ziel genauer dahingehend spezifiziert werden, *daß logische Kriterien keine andere Aufgabe haben, als möglichst viele Fälle von Irrelevanz auszuschließen*.

Die ersten vier Bedingungen dieser Art, die GÄRDENFORS formuliert, sind relativ unproblematisch:

$C1$: $E$ folgt logisch aus dem Explanans $\{T, A\}$.
$C2$: $T$ und $A$ sind konsistent.
$C3$: $T$ ist wesentlich allgemeiner als $A$.
$C4$: $E$ kann nicht aus $A$ allein gefolgert werden.

Die Relation „wesentlich allgemeiner als" wird als undefinierbarer Grundbegriff verwendet. Sie ist nur deshalb nichttrivial, weil GÄRDENFORS nicht voraussetzt, daß $A$ singulär sein müsse. Da auch die Singularität von $E$ nicht vorausgesetzt wird, kann die Bedingung (5) der H-O-Definition von S. 874

nicht direkt übernommen werden. Da sie jedoch aus den bisherigen und den beiden folgenden Bedingungen gewinnbar ist, sei sie nochmals angeführt:

$H-O$: Es existiert eine Klasse $R$ von Basissätzen, sodaß $A$ aus $R$ folgt, während weder $\neg T$ noch $E$ aus $R$ gefolgert werden kann.

KAPLAN hatte als erster die Unterscheidung zwischen direkten und indirekten Erklärungen in die Diskussion eingebracht. Da verschiedene intuitive Überlegungen einerseits dafür sprechen, indirekte Erklärungen nicht zu verbieten, andererseits aber auch dafür, das Augenmerk hauptsächlich auf direkte Erklärungen zu richten, wird die folgende, für *direkte* Erklärungen geltende Zusatzbedingung aufgestellt:

*C5:* Wenn $\{T, A\}$ ein Explanans für $E$ ist, dann gibt es erstens keine Prädikate in $E$, die weder in $T$ noch in $A$ vorkommen, und zweitens keine Prädikate in $A$, die weder in $T$ noch in $E$ vorkommen.

Der Begriff der *indirekten* Erklärung wird so festgelegt, daß $E'$ als durch $\{T, A\}$ indirekt erklärt aufzufassen ist gdw es einen Satz $E$ gibt, der durch $\{T, A\}$ direkt erklärt wird, und $E'$ eine logische Folge von $E$ ist.

Eine weitere Bedingung betrifft die Frage der *Einfachheit*. Zunächst zur Präzisierung dieses Begriffs: $S_1$ und $S_2$ seien zwei Sätze der Modellsprache. Sie mögen in pränexe Normalform gebracht werden und die quantorenfreien Teile in adjunktive Normalform. (Unwesentlich vorkommende Teile seien dabei entfernt worden.) $S_1$ ist *einfacher als* $S_2$ gdw die nach diesem Verfahren entstehende Formel kürzer ist als die, welche $S_2$ entspricht. Die nächste Bedingung lautet:

*C6:* Wenn $\{T, A\}$ ein Explanans von $E$ ist, dann darf es keinen Satz $A'$ geben, der einfacher ist als $A$, so daß aus $T$ folgt: $A \leftrightarrow A'$.

Der leitende Gedanke hierbei ist folgender: Man verstößt gegen die Regeln ehrlichen Argumentierens, wenn man einen komplizierteren Satz verwendet, wo ein gehaltgleicher einfacherer Satz zur Verfügung steht. Bezugnehmend auf OMER und dessen Berufung auf das zweite Prinzip für behauptende Dispute von GRICE fügt GÄRDENFORS hinzu, daß *C6* besser mit dem Prinzip von GRICE in Erklärung stehe als OMERS Bedingungen für überschüssige Information.

Man kann nun zeigen, daß die obige Bedingung $H-O$ nicht mehr eigens angeführt zu werden braucht. Denn es gilt der folgende Satz (GÄRDENFORS, a.a.O., S. 427f.): Wenn $\{T, A\}$ ein Explanans für $E$ ist, wobei $A$ einen singulären Satz bildet, und die sechs Bedingungen *C1–C6* erfüllt sind, so ist auch die Bedingung $H-O$ erfüllt.

Wir haben weiter oben festgestellt (vgl. Kap. **X,5**), daß KIM zu seiner Explikationsvariante durch den Gedanken gelangte, zu verbieten, daß $A$ logisch aus $E$ folgt. Teilweise ist diese Idee bereits implizit in *C1–C6* enthalten. Für den Fall nämlich, daß $E$ einfacher ist als $A$, läßt sich zeigen, daß eine diese sechs Bedingungen erfüllende Erklärung die Annahme ausschließt, daß $A$ aus $E$ folgt. Wenn $E$ nicht einfacher ist als $A$, so liegt noch kein solches Verbot vor. Die folgende Pseudoerklärung von $Fa \wedge Ga$ mit den beiden Prämissen: $T = \bigwedge x\, (Fx \rightarrow Gx)$ und $A = Fa$, in der $A$ aus $E$ folgt, wäre damit zugelassen. Derartige Erklärungen werden durch die zusätzliche „Kim-Bedingung" ausdrücklich verboten:

C7: Wenn $\{T, A\}$ ein Explanans für $E$ bildet, dann folgt $A$ nicht logisch aus $E$.

Gelegentlich ist gegen KIM eingewendet worden, daß es sich bei dieser Zusatzbedingung um eine ad-hoc-Vorschrift handle, die nur zu dem Zweck eingeführt wird, bestimmte ungewünschte Argumentationen auszuschließen. Dem läßt sich jedoch die folgende einfache intuitive Rechtfertigung von C7 entgegenhalten: *Wir können nicht etwas, das aus $E$ logisch folgt, dazu verwenden, um zu erklären, warum $E$ stattgefunden hat.*

Die sieben Bedingungen C1−C7 haben u.a. zusammen den folgenden Effekt: Aussagen, die durch Allspezialisierung aus einer anderen erhalten werden, wie $Fa$ aus $\bigwedge x\, Fx$, können nicht als durch die letztere erklärt angesehen werden. Daß dies ein wünschbares Resultat sei, ist von ACKERMANN in [Deductive] auf S. 163 hervorgehoben worden: In der Zurückweisung derartiger Argumente als Erklärungen spiegle sich unsere heutige Einsicht wider, daß man Theorien nicht einfach als kurzgefaßte Beschreibungen von empirischen Daten betrachten kann.

Ein letztes Problem bilden die partiellen Selbsterklärungen. Wie GÄRDENFORS zeigt, können viele in der Literatur angeführte Beispiele solcher Erklärungen dadurch ausgeschlossen werden, daß man C5 folgendermaßen verschärft:

C5′: Wenn $\{T, A\}$ ein Explanans für $E$ bildet, dann gibt es weder Prädikate in $E$, die nicht in $T$ vorkommen, noch Prädikate in $A$, die nicht in $T$ vorkommen.

Im übrigen ist vorläufig der Status partieller Selbsterklärungen zu unklar, um weitergehende Bestimmungen zu deren Ausschaltung vorzunehmen, ja sogar dafür, um endgültig zu entscheiden, ob C5′ wünschbar ist oder nicht.

Damit seien diese Zwischenbetrachtungen beendet. Sie sollten zeigen, daß man durch relativ schwache syntaktische und semantische Bedingungen, welche *Überschuß* und *Relevanz* betreffen, eine Vielzahl von störenden Beispielen, die in der Literatur angeführt worden sind, eliminieren kann.

Die spätere Explikation der informativen Erklärungsbegriffe wird zwar ebenfalls *systematisch*, aber zum Unterschied von den bisher diskutierten Versuchen unter *wesentlicher Heranziehung pragmatisch-epistemischer Begriffe* erfolgen. Das Problem logischer Kriterien ist damit automatisch auf ein

Nebengeleise abgeschoben. Während Einwendungen gegen die bisherigen Explikationsversuche, die allein solche logischen Kriterien benützten, für diese Versuche u. U. tödlich waren, kann sich so etwas in Zukunft nicht mehr ereignen. Der eigentliche Kern der Explikation bleibt vollkommen unberührt davon, ob – übrigens nur für einen Typus von idealen Grenzfällen – zusätzliche Ausschlußbedingungen korrekt und vollständig formuliert worden sind. Man kann die Diskussion darüber daher von der Hauptaufgabe abspalten. In dieser Hinsicht besteht eine gewisse Analogie zu Abkoppelungsthese, welche die Kausalfragen von der Erklärungsproblematik abspaltet. Ein Unterschied besteht nur in der Wichtigkeit. Während die in der Kausalanalyse angeschnittenen Themen von keiner geringeren Bedeutung sind, als die in der Erklärungsproblematik erörterten Fragen – unter praktischen Aspekten vermutlich sogar von viel größerer Relevanz sind –, handelt es sich bei der Formulierung logischer Kriterien zur Ausschaltung irrelevanter Fälle bloß um eine Spezialfrage von untergeordneter Bedeutung.

Bevor wir uns den pragmatisch-epistemischen Betrachtungen systematisch zuwenden, seien noch die Arbeiten von S. BROMBERGER kurz erwähnt. Sie haben zwar den Gang der Entwicklung nicht beeinflußt, sind aber doch insofern interessant, als sie, zumindest bis zu einem gewissen Grad, verständlich machen, warum pragmatische Gesichtspunkte für die meisten Autoren nicht mehr bildeten als heuristische Ansätze. Charakteristisch für BROMBERGERS Vorgehen ist eine *radikale* Pragmatisierung der Betrachtungsweise. In [Approach] und in [Theory] untersucht er die alltagssprachliche Bedeutung von „erklären". Dabei nimmt er Bezug auf zwei Personen, den fragestellenden Lernenden sowie den Lehrenden, ferner auf indirekte Fragen sowie auf die Formen von „Verwirrung" („predicament"), in denen sich der Fragende befindet. So macht es z. B. für BROMBERGER einen Unterschied aus, ob dieser sich in einer p-Verwirrung oder in einer b-Verwirrung befindet. Ersteres ist der Fall, wenn die Frage nach seiner Überzeugung eine Antwort hat, diese ihm aber nicht bekannt ist; letzteres ist der Fall, wenn die Frage zwar objektiv gesehen eine richtige Antwort hat, diese aber jenseits des Vorstellungsvermögens des Fragenden liegt. Bereits diese Andeutungen zeigen, daß sich BROMBERGER weit von dem entfernt, was den Wissenschaftsphilosophen interessiert. Aufgrund seiner rein linguistischen Orientierung an alltäglichen Erklärungskontexten ergibt sich als Hauptschwierigkeit für ihn die Abgrenzung der Erklärungen von bloßen Mitteilungen.

In [Why-Questions] schlägt BROMBERGER daher einen etwas anderen Weg ein und versucht, notwendige und hinreichende Bedingungen für korrekte Antworten auf Warum-Fragen zu liefern. Wenn er sich dabei auch durchaus dessen bewußt ist, daß sich die beiden Themen „Erklärung" und „Antworten auf Warum-Fragen" nur teilweise überschneiden (da einerseits Erklärungen häufig Antworten auf andere Fragen bilden, andererseits oft korrekte Antworten auf Warum-Fragen keine Erklärungen zu liefern brauchen), taucht hier sofort wieder das Problem der wissenschaftstheoretischen Relevanz solcher Problemstellung auf. Sicherlich kann man BROMBERGER nicht den Vorwurf mangelnder Präzision machen. Aber die Präzisierungen, die er vornimmt, sind rein linguistischer Natur: Den Untersuchungsgegenstand bilden Fragen, die mit dem Wort „warum" beginnen und gewisse grammatische Nebenbedingungen erfüllen. Das sind die *Warum-Fragen von Normalform*. Als *innere Frage* einer Warum-Frage bezeichnet er das, was übrigbleibt, wenn das „warum" gestrichen und der Rest als Frage formuliert wird. Die Antwort-Vermutung der fragenden Person auf die der Warum-Frage entsprechend innere Frage wird *Präsupposition* der Warum-Frage genannt. Ein Beispiel: „Warum wird Kupfer grün, wenn es der Luft ausgesetzt wird?" ist eine Warum-Frage in Normalform. Die entsprechende innere Frage lautet: „Wird Kupfer grün, wenn es der Luft ausgesetzt wird?" und die Präsupposition besteht in der Annahme, daß Kupfer, welches der Luft ausgesetzt ist, grün wird.

Ebensowenig wie den Vorwurf der mangelnden Präzision kann man BROMBERGER fehlende Systematik vorwerfen. Doch sein methodisches Vorgehen zeigt, daß diese Systematik in eine Richtung geht, die kaum einen wissenschaftstheoretischen Ertrag verspricht. Was dabei allein herausschauen kann, sind *linguistische* und *sprachphilosophische* Resultate. So ist es auch kaum verwunderlich, daß dieser Weg in der Wissenschaftsphilosophie nicht weiter verfolgt worden ist. Zudem wird von hier aus die Abneigung vieler Philosophen, die sich mit Kausalfragen oder mit der Erklärungsproblematik befassen, gegen die wirkliche und ernsthafte, d. h. nicht nur heuristische Einbeziehung pragmatischer Begriffe verständlich: *Sie befürworten offenbar, sich dadurch in sprachphilosophischen Uferlosigkeiten zu verlieren.*

Rückblickend kann man vor allem drei Gründe dafür angeben, warum BROMBERGERS Versuche zu keinem systematischen Ansatz führten. *Erstens* ignoriert er vollkommen den probabilistischen Erklärungstyp. Dieser Typus ist es gerade, der, wie wir sehen werden, Verbesserungsvorschläge und systematische Fortschritte erzwang und den wir zweckmäßigerweise sogar zum paradigmatischen und in gewissem Sinn zum dominierenden Fall machen werden. *Zweitens* werden in seinen Überlegungen die Kausalfragen nicht abgespalten und sind vermutlich bei seinem methodischen Ansatz von den übrigen Frageaspekten auch gar nicht abspaltbar. Schließlich wird *drittens* von BROMBERGER auch der argumentative Gesichtspunkt nicht prinzipiell erörtert. In den früheren Arbeiten kommt er überhaupt nicht zur Geltung und in [Why-Questions] eigentlich mehr zufällig. Dabei ist die Stelle, an der dies geschieht (a.a.O. S. 97ff.), die vom wissenschaftstheoretischen Standpunkt vermutlich interessanteste. Bei dem Versuch, notwendige und hinreichende Bedingungen für korrekte Antworten auf Warum-Fragen zu formulieren, führt BROMBERGER den Begriff des allgemeinen und speziellen *abnormen Gesetzes* ein. Abnorme Gesetze sind Aussagen, die sich von allgemeinen Gesetzen dadurch unterscheiden, daß das Konsequens der allgemeinen Aussage durch eine es-sei-denn-daß-Wendung mit (serienweise zusammengefaßten) „abnormen Bedingungen" verknüpft wird, d. h. unter den im Gesetz formulierten Voraussetzungen tritt das Konsequens genau dann ein, wenn die abnormen Fälle nicht vorliegen. Zwar nicht im gegenwärtigen Zusammenhang, jedoch in anderen Kontexten – etwa bei der Erörterung der Einführung von Dispositionsprädikaten – könnte sich BROMBERGERS Konzept abnormer Gesetze als fruchtbar erweisen.

## 2. Der Weg zur systematischen Pragmatisierung. Die Analyse B. Hanssons

Eine Schlüsselstellung in der Wende zur systematischen Pragmatisierung der Erklärungsdiskussion nimmt die – leider nicht veröffentlichte – Arbeit von BENGT HANSSON ein: „Explanations – Of What?". Darin wird erstens überzeugend dargelegt, daß und warum für eine Präzisierung des Erklärungsbegriffs die Einbeziehung pragmatischer Aspekte erforderlich ist, sowie zweitens, daß eine derartige Pragmatisierung eine zweifache Relativität des Erklärungsbegriffs zur Folge hat: Einmal hören Erklärungen auf, wahr oder falsch zu sein, sondern werden besser oder schlechter; und zum anderen darf das Explanandum nicht mehr isoliert betrachtet werden, sondern ist zu anderen Dingen in Beziehung zu setzen, die sich ereignet haben könnten.

Bei der Arbeit von HANSSON ist man niemals der Gefahr ausgesetzt, sich wegen der Einbeziehung pragmatischer Gesichtspunkte in endlosen Details zu verlieren. Eine der Hauptleistungen dieses Autors liegt darin, daß er es verstand, die pragmatischen Aspekte so zu organisieren, daß dadurch die Grundlagen für einen neuen *systematischen* Ansatzpunkt geschaffen wurden.

Bei der Gewinnung eines neuartigen Erklärungsmodells spielte für HANSSON das auf S. 216 angeführte Beispiel von M. SCRIVEN über die Erklärung der progressiven Paralyse eine wichtige Rolle. Für uns bilden die Gedankengänge von HANSSON nur ein Zwischenstadium zum besseren Verständnis des Ansatzes von GÄRDENFORS, den wir in den folgenden beiden Abschnitten ausführlich diskutieren werden. Deshalb soll die Relevanz des Scrivenschen Beispieles für die Explikation hier nur erwähnt, die genauere Diskussion dagegen auf später verschoben werden. (Diese Verschiebung ist deshalb möglich, weil das Beispiel zwar ein entscheidendes Motiv für die Pragmatisierung bildete, im Effekt jedoch zu einer Liberalisierung einer von HEMPEL aufgestellten Forderung für probabilistische Erklärungen führte. Diese Liberalisierung wird im folgenden Abschnitt genauer erörtert.)

Einmütigkeit besteht darin, daß Erklärungen Antworten auf Warum-Fragen sind. In allen Analysen, welche an die Betrachtungen von HEMPEL und

OPPENHEIM anknüpften, wurden keine genaueren Untersuchungen über die Natur dieser Fragen angestellt. Den Grund dafür haben wir bereits in der neuen Einleitung genannt: Man war der Überzeugung, daß logische Methoden für die Explikation des Erklärungsbegriffs genügen würden, das Wort „logische Methoden" in dem engen Sinn von „ausschließlich syntaktische und semantische Methoden" verstanden. Man glaubte daher, auf die Analyse von Warum-Fragen verzichten zu können: Solche Fragen bildeten für die an dem Thema interessierten Wissenschaftstheoretiker zwar eine häufige und pragmatisch interessante Form, das Suchen nach einer Erklärung *einzuleiten*; hingegen schien ihre Einbeziehung in die Explikationsaufgabe überflüssig zu sein.

Eine derartige Überzeugung beruht jedoch auf der folgenden stillschweigenden Annahme, die, wie HANSSON zeigt, unrichtig ist: Zwischen denjenigen Entitäten, die HEMPEL und OPPENHEIM Explananda nennen, und Warum-Fragen besteht eine injektive (eineindeutige) Entsprechung. Nur unter dieser Voraussetzung wäre die Unterdrückung der Warum-Fragen für die Zwecke der Analyse zulässig. Ihre Unrichtigkeit kann man am einfachsten anhand von Beispielen einsehen, die zeigen, daß man im Bezug auf *ein und dasselbe* Explanandum im Sinn von HEMPEL und OPPENHEIM *verschiedene* Warum-Fragen stellen kann.

Hierfür muß man sich daran erinnern, daß nach HEMPEL und OPPENHEIM das Explanandum eine *Proposition* ist und daß diese für sie wiederum etwas bildet, das man in einer der üblichen logischen Sprachen durch einen *Satz* repräsentieren kann. Das Explanandum ist somit *eindeutig durch seine Wahrheitsbedingungen charakterisiert*.

Betrachten wir nun etwa die drei Sätze: „Es war *Franz*, der das Gewehr hinausgetragen hat", ferner: „Es war das *Gewehr*, das Franz hinausgetragen hat", und: „Franz hat das Gewehr hinausgetragen". Sie haben dieselben Wahrheitsbedingungen und repräsentieren dieselbe Proposition. Nach dem H-O-Modell muß alles, was einen von ihnen erklärt, jeden anderen erklären. Doch die beiden Fragen: „Warum war es *Franz*, der das Gewehr hinausgetragen hat?" und: „Warum war es das *Gewehr*, das Franz hinausgetragen hat?" sind *verschiedene Fragen* und verlangen *verschiedene Antworten*. HANSSONS Überlegung kann man kurz so kennzeichnen: „Da es mehr Warum-Fragen als Explananda im Sinn von HEMPEL und OPPENHEIM gibt, *muß den Warum-Fragen ein Ort in der Theorie eingeräumt werden.*"

Auf intuitiver Ebene müßte man davon sprechen, daß ein korrekt rekonstruiertes Explanandum ein *Aspekt* einer Proposition oder ein *ins Auge gefaßter Teil* einer Proposition ist. Darauf, wie dies zu präzisieren sei, kommen wir noch zu sprechen. Vorläufig genügt die Feststellung, daß man (auf Personen und Gegenstände bezogene) Warum-Fragen in der Weise wiedergeben kann, daß man einem Satz, in dem die Individuenkonstante „*a*" das ins Auge Gefaßte designiert, den Ausdruck „(?*a*)" voranstellt. Falls daher die obige Proposition durch „*Tab*" wiedergegeben wird, so kann man den

Unterschied in den beiden Fragestellungen durch „(?*a*) (*Tab*)" und „(?*b*) (*Tab*)" ausdrücken. Das Symbol „?" nennen wir den *Frage-Operator* und den unmittelbar dahinterstehenden Buchstaben *die durch diesen Operator angezeigte Konstante*.

Es besteht kein Grund, diesen Warum-Fragen-Operator auf Namen zu beschränken. Er kann ebenso auf *Prädikate* angewendet werden. „Warum hat Franz *gerufen*?" kann durch „(?*R*) (*Ra*)" wiedergegeben werden. Und falls die fragliche Sprache sogar über Modifikatoren von Prädikaten verfügt, so kann man „Warum ist Franz *schnell* gelaufen?" durch „(?*S*) (*SLa*)" ausdrücken.

Den kritischen Ansatzpunkt bildete weiter oben die Feststellung, daß es mehr Warum-Fragen als Explananda gibt, *falls* man den Ausdruck „Explanandum" im Sinn von HEMPEL und OPPENHEIM verwendet. Versteht man das Wort „Explanandum" dagegen in dem eben angedeuteten engeren Sinn, so ist die Injektivität zwischen Warum-Fragen und Explananda wiederhergestellt. Auf dieser neuen begrifflichen Grundlage ist es dann zulässig, Warum-Fragen auch im neuen Modell zu unterdrücken. Symbolisch könnte man den Unterschied zwischen den verschiedenen Aspekten des Explanandums, also zwischen den verschiedenen Explananda im neuen Sinn, dadurch wiedergeben, daß man die durch den Frage-Operator angezeigte Konstante des Satzes unterstreicht. Im obigen Beispiel erhielten wir so die drei Fassungen T*ab*, T*ab*, T*ab*.

*Anmerkung*. An diesem Punkt erscheint es als zweckmäßig, zu pausieren und sich klarzumachen, wieso in der im nächsten Abschnitt behandelten Theorie von GÄRDENFORS, die eng an die Überlegungen von HANSSON anknüpft, die sprachliche Ebene doch wieder verlassen wird. Die von HANSSON skizzierte Theorie scheint ja dadurch charakterisiert zu sein, daß sie Erklärungen *nur im sprachlichen Kontext von Warum-Fragen* behandelt. Die letzte Feststellung vor dieser Anmerkung gibt den Schlüssel zum Verständnis: Eine engere Fassung des Explanandum-Begriffes erzeugt die erwähnte Eineindeutigkeit und macht die nachträgliche Abstraktion von Warum-Fragen wieder möglich.

Tatsächlich steigt GÄRDENFORS in einem gewissen Sinn eine Stufe tiefer: Der *sprachliche Kontext* wird zwar verlassen, aber nur zu Gunsten des ihm zugrundeliegenden *epistemischen Kontextes*, der mit Hilfe eines in neuartiger Weise rekonstruierten Begriffs der Wissenssituation präzisiert ist. Verschiedene Arten von *Warum-Fragen* sind, unter diesem Gesichtspunkt betrachtet, nichts anderes als *sprachliche Manifestationen verschiedener Arten von Wissenssituationen*, in denen sich die Personen befinden, welche Erklärung heischende Warum-Fragen stellen.

Damit der Sachverhalt bereits jetzt etwas konkretere Gestalt annimmt, sei angedeutet, wie das eingangs gebrauchte Beispiel in die Formulierung von GÄRDENFORS zu übersetzen ist. (Der dabei benützte Begriff der Wissenssituation bleibt dabei in vorexplikativer Unbestimmtheit; er wird im folgenden Abschnitt genau präzisiert.) Es werde zwischen zwei *ursprünglichen* Wissenssituationen $K_1$ und $K_2$ unterschieden. Zu $K_1$ gehört die Proposition: „Irgend jemand hat das Gewehr hinausgetragen". Daß dies *ausgerechnet Franz* war, kommt als spätere Information hinzu, erzeugt eine gewisse Überraschung und kann bei der überraschten Person die Frage auslösen: „Warum hat *unter allen Leuten* (ausgerechnet) Franz das Gewehr hinausgetragen?" Der erste Satz („Es war Franz, der das Gewehr hinausgetragen hat") ist das Explanandum relativ zu *dieser* Frage. Im Unterschied dazu gehört zu $K_2$ die Proposition: „Franz hat einen Gegenstand hinausgetragen". Diesmal kommt die Tatsache, daß der Gegenstand *ausgerechnet* ein *Gewehr* war, als spätere Information hinzu und erzeugt eine andersartige Überraschung, welche diesmal ihren Niederschlag in der Formulierung finden kann: „Warum hat Franz *unter allen tragbaren Gegenständen* (ausgerechnet) ein Gewehr hinausgetragen?". Der zweite Satz („Es war das Gewehr, das Franz hinausgetragen hat") ist das Explanandum relativ zu *dieser anderen* Frage.

Zugleich wird hier folgendes deutlich: Was wir oben verschiedene Aspekte oder verschiedene ins Auge gefaßte Teile von Propositionen nannten, kann gleichgesetzt werden mit *verschiedenen Bezugsklassen*. In der Erklärungstheorie von HANSSON werden die verschiedenen Bezugsklassen explizit in die Warum-Fragen einbezogen. Bei GÄRDENFORS wird dies nicht mehr notwendig sein, da dort die jeweils relevanten Bezugsklassen *bereits in die zugrunde liegenden Wissenssituationen eingebaut* sind.

Doch vorläufig zurück zu den Fragen! Obzwar es noch keine allgemeine Theorie der Warum-Fragen gibt, kann man doch eine teilweise Klärung durch deren Abgrenzung von *Wer-* und *Was-Fragen* herbeiführen. Die letzteren wären durch Formeln von der Gestalt „$(?x)(Rx)$" („Wer hat gerufen?") bzw. „$(?X)(Xa)$" („Was hat Franz getan?") wiederzugeben. Charakteristisch für diese Art von Fragen ist also die Verwendung von *Variablen*. Die Beantwortung besteht darin, diejenige Individuenkonstante bzw. dasjenige Prädikat für die Variable anzugeben, welche (welches) aus der zugehörigen Aussageform einen wahren Satz macht. Die Fragen selbst können dabei als *Imperative* oder als *Bitten* aufgefaßt werden, *diejenige Information zu liefern, welche die Erfüllung einer bestimmten Aussageform herbeiführt*.

Warum-Fragen kann man vielleicht nicht, oder zumindest nicht in natürlicher Weise, als Imperative deuten. Doch ihre adäquaten Beantwortungen, in denen das Explanans gegeben wird, lassen sich ebenfalls als etwas interpretieren, das eine bestimmte Art von *Information* liefert. HANSSON macht hier zwei bemerkenswerte Feststellungen. In der ersten trifft er sich mit HEMPEL, aber auch mit den meisten von dessen Opponenten, nämlich daß im Licht der Information, die das Explanans liefert, das Explanandum *vernünftigerweise zu erwarten* ist. In der zweiten weicht er von HEMPEL ab: „vernünftigerweise zu erwarten sein" ist *nicht* gleichzusetzen mit „entweder aus dem Explanans deduzierbar oder relativ auf dieses sehr wahrscheinlich sein"; vielmehr soll nur gefordert werden, daß bei gegebenem Explanans das Explanandum *wahrscheinlicher* ist *als* die bekannten Alternativen (diese Alternativen kann man im Formalismus von HANSSON als diejenigen Sätze beschreiben, in denen für die durch den Frage-Operator angezeigte Konstante eine andere eingesetzt wird, d. h. eine, die eine andere Entität designiert.)

Wir werden beide Punkte übernehmen, allerdings mit den folgenden wesentlichen Modifikationen: Was HEMPELS erste Feststellung betrifft, so ist darin (ebenso wie in der späteren Theorie von GÄRDENFORS) implizit ein Beschluß enthalten, nämlich der *Beschluß*, sich bei Erklärungen auf den angedeuteten, *rein informativen Aspekt* zu beschränken. Erklärungen werden dadurch, wie wir zeigen werden, zu ex-post-facto-Begründungen, also zu

*Begründungen spezieller Art*, das Wort „Begründung" im vorexplikativen Sinn verwendet. Negativ ausgedrückt, handelt es sich dabei um einen „*Abkoppelungsbeschluß*", nämlich den Beschluß, alle Kausalfragen aus dem Erklärungskontext herauszunehmen und sie einer eigenen Art von Untersuchung zu überantworten. Dieser Beschluß beruht auf der bereits im neuen Anhang II zu Kap. VII erwähnten *Abkoppelungsthese*. „Abkoppelungsempfehlung" wäre vielleicht ein besseres Wort; denn es geht dabei um den folgenden Rat: Bei der heutigen, den gegenwärtigen Erkenntnisstand widerspiegelnden Sachlage empfiehlt es sich, die kausale Erklärungsproblematik in zwei getrennte Fragenkomplexe zu zerlegen: Kausalanalysen im Sinn von Kap. VII, Neue Anhänge, einerseits, informative Begründungs- und Erklärungsmodelle andererseits. Einen Grund für die Annahme dieser Empfehlung haben wir in den neuen Teilen von Kap. VII kennengelernt. Ein zweiter wird im nächsten Abschnitt zur Sprache kommen. Er hängt zusammen mit der außerordentlichen Kompliziertheit des pragmatisch-epistemischen Begriffs der Wissenssituation, der mit ihm verknüpften intensionalen Semantik sowie mit der Abstraktheit des Begriffs der Wahrscheinlichkeitsmischung oder der erwarteten statistischen Wahrscheinlichkeit, der die Grundlage für eine neuartige Lösung des Hempelschen Problems der Mehrdeutigkeit liefern wird.

Wer an beidem interessiert ist, und das sind diejenigen Personen, die wir „*Kausalisten*" nennen, immer, muß *beide* Arten von Untersuchungen anstellen; sonst erreicht er nur die Hälfte seines Zieles. Es mag durchaus der Zeitpunkt kommen, wo auf Grund neuer Einsichten oder unvoraussehbarer Kunstgriffe eine simultane Untersuchung beider Problemgebiete praktikabel wird. Heute hingegen entscheiden wir uns für die Abkoppelungsthese.

Ebenso wie in der ersten, so steckt auch in der zweiten Feststellung von Hansson ein Beschluß, nämlich der durchaus vernünftige Beschluß, für den Begriff der rationalen Erwartung einen *minimalen Rahmen* zu geben. Daß es sich um eine sinnvolle Entscheidung handelt, wird vor allem daran erkenntlich, daß es nur für diese Minimaldeutung von rationaler Erwartung möglich ist, eine angemessene Analyse des Scrivenschen Beispiels und analog gelagerter Fälle zu geben. Auch in dieser zweiten Hinsicht werden wir jedoch später in dem Sinn eine Relativierung vornehmen, daß wir zwei mögliche stärkere Festlegungen für den Begriff der rationalen Erwartung in Betracht ziehen: den *Idealsinn* von rationaler Erwartung, den Hempel vor Augen hatte; und den zwischen diesen beiden Extremen liegenden *starken probabilistischen Minimalsinn*, der bei Erfüllung der Leibniz-Bedingung gegeben ist, d. h. bei Erfüllung der Bedingung, daß das Eintreten des Ereignisses wahrscheinlicher ist als dessen Nichteintreten (aus genau angebbaren Gründen soll die von Hansson und Gärdenfors genannte Bedingung die epistemische Minimalbedingung oder die schwache probabilistische Minimalbedingung für rationale informative Erklärungen genannt werden).

Für unsere gegenwärtigen Zwecke genügt es, daß HANSSON bezüglich des Explanandums eine Minimalforderung für rationale Erwartung aufstellt, nämlich daß es mit größerer Wahrscheinlichkeit eintreffen wird als seine Alternativen. Um die Abhängigkeit von einer Bezugsklasse ausdrücklich anzugeben, könnte man fordern, sie in die Warum-Frage mit aufzunehmen (vgl. dazu die Beispiele im dritten Absatz der obigen Anmerkung 1). Jedenfalls basiert die Minimalforderung auf nicht mehr denn der Relation *wahrscheinlicher als*. Dies hat verschiedene bedeutsame Konsequenzen, von denen einige kurz aufgezählt seien (eine genauere Diskussion findet sich in den folgenden beiden Abschnitten): Erklärungen sind nicht mehr wahr oder falsch, sondern *besser* oder *schlechter*, je nach der Größe der Wahrscheinlichkeitsdifferenz. Dementsprechend kann auch im einen Fall von einer *größeren erklärenden Kraft* als im anderen Fall gesprochen werden. Ein Grenzfall ist erreicht, wenn das Explanans dem Explanandum die Wahrscheinlichkeit 1, allen Alternativen hingegen die Wahrscheinlichkeit 0 zuordnet. Dies ist der Fall der *deduktiven Erklärung* im Sinne von HEMPEL, die *maximale* Erklärungskraft zugeteilt erhält. Erstmals gewinnt man überdies in der in Kap. II behandelten Debatte der strukturellen Gleichheit von Erklärung und Voraussage *ein zwingendes Argument gegen die zweite Teilthese:* Es gibt Erklärungen, die keine potentiellen Voraussagen sind; denn das Explanandum kann im Lichte des Explanans zwar wahrscheinlicher sein als seine Alternativen, trotzdem aber eine relativ niedrige Wahrscheinlichkeit, z. B. 0,15, erhalten, die für eine Prognose nicht ausreicht. Der entscheidende Unterschied gegenüber der Hempel-Oppenheim-Rekonstruktion wurde bereits angeführt; er betrifft den Begriff des Explanandums. Eine wichtige Folge dieser Änderung besteht darin, daß mit einem Wechsel des Aspektes oder der Bezugsklasse *die Problemstellung vollkommen geändert sein mag*, was wiederum für die Frage der Akzeptierbarkeit einer vorgeschlagenen Erklärung von entscheidender Bedeutung werden kann.

Zur Erläuterung dieses Punktes eignet sich besonders gut das bereits mehrmals erwähnte Beispiel von SCRIVEN, welches den Zusammenhang von progressiver Paralyse und Syphilis betrifft. Die bekannten Fakten lauten: Progressive Paralyse entwickelt sich nur bei Leuten, die unter Syphilis[3] gelitten haben. Aber nur ein kleiner Prozentsatz syphilitischer Patienten bildet progressive Paralyse heraus. Nach SCRIVEN erklären diese Fakten zusammen mit der Tatsache, daß eine Person Syphilis hatte, *warum* diese Person später unter progressiver Paralyse litt. SCRIVEN meint, das dabei zur Geltung gelangende allgemeine Prinzip laute: Wenn $A$ die einzige Ursache $X$ ist, so erklärt die Tatsache, daß sich $A$ ereignete, warum $X$ stattfand.

---

[3] Wo immer dieses Beispiel diskutiert wird, ist „Syphilis" zu verstehen im Sinn von „nicht behandelte Syphilis".

Auf S. 217 haben wir den Hempelschen Gegeneinwand (Lotterie-Beispiel) geschildert, der hier nicht nochmals wiederholt zu werden braucht. Als Einwand gegen das erwähnte Prinzip ist dieses Beispiel schlüssig, sofern man unter der einzigen Ursache eine notwendige Bedingung versteht (und es bleibt vermutlich sogar dann bestehen, wenn man zwischen den Wendungen „die einzige Ursache von" und „notwendige Bedingung von" unterscheidet). Ob hingegen das Scrivensche Beispiel ein Fall von Erklärung ist oder nicht, kann überhaupt nicht entschieden werden, solange man den relevanten Aspekt oder *Kontext* nicht kennt. Darum dürfen wir z. B. die Frage: „Warum hat Georg progressive Paralyse bekommen?" nicht als eine vollständige, Erklärung heischende Warum-Frage betrachten, sondern als eine in wesentlicher Hinsicht *unvollständige* Frage; denn als *eine aus dem Kontext herausgerissene Frage* kann sie in verschiedener Weise verstanden werden und die Antworten darauf werden in einigen Fällen annehmbare Erklärungen liefern, in anderen dagegen nicht. Jemand, der weder die erwähnte allgemeine medizinische Tatsache noch die Person Georg kennt, wird die Frage vermutlich verstehen im Sinn von: „Warum hat, unter allen Menschen auf der Welt, ausgerechnet Georg progressive Paralyse bekommen?" Und *auf diese Frage* ist die von SCRIVEN vorgeschlagene Antwort eine Erklärung, falls man das Minimalmodell von HANSSON zugrundelegt. Sollte die Frage dagegen von einem Mediziner gestellt worden sein, so daß sie zu verstehen wäre im Sinn von: „Warum hat, unter allen an Syphilis erkrankten Patienten, ausgerechnet Georg progressive Paralyse bekommen?", dann hat natürlich der Hinweis darauf, daß Georg an Syphilis erkrankt war, keinen Erklärungswert. Der Fragende wußte dies ja bereits und hat dieses Wissen sogar in die Formulierung seiner Frage eingebaut. (Es gibt noch weitere Interpretationsmöglichkeiten der Frage, von denen zwei erwähnt seien. Wenn der Fragende an der vorliegenden Krankheit als solcher interessiert ist, so geht es nur um die Alternative: Befall oder Nichtbefall durch progressive Analyse. Es könnte auch sein, daß er am Befall durch progressive Paralyse, im Unterschied zu einer Reihe anderer Krankheiten, wie Gehirntumor, Krebs, Tuberkulose usw. interessiert ist. Hier würde die Bezugsklasse aus all diesen Krankheiten, mit progressiver Paralyse als einem Glied davon, bestehen und die vollständig und adäquat formulierte Warum-Frage würde lauten: „Warum hat Georg *unter allen erdenklichen Krankheiten* ausgerechnet progressive Paralyse bekommen?")

Wir werden auf das Scrivensche Beispiel im Rahmen der Theorie von GÄRDENFORS nochmals zurückkommen und es dort genauer diskutieren. Vorläufig noch bestehende Unklarheiten dürften dann ausgeräumt sein. Der Leser kann zur Übung diese später gewonnenen Resultate in die mehr „linguistische" Theorie von HANSSON rückübersetzen.

HANSSON verwendet in seinem Modell ohne nähere Präzisierung einen komparativen Begriff der Wahrscheinlichkeit. Neben einer Klärung des

Begriffs der Wissenssituation ist die Explikation des im Erklärungsmodell zu benützenden Wahrscheinlichkeitsbegriffs eine der Hauptaufgaben in der Theorie von GÄRDENFORS. Es wird sich herausstellen, daß die Bewältigung dieser Aufgabe, entgegen allem Anschein, nicht sehr einfach ist.

## 3. Versuch einer pragmatisch-epistemischen Explikation der Familie informativer Erklärungsbegriffe. Darstellung und Weiterführung der Theorie von P. Gärdenfors

**3.a Formen der Abweichung vom Hempelschen Modell.** Wir haben bereits darauf hingewiesen, daß HEMPELS Entdeckung der Mehrdeutigkeit statistischer Systematisierungen den Anlaß für eine neue Entwicklungslinie in der Analyse der Erklärungsbegriffe gegeben hat. Sie beinhaltet nicht weniger als die allmähliche Preisgabe dessen, was wir das dritte Dogma des Empirismus nannten. Die Einbeziehung eines Begriffsapparates, der über logische – d.h. über syntaktische und semantische – Begriffsbildungen hinausreicht, erweist sich als unabdingbar und wesentlich. Im Fall der Erklärung ist es der pragmatische Begriff der Wissenssituation, der in eine Analyse von „Erklärung" einbezogen werden muß.

Da unser bisheriges Vorgehen methodisch stark an HEMPEL orientiert war, erscheint es – wenn auch vielleicht nur aus didaktischen Gründen – als zweckmäßig, mit einer Schilderung der wichtigsten Hinsichten zu beginnen, in denen sich die folgenden Überlegungen von denen HEMPELS unterscheiden werden:

(1) Für HEMPEL bildeten die deduktiv-nomologischen Erklärungen, die *DN-Fälle*, den systematischen Ausgangspunkt der Analyse. Induktiv-statistische Erklärungen, die *IS-Fälle*, stellten Abweichungen vom Idealfall der DN-Erklärungen dar. Dies hatte zur Folge, daß versucht wurde, die IS-Fälle soweit wie möglich den DN-Fällen anzupassen.

In der Analyse fand dies einen doppelten Niederschlag. Erstens wurde der *argumentative Charakter* von Erklärungen mittels statistischer Gesetze dadurch aufrechtzuerhalten versucht, daß der deduktive Schluß durch einen *induktiven* ersetzt wurde. „Wo immer für die Deutung wissenschaftlicher Erklärungen die deduktive Logik nicht ausreicht, muß die induktive Logik herangezogen werden" schien die dahinterstehende Devise zu sein. Zweitens wurde eine *möglichst hohe, nahe bei 1 liegende Wahrscheinlichkeit* verlangt, was der Devise entspricht: „Wenn schon das Explanandum nicht mit Notwendigkeit eintritt, so muß es doch wenigstens mit sehr großer Wahrscheinlichkeit eintreffen". Wir sprechen hier auch vom *HP-Kriterium* oder vom *Kriterium der hohen Wahrscheinlichkeit* („*h*igh *p*robability").

Von diesem methodischen Vorgehen werden wir im folgenden radikal abweichen. Nicht die Erklärungen mittels strikter Gesetze, sondern die *probabilistischen* Erklärungen werden für uns das *Paradigma* für Erklärungen im informativen Sinn bilden[4]. Das wird sich als weit mehr erweisen als eine Akzentverschiebung, zumal die probabilistischen Erklärungen *nicht* als induktive Argumente rekonstruiert werden sollen. Im Unterschied zum Hempelschen Vorgehen wird dadurch ein Rückgriff auf so etwas wie eine induktive Logik nicht mehr erforderlich. Das pragmatische Gegenstück zur Hempelschen DN-Erklärung kann man zwar weiterhin als einen *idealen* Fall bezeichnen. Aber dies ist nicht mehr im Sinn eines vom Wissenschaftler anzustrebenden (und vom Wissenschaftstheoretiker zu beschreibenden) Ideals zu verstehen, sondern allein im Sinne eines „idealen", nämlich *extremen Grenzfalles*, der sich von den anderen Fällen dadurch unterscheidet, daß er *nicht weiter verbesserungsfähig* ist.

(2) Das Bild der *Wissenssituation* soll gemäß dem Vorschlag von GÄRDENFORS durch ein elastischeres und differenzierteres ersetzt werden. HEMPEL rekonstruiert eine Wissenssituation zur Zeit $t$ als Klasse $A_t$ der von einer idealen Person zu $t$ akzeptierten Sätze, wobei $A_t$ in bezug auf gewisse logische Folgerungen abgeschlossen ist. Dies zwingt uns, eine Wissenssituation als eine starre *Ja-Nein-Situation* zu betrachten: Ein Satz gehört entweder zu ihr oder er gehört nicht zu ihr. In vielen Fällen wird es sich jedoch so verhalten, daß die in einer solchen Situation befindliche Person Sätze, die sie nicht als sicher akzeptiert, *als mehr oder weniger wahrscheinlich beurteilt*. Es wird daher darum gehen, eine Wissenssituation so zu rekonstruieren, daß diese gewissermaßen in dem Sinne „probabilistisch über sich selbst hinausgreift", daß sie nicht zu ihr gehörende Sätze *nach Graden der Glaubhaftigkeit zu beurteilen gestattet*.

(3) Wie eine kritische Analyse der Hempelschen Ansätze lehrt, ist es eine nichttriviale Frage, *welche* Wissenssituation man zugrunde legen soll. Sofern man sich darauf versteift, daß der Erklärungsbegriff auf *eine einzige* Wissenssituation zu relativieren ist, gerät man unweigerlich in ein Dilemma, sofern man die beiden folgenden Prämissen akzeptiert:

Die erste Prämisse lautet, daß HEMPEL mit den Phänomen, das er die Mehrdeutigkeit der statistischen Systematisierung nennt, auf eine *echte Schwierigkeit* aufmerksam gemacht hat. Wie immer eine Deutung probabilistischer Erklärungen und Voraussagen aussehen mag, sie muß mit dieser

---

[4] Das Prädikat „informativ" soll – das sei hier vorwegnehmend gesagt – darauf hinweisen, daß bei dem zu explizierenden Erklärungsbegriff von allen Kausalfragen abstrahiert wird. Das Problem der Unterscheidung zwischen Gründen und Ursachen wird damit ausgeklammert und auf die Kausalanalyse abgeschoben. Daß es sinnvoll und zweckmäßig ist, einen rein informativen Erklärungsbegriff zu präzisieren, wird sich später zeigen.

Schwierigkeit fertigwerden, um adäquat zu sein. Die zweite Prämisse lautet, daß ein Ereignis nicht einzutreffen braucht, sofern die Wahrscheinlichkeit seines Eintreffens von 1 verschieden ist. Nur das, was notwendig ist, muß eintreffen; selbst das sehr Wahrscheinliche braucht dagegen nicht einzutreffen.

Soll nun das Explanandum $E$ aus der Wissenssituation $K$, auf die der Erklärungsbegriff zu relativieren ist, ausgeschlossen sein oder soll es in sie einbezogen werden? Wir behaupten: Im ersten Fall kommt man wegen der zweiten Prämisse in Schwierigkeiten und im zweiten Fall wegen der ersten. Schließt man nämlich $E$ aus, so kann es sich ereignen, daß $E$ überhaupt nicht realisiert wird. Wie immer man auch den Begriff der Wissenssituation $K$ und den auf diese Wissenssituation relativierten Begriff der probabilistischen Erklärung expliziert hat, man steht vor einer paradoxen Situation: *Das fragliche Erklärungsmodell zwingt uns, auch dann von einer Erklärung von E (bezüglich K) zu sprechen, wenn das Explanandum-Ereignis überhaupt nicht eingetroffen ist.* Soll man also den Erklärungsbegriff auf jene Fälle beschränken, in denen die Person, die sich in der Wissenssituation $K$ befindet, auch weiß, daß $E$ wahr ist, so daß $E$ selbst Bestandteil von $K$ ist? Dies liefe auf eine Trivialisierung des Hempelschen Mehrdeutigkeitsproblems hinaus. Dieses Problem besteht ja darin, daß mehrere (mindestens zwei) „probabilistische Argumente" mit unverträglichen Konklusionen miteinander konkurrieren. Wenn man jedoch *weiß, welche* dieser Konklusionen richtig ist, fallen alle potentiellen Argumente mit anderen Konklusionen fort *und das Mehrdeutigkeitsproblem verschwindet automatisch.*

HEMPEL hatte in seiner ursprünglichen Explikation der IS-Erklärung (1962) das Explanandum nicht einbezogen. In der späteren Fassung (1965) hatte er es dagegen zum Bestandteil der Wissenssituation gemacht. Damit blieb sein Vorgehen auf jeden Fall einem der beiden geschilderten substantiellen Einwände ausgeliefert.

Hier kann nur eine vage Andeutung darüber gemacht werden, wie die Lösung aussieht: Es genügt nicht, *eine* Wissenssituation zu einem bestimmten Zeitpunkt zu betrachten. Vielmehr haben wir *verschiedene* Wissenssituationen heranzuziehen, die in einer bestimmten Relation zueinander stehen. Wir werden von der Relation der *Wissensverschärfung* sprechen. Es wird sich erweisen, daß *statische* Modelle von Wissenssituationen ungenügend sind und daß wir neben einem statischen ein *dynamisches* Modell zu betrachten haben, welches den Prozeß der Wissensverschärfung beschreibt. Dabei wird sich ein neuer „struktureller Unterschied" zwischen den paradigmatischen Fällen *Voraussage* und *Erklärung* ergeben: Für die Explikation des ersten Begriffs müssen wir *zwei,* für die des letzteren sogar *drei* Wissenssituationen heranziehen.

(4) Die Befreiung vom Programm einer induktiven Logik erfolgt in der Weise, daß das probabilistische Räsonieren einer Person in einer Wissenssituation nicht durch „induktive Argumente", in deren Prämissen statistische

Hypothesen vorkommen, rekonstruiert wird, sondern mit Hilfe von *Wahrscheinlichkeitsmischungen*. Die objektiven oder statistischen Wahrscheinlichkeiten sind einer Person gewöhnlich nicht bekannt. Zu den möglichen Weltzuständen (kurz: möglichen Welten), die mit ihrem Wissen verträglich sind, gehören verschiedene, u. U. sogar unendlich viele, objektive Wahrscheinlichkeiten. Statt mit einem *Wissen* um diese Wahrscheinlichkeiten muß sie sich häufig mit einer *Schätzung* begnügen, d. h. sie bildet den *Erwartungswert* der statistischen Wahrscheinlichkeit dafür, daß ein Individuum eine bestimmte Eigenschaft hat. Die „Glaubenswahrscheinlichkeit", die hierbei zur Wägung der statistischen Wahrscheinlichkeiten benützt wird, läuft über Mengen möglicher Welten, so daß bei der Bildung des Erwartungswertes die verschiedenen möglichen objektiven Wahrscheinlichkeiten mit den zugehörigen Glaubenswahrscheinlichkeiten multipliziert werden („zugehörig" in dem Sinn, daß jede objektive Wahrscheinlichkeit mit einer möglichen Welt fest assoziert ist, für die ein Glaubenswert gegeben ist). Mit Hilfe dieser Wahrscheinlichkeitsverteilungen zweiter Ordnung kann schließlich eine neue Wahrscheinlichkeit, nämlich eine Wahrscheinlichkeitsmischung, als ein Wahrscheinlichkeitsmaß erster Ordnung definiert werden, welches *die zu erwartende Wahrscheinlichkeit dafür angibt, daß ein Individuum eine bestimmte Eigenschaft besitzt*. Die Hempelsche Forderung der maximalen Bestimmtheit läßt sich dann, wie GÄRDENFORS gezeigt hat, in einer höchst einfachen und durchsichtigen Weise formulieren (vgl. unten 3.e).

**3.b Wissenssituationen: Statisches Modell.** Da es uns darum geht, ein zwar *genaues*, in gewissen Hinsichten jedoch nur *prinzipielles Verständnis* der pragmatischen Aspekte zu gewinnen, soll die Sprache L, in der Einzelfallbegründungen und Erklärungen gegeben werden, eine möglichst einfache Gestalt haben. Die *deskriptiven Ausdrücke* von L bestehen aus Individuennamen, einstelligen Prädikaten – jeweils in beliebiger Anzahl – sowie einem Wahrscheinlichkeitsoperator „$p$". Als *logische Ausdrücke* enthalte die Sprache die üblichen Junktoren. Der Prädikatbegriff werde so erweitert, daß junktorenlogische Verknüpfungen von Prädikaten wiederum Prädikate sind. *Atomsätze* sind entweder von der Gestalt „$Fa$" (*singulärer Satz*) oder von der Gestalt „$p(G,F) \geq r$" (*statistischer Satz*). Die intendierte Bedeutung des singulären Satzes ist „$a$ hat die Eigenschaft $F$" und die des atomaren statistischen Satzes „die Wahrscheinlichkeit von $G$ relativ zu $F$ ist mindestens gleich $r$". Junktorenlogische Verknüpfungen von Sätzen sind Sätze; insbesondere sind junktorenlogische Verknüpfungen singulärer bzw. statistischer Sätze wieder singuläre bzw. statistische Sätze. Quantoren enthalte die Sprache nicht. Dies ist keine so starke Beeinträchtigung, wie es zunächst den Anschein hat; denn ein Allsatz „$\bigwedge x Gx$", in welchem „$G$" möglicherweise ein logisch komplexes Prädikat ist, kann in L durch „$p(G)=1$" wiedergegeben werden. (Wer geneigt ist, nur bedingten Wahrscheinlichkeitsaussagen einen realistischen Sinn zuzusprechen, kann diese letztere Aussage als Abkürzung für „$p(G, F \vee \neg F) = 1$" ansehen.)

Relativ auf diese Sprache sollen jetzt Modelle für Wissenssituationen eingeführt werden. Jedes derartige Modell $K$ (mit „$K$" für „Knowledge") beschreibt die Wissenssituation einer bestimmten Person $X$ zu einer bestimmten Zeit $t$. Wir werden die Bezugnahme auf eine Person sowie auf einen Zeitpunkt nicht explizit machen, da es keinen Anlaß geben wird, verschiedene Personen sowie verschiedene Zeitpunkte zu betrachten.

Wir greifen den Gedanken von GÄRDENFORS auf, das Wissen einer Person zu einer bestimmten Zeit durch den dazu *komplementären Begriff* zu charakterisieren, also durch das, *was die Person nicht weiß*. Dieser komplementäre Begriff ist, intuitiv gesprochen, durch diejenigen möglichen Weltzustände festgelegt, die mit dem Wissen der Person verträglich sind. Einfachheitshalber benützen wir die heute üblich gewordene mögliche-Welten-Sprechweise, reden also statt von möglichen Weltzuständen von möglichen Welten. Die Wissenssituation muß somit eine Klasse $W$ von möglichen Welten als Komponente enthalten. Für das Folgende ist es wichtig, niemals zu vergessen, daß $W$ nicht die metaphysische Klasse $M$ *aller* möglichen Welten ist, sondern daß zu $W$ *nur die von der Person in der Wissenssituation $K$ für möglich gehaltenen Welten* gehören. (Eine Welt $w$ ist somit Element der Differenzmenge $M - W$ genau dann, wenn sie zwar im metaphysischen Sinn möglich ist, jedoch in allen Wissenssituationen, die $W$ als Komponente enthalten, *für unmöglich gehalten wird*.)

Würde unsere Person über ein vollkommenes Wissen verfügen, wie vermutlich der Hegelsche Weltgeist, so enthielte die Klasse $W$ nur mehr ein einziges Element, nämlich die wirkliche Welt. Für eine normale Person ist $W$ zu jeder Zeit viel umfassender. Wenn ich z. B. soeben einen Anruf erhalte, ohne den Sprecher zu kennen, so gehören zur Komponente $W$ meines derzeitigen Wissens $K$ diejenigen möglichen Welten, in denen der Anrufer blaue Augen hat, aber auch diejenigen, in denen er braune Augen hat usw. Wenn ich dagegen sicher bin, daß der Anrufer ein Mann ist, so fallen alle möglichen Welten, in denen der Anrufer eine Frau ist, aus $W$ heraus, d. h. gehören nicht zu $W$. In bezug auf statistische Wahrscheinlichkeiten, die wir einfachhalber gelegentlich in der Sprechweise der relativen Häufigkeiten erläutern wollen, ist unser Wissen meist geringer als bezüglich anderer Eigenschaften. Ich kenne z. B. nicht die Wahrscheinlichkeit dafür, daß ein Kaninchen ein Albino ist. Da ich aber davon überzeugt bin, daß diese Wahrscheinlichkeit größer als 0 und kleiner als 0,25 ist, gehört das ganze Spektrum möglicher Welten mit Wahrscheinlichkeiten von Albino-Kaninchen zwischen 0 und 0,25 zu meinem derzeitigen $W$. All diejenigen möglichen Welten hingegen, in denen die relative Häufigkeit von Albino-Kaninchen mindestens 25% beträgt, fallen aus $W$ heraus. Der Klasse $W$ von möglichen Welten geben wir die anschauliche Bezeichnung *Unwissenheitsspielraum* (unserer idealen Person $X$ zur Zeit $t$). (Man könnte auf $W$ zugunsten des stets gleichbleibenden $M$ verzichten und die Aufgabe dieser Klasse auf die einzuführende Glaubensfunktion $B$ übertragen; vgl. dazu weiter unten die Anmerkung 2. Die getrennte Verwendung von $W$ und $B$ hat den Vorteil größerer Anschaulichkeit.)

Die zweite *epistemische* Komponente neben $W$ ist die *Glaubensfunktion B* („$B$" für „Belief"). Während $W$ die Welten nur grob in die für möglich und für unmöglich gehaltenen einteilt, werden durch $B$ die für möglich gehaltenen Welten feiner unterteilt in *für mehr oder weniger wahrscheinlich gehaltene mögliche Welten*. Genauer gesprochen: Für eine Teilklasse $V$ von $W$ soll $B(V)$ die *subjektive Wahrscheinlichkeit* oder die *Überzeugungswahrscheinlichkeit* (*Glaubenswahrscheinlichkeit*) dafür ausdrücken, daß die wirkliche Welt in $V$ liegt.

*Anmerkung 1.* Von $B$ setzen wir voraus, daß es die formalen Bedingungen eines Wahrscheinlichkeitsmaßes erfüllt. $B$ soll auf der ganzen Potenzmenge von $W$ definiert sein, sofern dies möglich ist. Ansonsten sei ein geeigneter, möglichst umfassender $\sigma$-Körper von Teilklassen von $W$ als Definitionsbereich der Überzeugungsfunktion $B$ gewählt.

*Anmerkung 2.* Für den technischen Aufbau wäre es möglich, ohne die Klasse $W$ auszukommen und deren Rolle, wie erwähnt, auf die Glaubensfunktion $B$ zu übertragen. $B$ wäre dann für Teilmengen von $M$ – der „metaphysischen" Klasse aller möglichen Welten – zu definieren und zwar so, daß für Welten aus $M-W$ die $B$-Werte gleich 0 sind.

Um die angegebene Sprache interpretieren zu können, muß für jedes Element $w \in W$ eine Tarskische Interpretationsfunktion $I_w$ hinzugenommen werden, die, wie üblich, auch als Bezeichnung der dadurch eindeutig festgelegten Bewertungsfunktion für Sätze verwendet wird. Einfachheitshalber nehmen wir an, daß der Individuenbereich $U$ in allen möglichen Welten derselbe ist. Die Interpretation des Wahrscheinlichkeitsoperators „$p$" in den verschiedenen Welten aus $W$ heben wir wegen ihrer Wichtigkeit besonders hervor und geben dem objektiven oder statistischen Wahrscheinlichkeitsmaß in der Welt $w$ den Namen $P_w$. (An sich liegt hier eine symbolische Redundanz vor, da „$P_w$" natürlich nichts anderes bedeutet als „$I_w(p)$".) Jedes $P_w$ ist entweder auf der Potenzmenge des Individuenbereiches $U$ oder wenigstens auf einem möglichst umfassenden, geeignet gewählten $\sigma$-Körper von Mengen über $U$ definiert.

Die unterschiedlichen Definitionsbereiche der Funktion $B$ einerseits und der Funktionen $P_w$ andererseits sind genau zu beachten. Eine Größe von der Gestalt $B(V)$ gibt die subjektive Wahrscheinlichkeit (unserer idealen Person) dafür an, daß die reale Welt Element von $V$ ist. Ein Wert von der Gestalt $P_w(I_w(G))$ dagegen besagt, wie groß die *objektive* (*statistische*) Wahrscheinlichkeit dafür ist, daß ein Individuum in der Welt $w$ zur Extension des Prädikates „$G$" gehört.

Die Interpretationsfunktionen $I_w$ sollen die üblichen Leistungen erbringen: Einem Namen wird durch $I_w$ ein Element aus $U$, einem Prädikat eine

Teilmenge von $U$ zugeordnet. Wenn wir für die Wahrheitswerte *wahr* und *falsch* die Zahlen 1 und 0 wählen, so soll für jedes $w$ die Interpretationsfunktion $I_w$ die folgenden drei Bedingungen erfüllen:

(1) Für einen Atomsatz „$Fa$" soll gelten, daß $I_w(Fa) = 1$ gdw $I_w(a) \in I_w(F)$.

(2) Für jeden Satz von der Gestalt „$p(G, F) \geq r$" soll gelten: $I_w(p(G,F) \geq r) = 1$ gdw $P_w(I_w(G), I_w(F)) \geq r$. (Hier wird rechts die im vorigen Absatz beschriebene Konvention benützt; danach besagt der letzte Ausdruck gerade: die in der möglichen Welt $w$ geltende statistische Wahrscheinlichkeit $P_w$ dafür, daß ein zur Teilklasse $I_w(F)$ von $U$ gehörendes Individuum außerdem zur Teilklasse $I_w(G)$ von $U$ gehört, ist mindestens gleich $r$.) Allgemein gibt $P_w(A)$ an, wie groß in der möglichen Welt $w$ die relative Häufigkeit der Individuen ist, die zu $A$ gehören. $P_w(B, A)$ gibt an, wie groß in der Welt $w$ die relative Häufigkeit der zu $A$ gehörenden Individuen ist, die außerdem zu $B$ gehören.

(3) Für einen komplexen Satz $s$ soll $I_w(s) = 1$ oder $= 0$ sein im Einklang mit den Regeln der Junktorenlogik, m.a.W.: $I_w$ ist für komplexe Sätze stets eine Boolesche Bewertungsfunktion.

Nach diesen Erläuterungen können wir den Begriff der Wissenssituation einführen. Und zwar sei eine Wissenssituation $K$ ein Quintupel von folgender Gestalt:

$$K = \langle U, W, \{I_w\}_{w \in W}, \{P_w\}_{w \in W}, B \rangle$$

Zum besseren Verständnis empfiehlt es sich, getrennt die *interpretatorischen Bestandteile* und die *epistemischen Bestandteile* einer Wissenssituation zu betrachten. Die vier ersten Komponenten gehören zur *Semantik* unserer Sprache, dienen also der Interpretation. Da die Interpretation nicht nur für die reale Welt, sondern für eine ganze Klasse möglicher Welten vorgenommen wird, handelt es sich um eine *intensionale Semantik*. (Für jede einzelne *Welt* aus $W$ liegt dagegen eine *extensionale Tarski-Semantik* vor.)

Die letzte Komponente $B$ ist ein *rein epistemischer Bestandteil* der Wissenssituation. Sie fügt zur Interpretation nichts Neues hinzu, sondern dient lediglich einer detaillierteren Charakterisierung des Wissens. *Auch die Klasse $W$ ist allerdings eine epistemische Komponente von $K$!* $W$ kommt somit in einer *doppelten* Funktion vor: Als Indexmenge der Tarskischen Interpretationsfunktion $I_w$ ist sie ein wesentliches Glied der intensionalen Interpretation unserer elementaren Sprache **L**, übernimmt also eine interpretatorische Rolle. Als Unwissenheitsspielraum (einer idealen Person) bildet sie hingegen eine zweite epistemische Komponente neben der Funktion $B$. Die *epistemische Relativität*, d. h. die Beschränkung auf eine Klasse *für möglich gehaltener* Welten – statt der Einbeziehung der gesamten Klasse „an sich möglicher" Welten – wird gerade mittels $W$ vollzogen.

Zusammenfassend können wir also sagen: Eine Wissenssituation $K$ wird rekonstruiert als ein Quintupel, dessen erstes Glied aus einer nichtleeren

Menge von Individuen und dessen zweites Glied aus einer nichtleeren Menge möglicher Welten besteht, während das dritte, vierte und fünfte Glied respektive aus Interpretationsfunktionen $I_w$, objektiven Wahrscheinlichkeitsmaßen $P_w$ und einer subjektiven Wahrscheinlichkeitsfunktion $B$ besteht. Die drei Arten von Funktionen erfüllen die eben beschriebenen Bedingungen.

**3.c Wissenssituationen: Dynamisches Modell.** Eine Theorie, die sich mit dem Wechsel von Überzeugungen, z. B. angesichts neuer Tatsachen- oder Gesetzeskenntnisse, beschäftigt, könnte die Bezeichnung „Theorie der Glaubensdynamik" oder „Theorie der Überzeugungsdynamik" erhalten. Die verschiedensten Typen von Überzeugungswandel sind denkbar: eine Revision des Wissens aufgrund empirischer Widerlegung bisher geglaubter Annahmen; eine Minimaländerung des bisherigen Wissens (im Sinn des zweiten Anhanges von Kap. V), um zu geeigneten Prämissen für hypothetisches Räsonieren zu gelangen; eine Vergrößerung des Wissens durch Hinzutreten neuer Erkenntnisse usw.

Für uns ist im gegenwärtigen Zusammenhang nur der soeben zuletzt erwähnte Typus von Belang, nämlich *die Verschärfung einer Wissenssituation durch zusätzliches Wissen*. Es sei $K$ die ursprüngliche Wissenssituation. Das neu hinzutretende Wissen kann durch eine Klasse $S$ von Sätzen ausgedrückt werden. Die durch $S$ bewirkte Bereicherung des Wissens findet ihren Niederschlag im Übergang der ursprünglichen Wissenssituation $K$ zu einer neuen Wissenssituation $K_S$, in der die beiden epistemischen Komponenten gegenüber $K$ modifiziert worden sind:

Die Klasse der für möglich gehaltenen Welten ist zu einer Klasse $W_S$ *eingeengt* worden. Diese letztere umfaßt nur mehr diejenigen Elemente aus $W$, in denen sämtliche Sätze aus $S$ wahr werden. Mengentheoretisch ist $W_S$ zu charakterisieren als der bezüglich sämtlicher $s \in S$ zu bildende Durchschnitt aller $w \in W$, für die $I_w(s)=1$ ist. $W_S$ kann somit definiert werden als $\bigcap_{s \in S} \{w | w \in W \wedge I_w(s)=1\}$; denn dies ist genau diejenige Teilklasse der für möglich gehaltenen Welten, in der jedes einzelne $s$ aus $S$ wahr wird.

Daneben ist die ursprüngliche Funktion $B$ durch die neue Glaubensfunktion $B_S$ zu ersetzen. Diese zweite Änderung kann man technisch in der Weise bewerkstelligen, daß man vom ursprünglichen $B$ ausgeht und eine Konditionalisierung in bezug auf $W_S$ vornimmt. Es werden Wissensverschärfungen nur durch solche Satzklassen $S$ zugelassen, für die gilt: $B(W_S) \neq 0$; daher ist diese Konditionalisierung stets zulässig. Falls also $V$ eine Klasse von möglichen Welten aus $W$ bildet, für die $B$ erklärt ist, so soll gelten:

$$B_S(V) := B(V, W_S).$$

Für die Rekonstruktion von $K_S$ genügt es, diese zweite Änderung vorzunehmen, d. h. die übrigen Komponenten unverändert zu übernehmen und nur die epistemische Komponente $B$ durch $B_S$ zu ersetzen. In der neuen Wisssenssituation wird also allein die ursprüngliche Glaubensfunktion mit der auf $W_S$ konditionalisierten Glaubensfunktion vertauscht. (Dies ist eine Vereinfachung gegenüber der komplizierteren Definition D2 auf S. 41 f. von STEGMÜLLER, [Two Successor Concepts].) Der Grund dafür liegt in folgendem: $B_S(\{W-W_S\})$ ist nach Definition dasselbe wie $B(W-W_S,W_S)$ und dieser Wert ist natürlich gleich 0. (Es wird darin nach der Wahrscheinlichkeit dafür gefragt, daß eine zu $W_S$ gehörende Welt $w$ in der Differenzklasse $W-W_S$, also *nicht* in $W_S$, liegt!) Man kann dies so ausdrücken: Die in der ursprünglichen Wissenssituation zu $W-W_S$ gehörenden möglichen Welten werden durch die neue Glaubensfunktion $B_S$ als unmöglich ausgeschaltet.

Wir hatten uns die Aufgabe gestellt, anzugeben, wie sich eine Wisssenssituation durch Aufnahme zusätzlichen Wissens verändert. Die Lösung dieser Aufgabe erweist sich als höchst einfach. Falls das neue Wissen durch die Satzklasse $S$ repräsentiert wird, ist die *Verschärfung der ursprünglichen Wissenssituation*

$$K = \langle U, W, \{I_w\}_{w \in W}, \{P_w\}_{w \in W}, B \rangle$$

*durch das Wissen $S$* darzustellen durch:

$$K_S := \langle U, W, \{I_w\}_{w \in W}, \{P_w\}_{w \in W}, B_S \rangle.$$

Dabei sind $W_S$ und $B_S$ so zu definieren wie oben.

Abschließend seien noch präzise Definitionen für zwei Begriffe gegeben, die wir gelegentlich benützen werden. Unter dem *Überzeugungswert* (oder: *Glaubenswert*) *eines Satzes s* in einer Wissenssituation verstehen wir die subjektive Wahrscheinlichkeit dafür, daß $s$ in dieser Wissenssituation wahr ist. Da $B(V)$ (für $V \subseteq W$) die subjektive Wahrscheinlichkeit dafür ist, daß die wirkliche Welt in $V$ liegt, ist der Überzeugungswert von $s$ mit $B(\{w| I_w(s)=1\})$ gleichzusetzen. Denn dies ist die subjektive Wahrscheinlichkeit dafür, daß $s$ in der realen Welt gilt.

Die Wendung „(der Satz) *s wird in der Wissenssituation K gewußt*" kann man als eine Abkürzung für die Aussage betrachten: „für alle möglichen Welten $w$ aus $W$ mit $B(\{w\}) \neq 0$ ist $I_w(s)=1$"[5]. Hierbei wird selbstverständlich vorausgesetzt, daß $W$ der zweite Bestandteil von $K$ ist.

### 3.d Erwartete Wahrscheinlichkeiten. Wahrscheinlichkeitsmischungen.

Unsere Repräsentation von Wissenssituationen gestattet eine Antwort auf die Frage, mit welcher Wahrscheinlichkeit eine in der Wissenssituation $K$ befindliche Person $X$ erwartet, daß ein Individuum mit der Eigenschaft $F$ auch die Eigenschaft $G$ hat. Statt für den bedingten Fall beantworten wir diese

---

[5] Wenn man als zweites Glied von $K_S$ statt $W$ bereits $W_S$ wählt, ist die Zusatzbedingung $B(\{w\}) \neq 0$ überflüssig.

Frage für den absoluten Fall, um dann die bedingte Wahrscheinlichkeit zu definieren.

Mit welcher Wahrscheinlichkeit erwartet also $X$, daß ein Individuum die Eigenschaft $G$ hat? Angenommen, unsere Person wüßte bereits, daß die mögliche Welt $w$ aus $W$ auch die wirkliche Welt ist. Da die zu $w$ gehörige objektive Wahrscheinlichkeit $P_w$ ist, wäre die gesuchte Wahrscheinlichkeit natürlich gleich $P_w(I_w(G))$; denn dies ist genau die in $w$ geltende statistische Wahrscheinlichkeit dafür, daß ein Individuum in die Extension des Prädikates „$G$" hineinfällt. Da wir für den allgemeinen Fall aber voraussetzen müssen, daß im Unwissenheitsspielraum von $X$ mehr als eine mögliche Welt vorkommt, daß unsere Person also noch andere Welten für möglich hält, müssen wir noch eine sog. Mittelung über die zu unserem Unwissenheitsspielraum gehörenden möglichen Welten durchführen.

In technischer Hinsicht handelt es sich um nichts anderes als darum, auf den bekannten wahrscheinlichkeitstheoretischen Begriff des *Erwartungswertes* oder, noch einfacher gesprochen, auf den Begriff des *gewogenen arithmetischen Mittels* zurückzugreifen, wobei die Wägungskoeffizienten Wahrscheinlichkeiten sind. Man ermittelt diesen Betrag für eine Größe dadurch, daß man die möglichen Meßwerte der fraglichen Größe mit den Wahrscheinlichkeiten ihres Eintreffens multipliziert (und durch deren Gesamtsumme dividiert, sofern nicht *alle* Wahrscheinlichkeiten benützt wurden, so daß die Summe der Wägungskoeffizienten nicht gleich 1 ist).

Die gesuchte Größe ist in unserem Fall selbst eine Wahrscheinlichkeit, und zwar die objektive oder statistische Wahrscheinlichkeit. An die Stelle der möglichen Meßwerte treten die Werte $P_w$ in den verschiedenen möglichen Welten. Und die Wahrscheinlichkeiten, mit denen wir die $P_w$-Werte multiplizieren müssen, sind die entsprechenden Glaubenswahrscheinlichkeiten, also $B$-Werte. Was aber sind diese „entsprechenden Glaubenswahrscheinlichkeiten"? Auf die Frage nach der subjektiven Wahrscheinlichkeit eines bestimmten Wertes $P_w$ der objektiven Wahrscheinlichkeit können wir *prima facie* keine Antwort geben; denn $B$ ist nicht für $P_w$-Werte erklärt, sondern nur für mögliche Welten, die zum Unwissenheitsspielraum unserer Person gehören. Es ist jedoch klar, wie wir uns zu behelfen haben: Da jeder möglichen Welt $w$ eindeutig die in ihr geltende statistische Wahrscheinlichkeit $P_w$ entspricht, können wir die Bewertungen der objektiven Wahrscheinlichkeiten durch einen sehr einfachen Kunstgriff vornehmen. Wegen dieser Entsprechung dürfen wir nämlich die subjektive Wahrscheinlichkeit des Geltens von $P_w$ durch die subjektive Wahrscheinlichkeit dafür, daß die wirkliche Welt mit $w$ identisch ist, ersetzen. Diese letztere Wahrscheinlichkeit ist aber gerade $B(\{w\})$. Die gesuchten Wägungskoeffizienten erhalten wir also dadurch, daß wir jeden $P_w$-Wert mit dem Glaubenswert von $\{w\}$ für diejenige mögliche Welt $w$ multiplizieren, deren Bezeichnung den unteren Index von „$P_w$" bildet.

Was wir soeben geschildert haben, ist die Bildung von sog. *Wahrscheinlichkeitsmischungen*. Die Bezeichnung stammt daher, daß das Ergebnis dieser Prozedur wieder eine *Wahrscheinlichkeit* liefert. Durch die Wägungen der möglichen objektiv vorliegenden Wahrscheinlichkeiten mit den Glaubenswahrscheinlichkeiten der zugehörigen möglichen Welten erzeugt man wieder ein Wahrscheinlichkeitsmaß erster Ordnung, das genau für dieselben Teilmengen von $U$ definiert ist wie die statistischen Wahrscheinlichkeiten $P_w$. Wir sprechen von der *erwarteten Wahrscheinlichkeit*. Genauer müßten wir es eigentlich *die zu erwartende Wahrscheinlichkeit* nennen.

Wenn wir diesen Gedanken sogleich für eine beliebige Teilmenge $V$ aus $W$ verallgemeinern, für die erstens $B$ erklärt ist und zweitens der Wert $B(V) \neq 0$ ist, so gelangen wir zu der folgenden Definition:

$$P_V(F) := \frac{1}{B(V)} \sum_{w \in V} P_w(I_w(F)) \times B(\{w\}),$$

d. h. also: Die zu erwartende Wahrscheinlichkeit dafür, daß ein Individuum aus $U$ die Eigenschaft $F$ besitzt – vorausgesetzt, daß die wirkliche Welt in $V$ liegt –, ist gleich der auf der rechten Seite stehenden Summe von Produkten. Wir werden uns später nur für den einzig wichtigen Fall interessieren, wo $V$ mit $W$ identisch ist. (Hier ist über alle möglichen Welten des Unwissenheitsspielraums $W$ zu summieren und der der Summe vorangestellte Bruch fällt fort, da $B(W)$ den Wert 1 hat.) $P_V$ bzw. $P := P_W$ werden wir *das Maß der subjektiv erwarteten Wahrscheinlichkeit* oder *das Maß der subjektiven Wahrscheinlichkeitserwartung* nennen.

Für unendliche Mengen $V$ ist die rechte Seite durch das Integral

$$\frac{1}{B(V)} \int_V P_w(I_w(F)) \, dB(w)$$

zu ersetzen.

Die bedingte Wahrscheinlichkeit wird wie üblich eingeführt:
Für alle Prädikate $F$ und $G$ mit $P_V(F) \neq 0$:

$$P_V(G, F) := \frac{P_V(F \wedge G)}{P_V(F)}.\text{[6]}$$

---

[6] Die Definition D3 auf S. 42 von [Two Successor Concepts] ist inkorrekt, da der dortige Versuch, Wahrscheinlichkeitsmischungen direkt für *bedingte* Wahrscheinlichkeiten zu definieren, scheitert. Man muß die Einführung bedingter gemischter Wahrscheinlichkeiten daher in zwei Akte zerlegen, wie dies hier geschehen ist: Zunächst sind *absolute* gemischte Wahrscheinlichkeitsmaße einzuführen, worauf dann erst in einem zweiten Schritt die übliche Definition der *bedingten* Wahrscheinlichkeit folgt.

Zwei extreme Beispielsfälle mögen der Erläuterung dienen. *1. Beispiel*: Ich glaube, ein ziemlich genaues Wissen darüber zu besitzen, daß eine bestimmte normal aussehende Münze homogen und unverfälscht ist und daher mit statistischer Wahrscheinlichkeit 0,5 das Resultat *Kopf* liefert. In einem solchen Fall wird die obige Verteilung *sehr steil* ausfallen. Der Grenzfall ist der, daß ich ganz sicher bin, die objektive Wahrscheinlichkeit genau zu kennen. Dann sind die $P_w$-Werte für alle diejenigen möglichen Welten, deren $B$-Werte $\neq 0$ sind, miteinander identisch und die Summe dieser $B$-Werte ist gleich 1. Also fällt hier die *erwartete* Wahrscheinlichkeit mit einer bestimmten *objektiven* Wahrscheinlichkeit $P_w$ zusammen. *2. Beispiel*: Ich stehe vor der Situation, die Wahrscheinlichkeit dafür bestimmen zu sollen, daß eine Löwin Drillinge bekommt. Da ich diesmal nur sehr vage Vorstellungen von dem Sachverhalt besitze, werde ich zahlreiche für möglich gehaltene objektive Wahrscheinlichkeiten $P_w$ in Betracht ziehen und eine *sehr breit gestreute Verteilung* der Wahrscheinlichkeiten eines solchen Ereignisses bekommen.

### 3.e Hempels Mehrdeutigkeit und die neue Variante des Prinzips der maximalen Bestimmtheit von Reichenbach.

Wir überlegen uns jetzt, wie der Lösungsvorschlag des Hempelschen Problems der Mehrdeutigkeit statistischer Systematisierungen im gegenwärtigen Denkrahmen aussieht. Dazu müssen wir nochmals kurz auf das Problem selbst zu sprechen kommen. Die an früherer Stelle (Kap. **IX**) diskutierten Beispiele könnten nämlich beim Leser prima facie den irrigen Eindruck erwecken, als stünden dem Erklärenden zu viele statt zu wenige Informationen zur Verfügung. Es ist sehr wichtig, ganz klar zu sehen, daß das letztere der Fall ist, und außerdem die mögliche Wissenslücke genau zu lokalisieren.

Die Schwierigkeit kann als *das Dilemma der fehlenden statistischen Information* bezeichnet werden. (In dieser Weise ist das Problem bereits in Bd. IV dieser Reihe, 2. Halbband, auf S. 286f. formuliert worden). Folgendes Beispiel diene der Illustration: Ein Tischler $X$ aus Amsterdam möchte seine subjektive Lebenserwartung schätzen. Er verfügt über zwei Informationsquellen, die aber einander widersprechende Resultate liefern. Die eine Tabelle informiert über die Lebenserwartung *holländischer* Tischler, die zweite gibt die Lebenserwartung *Amsterdamer* Handwerker an. Auf welche soll sich $X$ stützen bzw. was soll $X$ tun, wenn, wie wir voraussetzen, die beiden Tabellen voneinander verschiedene Lebenserwartungen liefern?

*Anmerkung.* Bei der Frage handelt es sich um das klassische Problem der sog. *Einzelfall-Wahrscheinlichkeit*. Vor allem in der frequentistischen Schule, für die eine Aussage über die Wahrscheinlichkeit eines Einzelereignisses ursprünglich gar keinen Sinn hatte, ist diese Frage als Frage der Wahl einer „möglichst natürlichen Bezugsklasse" viel diskutiert worden. (Vgl. dazu auch die Bemerkungen in Abschn. 5 unten sowie die dort erwähnte Arbeit von COFFA, [HEMPEL's Ambiguity], S. 147 f.). Aber auch in einem allgemeineren Rahmen und unabhängig von der frequentistischen Deutung der objektiven Wahrscheinlichkeit tritt das Problem auf und muß sogar auftreten, nämlich im Rahmen des statistischen Schließens. Zwar beschäftigt man sich in dieser Disziplin hauptsächlich mit Fragen der Stützung und Prüfung statistischer Hypothesen. Wenn man aber vor der Aufgabe steht, statistische Hypothesen anzuwenden, etwa für prognostische Zwecke, so hat man eine gewissermaßen umgekehrte Situation vor sich, in der das Hempelsche Problem zwangsläufig auftritt. (Für eine genauere Diskussion auf diesem allgemeineren Hintergrund vgl. aus der vorliegenden Reihe Bd. IV, 2. Halbband, Teil 3.)

Nach dem von HEMPEL aufgegriffenen Prinzip von REICHENBACH besteht der Grundgedanke darin, die *engste Bezugsklasse* zu wählen. Es ist wichtig, klar zu erkennen, *was* dabei verlangt wird. Im Beispiel ist die „engste Bezugsklasse" die der Amsterdamer Tischler. Daß $X$ dieser Klasse angehört, ist eine triviale Information, die von Anfang an zur Verfügung steht. Was verlangt wird, ist die Bestimmung der statistischen Wahrscheinlichkeit – bzw. in diesem Beispiel: der Lebenserwartung – relativ auf diese Bezugsklasse. Wenn wir davon ausgehen, daß $X$ über diese statistische Information nicht verfügt, so kann er nichts anderes tun, als sich vorläufig des Urteils enthalten und versuchen, sich diese Information zu verschaffen. Liegt sie vor, d. h. hat er eine Tabelle erhalten, mit der er die Lebenserwartung von Amsterdamer Tischlern bestimmen kann, so darf er sich ceteris paribus auf diese stützen.

Soweit der Grundgedanke von REICHENBACH und HEMPEL. Beide müssen dabei voraussetzen, *daß eine die Forderung erfüllende statistische Hypothese in das akzeptierte Wissen einbezogen werden kann*. Der von uns benützte begriffliche Rahmen gestattet eine Behandlung auf viel allgemeinerer Ebene. Wissenssituationen sind nicht so rekonstruiert worden, daß wir nur vor der Ja-Nein-Frage stehen, ob die Gültigkeit einer statistischen Hypothese gewußt wird oder nicht. Wir lassen auch alle jene Fälle zu, in denen diese objektiven Wahrscheinlichkeiten unbekannt sind und nur über die Glaubensfunktion subjektiv bewertet werden.

In technischer Sprechweise bedeutet dies folgendes: Der Hempelsche Vorschlag ist im Rahmen unserer Rekonstruktion nicht auf ein objektives statistisches Wahrscheinlichkeitsmaß zu beziehen, sondern *auf das Maß der subjektiv erwarteten Wahrscheinlichkeit* (wie das erste obige Illustrationsbeispiel lehrt, ist die REICHENBACH und HEMPEL vorschwebende Situation als Grenzfall in unserer Überlegung enthalten.) Wir gelangen so zu der folgenden, von GÄRDENFORS vorgeschlagenen Präzisierung der Hempelschen Forderung der maximalen Bestimmtheit: „$Ga$" sei eine singuläre Aussage. *Der Überzeugungswert dieses Satzes soll identisch sein mit der subjektiv erwarteten Wahrscheinlichkeit von $G$ relativ auf den Durchschnitt $F$ aller Klassen, von denen in der Wissenssituation „$Fa$" gewußt wird.*

Wir machen von diesem Gedanken in der Weise Gebrauch, daß wir ihn in den Begriff der Wissenssituation selbst einbauen. Dabei bedienen wir uns wieder einer mengentheoretischen Sprechweise. Es sei $K = \langle U, W, \{I_w\}_{w \in W}, \{P_w\}_{w \in W}, B \rangle$ eine Wissenssituation mit $P = P_W$ als dem zugehörigen Maß der erwarteten Wahrscheinlichkeit. $Q$ sei eine Menge von Individuen aus $U$ und $a$ ein Individuum aus $U$. $R$ sei der Durchschnitt aller Mengen $R_i$, von denen in der Situation $K$ gewußt wird, daß $a \in R_i$. Dann soll der Überzeugungswert der Proposition, daß $a \in Q$, identisch sein mit $P_W(Q, R)$. Noch weniger technisch formuliert: *Der subjektive Grad des Glaubens* (im Sinn des *B*-Wertes) *daran, daß a zu Q gehört, sei identisch mit der erwarteten Wahrscheinlichkeit[7] von Q relativ auf die engste Bezugsklasse R, von der in der Situation K gewußt wird, daß a zu ihr gehört.* Wenn man bedenkt, daß die mit „relativ auf" beginnende Wendung dasselbe besagt wie: „relativ auf die schärfste Information, über die man in der Wissenssituation $K$ in bezug auf das Individuum $a$ verfügt", so wird unmittelbar klar, daß das Reichenbach-Prinzip zur Anwendung gelangt und daß es sich daher um eine Formulierung der Hempelschen Forderung der maximalen Bestimmtheit im gegenwärtigen pragmatisch-epistemischen Rahmen handelt.

Wenn man die eben gegebene intuitive Fassung durch eine präzise Bestimmung ersetzen will, muß man zunächst statt von einem Individuum und zwei Mengen $Q$ sowie $R$ von einem *Namen* „$a$" sowie von *Prädikaten* „$G$" und „$F$" ausgehen. (Die beiden oben benützten Wendungen „in der Situation $K$ gewußt" sowie „Überzeugungswert eines Satzes" sind bereits in den beiden letzten Absätzen von 3.c präzisiert worden.)

Statt davon, daß $a \in R$ in $K$ gewußt wird, müssen wir jetzt annehmen: „$F$" sei das *stärkste* Prädikat (oder: der Durchschnitt aller Prädikate), so daß $I_w(Fa) = 1$ für alle $w \in W$. Und statt vom Überzeugungswert von $a \in Q$ müssen wir jetzt vom Glaubenswert oder Überzeugungswert des Satzes „$Ga$" sprechen. Letzteres ist dasselbe wie $B(\{w | I_w(Ga) = 1\})$, also dasselbe wie die subjektive Wahrscheinlichkeit dafür, daß „$Ga$" in der wirklichen Welt wahr ist. Wenn wir den Überzeugungswert des Satzes „$Ga$" statt durch diesen längeren Ausdruck einfach durch die – dafür ad hoc eingeführte – Abkürzung „$B(Ga)$" wiedergeben, so können wir die Bedingung der maximalen Bestimmtheit folgendermaßen formulieren:

$$B(Ga) = P_W(G, F),$$

in Worten etwa: *Der Glaubenswert des singulären Satzes „Ga" ist in der Situation K gleich der erwarteten Wahrscheinlichkeit von G relativ auf die schärfste, in K verfügbare Information F über das Individuum a.*

Wir haben noch nicht gesagt, *was* mit dieser Formulierung definiert werden soll. Dies werde jetzt nachgetragen: Eine Wissenssituation $K$, in der relativ auf einen Satz „$Ga$" dieser eben ausgesprochene Zusammenhang zwischen der Glaubensfunktion $B$ und dem Maß der subjektiv erwarteten

---

[7] Es sei daran erinnert, daß die Wendung „erwartete Wahrscheinlichkeit von $Q$" eine Abkürzung ist für „erwartete Wahrscheinlichkeit dafür, daß ein Individuum aus $U$ zur Menge $Q$ gehört".

Wahrscheinlichkeit $P_W$ besteht, soll *eine Wissenssituation von maximaler Bestimmtheit bezüglich eines singulären Satzes „Ga"* genannt werden.

Von dem hier definierten Begriff werden wir für diejenigen Fälle Gebrauch machen, in denen der singuläre Satz „Ga" als Explanandum einer Begründung oder Erklärung gewählt wird.

**3.f Drei graduell unterschiedliche, pragmatisch-epistemische Begriffe von Einzelfall-Begründung sowie von informativer Einzelfall-Erklärung. Potentielle „kausalistische" Einwände.** Wir verfügen jetzt über das gesamte begriffliche Werkzeug, um die Explikation der informativen Begründungs- und Erklärungsbegriffe in Angriff nehmen zu können. Zur Vermeidung zusätzlicher Komplikationen lassen wir hierbei die gesamte Kausalitätsproblematik außer Betracht.

Das *Kriterium* für die Unterscheidung der Begründungsfälle von den Erklärungsfällen ist folgendes: In den *Begründungsfällen* bleibt es offen, ob das sog. Explanandum-Ereignis auch tatsächlich stattfindet. Es wird von einer Situation aus beurteilt, in der man darüber noch nichts weiß. Das paradigmatische Beispiel einer Begründung ist die *rationale Voraussage*. Hier dürfen wir nicht die Tatsache aus den Augen verlieren, daß selbst das zu Recht mit hoher Wahrscheinlichkeit Vorausgesagte nicht einzutreffen braucht, ohne daß das Nichteintreffen im probabilistischen Fall die Voraussage falsifizieren oder ihr retrospektiv das Merkmal der Rationalität nehmen würde. In den *Erklärungsfällen* wissen wir dagegen stets, daß das Explanandum-Ereignis $E$ tatsächlich stattgefunden hat (bzw. formal gesprochen, daß der dieses Ereignis beschreibende Satz wahr ist). Nur deswegen kann ja der Anlaß zu derjenigen epistemischen Aktivität, welche sich die Erklärung als Ziel setzt, in einer *Erklärung heischenden Warum-Frage* liegen. Auch bei Beschränkung auf den rein informativen Aspekt ist die Frage „Warum $E$?" nur sinnvoll, wenn Fragender wie (tatsächlich oder fiktiv) Befragter bereits wissen, *daß* $E$.

In der Sprache der Wissenssituationen wird dieser kategoriale Unterschied zwischen Begründungen und Erklärungen den folgenden Niederschlag finden: In alle Erklärungsbegriffe ist eine Wissenssituation einzuschließen, die das Wissen um $E$ enthält, während aus den zu explizierenden Begründungsfällen eine derartige Wissenssituation gerade ausgeschlossen werden muß.

Warum wurde soeben stets der Plural verwendet und von *Fällen* der Begründung bzw. der Erklärung gesprochen? Antwort: Es wird sich als zweckmäßig erweisen, für beide Falltypen mindestens eine dreifache graduelle Differenzierung vorzunehmen. Wir werden unterscheiden zwischen Begründungen bzw. Erklärungen im *epistemischen Minimalsinn*, ferner im *starken probabilistischen Minimalsinn* und schließlich im *epistemischen Idealsinn*[8]. Insge-

---

[8] Im Rahmen der Diskussion (Abschn. 4) wird sogar eine vierfache Untergliederung mit dem *wie-möglich-Fall* als viertem Teilglied zur Sprache kommen.

samt erhalten wir somit eine sechsfache Unterscheidung: drei graduell verschiedene Arten von Typen der Begründung und parallel dazu drei graduell verschiedene Arten von Erklärungen.

(1) Der *epistemische Minimalsinn* einer informativen Erklärung, der zugleich den allgemeinsten Fall darstellt, läßt sich intuitiv durch Einführung einiger pragmatischer Umstände sowie des zeitlichen Ablaufes folgendermaßen veranschaulichen (vgl. auch die zur ersten Explikation weiter unter gegebene Abbildung):

Zunächst liegt eine Wissenssituation $K$ vor, in der $E$ nicht gewußt wird. Durch das Wissen um $E$ erweitert sich diese Situation zu einer Situation $K_E$, in der die Tatsache $E$ als gewisse Überraschung auftritt. Die Frage „Warum $E$?" findet dadurch eine Beantwortung, daß die Ausgangssituation $K$ (die jetzt zum „Hintergrundwissen" geworden ist) über eine geistige Anstrengung, nämlich über das Finden geeigneter Gesetze $T$ und geeigneter singulärer Daten $C$, zu einer Wissenssituation $K_{T\cup C}$ bereichert wird, von der aus betrachtet sich der Glaubenswert des Explanandums $E$ erhöht: $B_{T\cup C}(E) > B(E)$; dabei spielt die absolute Größe der beiden Glaubenswerte für den hier betrachteten epistemischen Minimalsinn keine Rolle.

Man kann dies auch so ausdrücken: Der „*Überraschungswert*", den $E$ bei der Beurteilung von der ursprünglichen Wissenssituation $K$ aus erzeugte, wird durch das in $K_{T\cup C}$ hinzugetragene Wissen *verringert*. (Überraschungswert und Glaubenswert von $E$ sind in einer Situation invers aufeinander bezogen. Der Ausdruck „Überraschungswert" dient nur dem Zweck intuitiver Erläuterung. Es soll von ihm kein systematischer Gebrauch gemacht werden, obwohl dies möglich wäre.)

Entsprechend der obigen Andeutung fällt für die *Begründungen* im epistemischen Minimalsinn die Wissenssituation $K_E$ fort.

(2) Der *starke probabilistische Minimalsinn* ist dann gegeben, wenn die Bedingung (1) erfüllt ist, außerdem aber die Glaubenswahrscheinlichkeit $B_{T\cup C}(E)$ von $E$ durch die theoretische Wissensbereicherung so groß war, daß gilt: $B_{T\cup C}(E) \geq 1/2$. (Diese Zusatzbedingung ist natürlich leer, sofern bereits $B(E) = 1/2$.) Erst dann ist die *Leibniz-Bedingung* erfüllt, nämlich daß, von $K_{T\cup C}$ aus beurteilt, das Eintreten von $E$ wahrscheinlicher wird als das Nichteintreten von $E$ („cur potius sit quam non sit"). Die Bezeichnung „stark probabilistisch" ist im Einklang mit der Terminologie von Kap. III gewählt: *Das Eintreten von $E$ ist in $K_{T\cup C}$ eher zu erwarten als das Nichteintreten von $E$.* Demgegenüber kann im allgemeineren Fall (1) auch $B_{T\cup C}(E)$ selbst recht klein sein, vorausgesetzt nur, daß $B(E)$ *noch kleiner* ist. Die qualifizierende Wendung „Minimalsinn" wird diesmal dadurch gerechtfertigt, daß $1/2$ die *untere Grenze* dafür bildet, um eher das Eintreten als das Nichteintreten von $E$ zu erwarten. Bei Unterschreitung dieser Grenze tritt eine Umkehrung ein. Sofern man den Begründungsaspekt und hier wieder den paradigmatischen Fall der Voraussa-

ge zugrunde legt, könnte man statt vom starken probabilistischen Minimalsinn auch vom *prognostischen Minimalsinn* sprechen.

(3) Den *epistemischen Idealsinn*, auch 1-ε-Sinn, schreiben wir denjenigen Fällen zu, die HEMPEL vor Augen hatte. Probabilistische Prognosen und Erklärungen, in seiner Terminologie: induktiv-statistische Systematisierungen, werden danach auf solche, die Bedingung (1) erfüllende Fälle beschränkt, in denen es, von $K_{T \cup C}$ aus beurteilt, vernünftig ist, das Eintreten von $E$ mit hoher Wahrscheinlichkeit zu erwarten; in unserer Sprechweise: die Glaubenswahrscheinlichkeit $B_{T \cup C}$ von $E$ liegt für eine sehr kleine Zahl ε bei mindestens $1 - ε$.

In allen drei bzw. sechs Fällen ist es also die *Informationsverbesserung*, bestehend aus einer Wissensbereicherung, die zur Begründung bzw. Erklärung führt. Um diesen Informationsaspekt hervorzukehren, sprechen wir ausdrücklich von *informativer Erklärung*. Bevor wir uns der eigentlichen Explikationsaufgabe zuwenden, müssen wir uns nochmals kurz mit dem möglichen Einwand des Kausalisten befassen. Der Einwand könnte in Gestalt der provozierenden Frage vorgebracht werden: „Sollte von Erklärungen nicht allein dann die Rede sein, wenn die erwähnte Informationsverbesserung nicht nur Vernunftgründe, sondern überdies *Realgründe* oder *Ursachen* liefert?"

*Falls nicht Zweckmäßigkeitsgründe dagegen sprächen*, wäre es nicht nur möglich, sondern sogar vernünftig, diese Frage mit „Ja" zu beantworten und damit den kausalistischen Standpunkt einzunehmen. Unsere gegenwärtige Unterscheidung – die im Grunde darauf hinausläuft, zwischen denjenigen Fällen, in denen $E$ Tatsache ist und als solche gewußt wird, und denen zu differenzieren, in welchen $E$ keine Tatsache ist und vielleicht niemals eine sein wird – diese Unterscheidung müßte dann mittels geeignet gewählter Kunstworte getroffen werden.

Wenn wir an unserer Sprechweise festhalten, so können wir dem kausalistischen Ansinnen dadurch genügen, daß wir nur Ursachen liefernde Erklärungen *kausale Erklärungen* nennen und gleichzeitig hinzufügen, nicht zu beanspruchen, diesen Begriff (oder die ihm entsprechende Begriffsfamilie) zu explizieren, sondern bloß einen schwächeren.

Dementsprechend differenzieren wir auch zwischen zwei Bedeutungen von Warum-Fragen. Im gegenwärtigen pragmatisch-epistemischen Rahmen deuten wir Warum-Fragen im schwachen Sinn als Fragen, die auf eine geeignete Informationsverbesserung abzielen. Für den Kausalisten sind die Erklärung heischenden Warum-Fragen dagegen in einem stärkeren Sinn zu deuten, nämlich als Fragen, die außer auf eine Informationsverbesserung auch auf die „wahren Ursachen" abzielen.

Diese begrifflichen und terminologischen Unterscheidungen dienen der Klärung und Abgrenzung, nicht hingegen der Rechtfertigung. Und da die kausalistische Deutung als die normalere und natürlichere empfunden werden dürfte, liegt es an uns, die Beschränkung auf den epistemischen Aspekt, unter

Abstraktion vom kausalen, zu rechtfertigen. Dies geschieht mittels der bereits angedeuteten Zweckmäßigkeitsüberlegungen. Sie sind identisch mit den Gründen, die für die Abkoppelungsthese sprechen: Einerseits ist dies der außerordentliche Schwierigkeitsgrad der Kausalanalyse und andererseits die große Komplexität der pragmatisch-epistemischen Aspekte von Begründungen und Erklärungen. In einem Schlagwort zusammengefaßt: Obwohl die normale Deutung Erklärung heischender Warum-Fragen die kausalistische ist, sprechen wir die dringende Empfehlung aus, die beiden Arten von Untersuchungen – Kausalanalyse und epistemische Erklärungsanalyse – wegen ihrer Schwierigkeitsgrade zunächst vollkommen unabhängig voneinander vorzunehmen und sie erst nach erfolgreicher Durchführung wieder miteinander zu verknüpfen.

Im Rückblick können wir den mutmaßlichen Hauptgrund dafür angeben, daß alle früheren Versuche, den Begriff der kausalen Erklärung zu explizieren, zum Scheitern verurteilt waren: Man wollte die Probleme beider Bereiche, die gemäß der Abkoppelungsthese in zwei Teilgebiete aufzuspalten sind, simultan und uno actu lösen. *Dies ist eine menschlich nicht zu bewältigende Aufgabe.*

Für die folgenden Begriffsbestimmungen übernehmen wir die obigen Numerierungen (1) bis (3) für die drei graduellen Unterscheidungen; der Begründungsfall wird jeweils unter (a), der Erklärungsfall unter (b) angeführt. Das folgende schematische Bild soll dazu dienen, das Verständnis zu erleichtern.

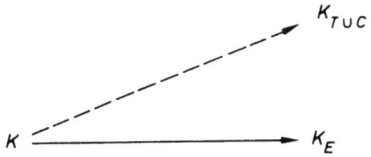

Wir geben noch eine kurze inhaltliche Charakterisierung der drei abgebildeten Wissenssituationen.

$K$: Dies ist die ursprüngliche Wissenssituation, die noch kein Wissen um $E$ enthält. In den Erklärungsfällen wird sie später zum Hintergrundwissen.

$K_E$: Dies ist im Erklärungsfall die reale Nachfolgesituation zu $K$ und zwar die durch $E$ erzeugte Überraschungssituation. Da $E$ passiv durch Beobachtung oder Information gewonnen wurde, handelt es sich um eine *empirische Wissenserweiterung*.

$K_{T \cup C}$: Dies ist die Verschärfung des durch $K$ beschriebenen Wissens mittels relevanter statistischer Gesetze $T$ sowie einschlägiger singulärer Sätze $C$. Da diese Wissensverschärfung gegenüber $K$ zielbewußt anvisiert wurde, um das Explanans $T \cup C$ für das Explanandum $E$ zu gewinnen, handelt es sich um eine *epistemische Wissensbereicherung* gegenüber $K$.

(1) Einzelfallbegründung im epistemischen Minimalsinn. (Die Glieder einer verschärften Wissenssituation erhalten dieselben Indices wie die Bezeichnung dieser Situation selbst.)

(a) *Relativ auf die ursprüngliche Wissenssituation K liefert $T \cup C$ in der (epistemisch bereicherten) Wissenssituation $K_{T \cup C}$ nur dann eine Einzelfallbegründung für E im epistemischen Minimalsinn, wenn gilt:*
  (i)   die reale Ausgangssituation $K$ ist eine Wissenssituation von maximaler Bestimmtheit bezüglich $E$;
  (ii)  $E$ ist ein singulärer Satz, also ein Satz von der Gestalt „$Fa$";
  (iii) $T$ ist eine endliche Menge statistischer Sätze;
  (iv)  $C$ ist eine endliche Menge singulärer Sätze;
  (v)   $T \cup C$ wird in $K$ nicht gewußt;
  (vi)  die epistemisch bereicherte Wissenssituation $K_{T \cup C}$ ist eine Wissenssituation von maximaler Bestimmtheit bezüglich $E$;
  (vii) $B_{T \cup C}(E) > B(E)$.

(b) *Relativ auf die ursprüngliche Wissenssituation K und die (empirisch erweiterte) Wissenssituation $K_E$ bildet $T \cup C$ in der (epistemisch bereicherten) Wissenssituation $K_{T \cup C}$ nur dann ein Explanans für E im epistemischen Minimalsinn, wenn gilt:*
  (i)    die Ausgangssituation $K$ ist eine Wissenssituation von maximaler Bestimmtheit bezüglich $E$;
  (ii)   $E$ ist ein singulärer Satz;
  (iii)  die reale Wissenssituation $K_E$ ist eine empirische Wissenserweiterung der Ausgangssituation $K$ (die letztere wird mit Realisierung von $K_E$ zum Hintergrundwissen bezüglich $E$);
  (iv)   $T$ ist eine endliche Menge statistischer Sätze;
  (v)    $C$ ist eine endliche Menge singulärer Sätze;
  (vi)   $T \cup C$ wird in $K_E$ nicht gewußt;
  (vii)  Die epistemische Bereicherung $K_{T \cup C}$ von $K$ ist eine Wissenssituation von maximaler Bestimmtheit bezüglich $E$;
  (viii) $B_{T \cup C}(E) > B(E)$.

Das Kernstück der Explikation ist in beiden Fällen die letzte Bedingung, welche besagt, *daß E aufgrund von T und C eher zu erwarten ist als vorher.* Die Rede vom epistemischen Minimalsinn ist dadurch gerechtfertigt, daß nicht verlangt wird, $E$ müsse aufgrund von $T$ und $C$ sehr wahrscheinlich sein (wie im Falltyp (3)), ja daß nicht einmal gefordert wird, $E$ sei aufgrund von $T$ und $C$ wahrscheinlicher als non-$E$ (wie im Falltyp (2)).

Der Unterschied zwischen (a) und (b) liegt im wesentlichen darin, daß im Begründungsfall eine Relativierung auf nur *zwei* Wissenssituationen $K$ und $K_{T \cup C}$ erfolgt, während im Erklärungsfall zwischen *drei* Wissenssituationen $K$, $K_E$ und $K_{T \cup C}$ zu unterscheiden ist. (Daher kommt in (b) eine Bestimmung mehr vor als in (a).) Die reale Ausgangssituation ist in beiden Fällen $K$. Im Fall (b) tritt später das Wissen um das Explanandum $E$ hinzu, d.h. die ursprüngliche reale Wissenssituation $K$ geht in die neue Situation $K_E$ über. Dabei ist $K_E$ im Sinn der in 3.c gegebenen Bestimmung eine Wissensverschärfung von $K$. Da diese Verschärfung für das erkennende Subjekt sozusagen *passiv* gewonnen wird, nämlich durch eigene oder fremde Beobachtungen, sprechen wir von einer *empirischen Wissenserweiterung*. Zum Unterschied davon nennen wir $K_{T \cup C}$ die *epistemisch bereicherte Wissenssituation*: Sie wird vom erkennenden Subjekt in dem Sinne *zielbewußt* anvisiert, daß das Explanans gesucht und durch theoretische Bemühungen gefunden wird.

Die *erste Beurteilungsbasis* für das Explanandum ist in beiden Fällen die Ausgangssituation $K$, also auch im Erklärungsfall, in dem $K$ später zu bloßem Hintergrundwissen gegenüber der nunmehr realen Wissenssituation $K_E$ abgesunken ist, da das *reale* Wissen durch das Hinzutreten von $E$ erweitert wurde. Daß auch diesmal $K$ die erste Beurteilungsbasis bleibt, findet seinen Niederschlag darin, daß die theoretische Bereicherung durch das Explanans $T \cup C$ in bezug auf $K$ und nicht etwa in bezug auf $K_E$ vorzunehmen ist. Zwar ist auch die theoretische Information $T \cup C$ real gewonnen worden; doch wird nicht die bereits erweiterte Wissenssituation $K_E$ um dieses Explanans bereichert, sondern die gegenüber $K_E$ „kontrahierte" ursprüngliche Wissenssituation $K$! Deshalb ist auch im Erklärungsfall die *zweite Beurteilungsbasis* nicht $K_{E \cup T \cup C}$, sondern genau wie im ersten Fall die Wissenssituation $K_{T \cup C}$. Wir nennen sie diesmal eine *hypothetische* Wissenssituation, da sie niemals realisiert worden ist, sondern nur zustandegekommen *wäre*, falls die Ausgangssituation nicht der empirischen Erweiterung Platz gemacht hätte. (Aus diesem Grunde könnte man die Erklärung im informativen Sinn auch als *ex-post-facto-Begründung* bezeichnen; Begründungen i.e.S. sind demgegenüber *ante-factum-Begründungen*.) Warum dies so sein muß, wird am besten mittels eines Beispiels von M. Scriven erläutert, dessen genauere Erörterung allerdings auf Abschn. 4 verschoben wird. Dieses Beispiel, seine Diskussion in der Literatur und vor allem die kritische Analyse von Bengt Hansson bildete für den Entwurf von Gärdenfors eine Schlüsselrolle.

Das Beispiel von Scriven ist bereits aus S. 216 korrekt geschildert worden. Der auf S. 217 vorgebrachte Einwand ist jedoch, vom pragmatisch-epistemischen Standpunkt aus gesehen, inkorrekt. Daher soll dieses Beispiel nochmals kurz aufgegriffen werden. Den historischen Anlaß dafür dürfte die übliche Erklärung des geistigen Zusammenbruchs von Friedrich Nietzsche gebildet haben. Vorausgesetzt wird dabei, daß die viel später aufgestellte Diagnose, wonach Nietzsche an progressiver Paralyse gelitten hat, zutreffend ist[9].

---

[9] Diese Diagnose ist verschiedentlich in Frage gestellt worden: Die beiden prominenten Nietzsche-Kenner, denen man zugleich *fachliche Kompetenz in dieser Angelegenheit* zuschreiben muß, sind Karl Jaspers und Gottfried Benn.

Den Ausgangspunkt der Überlegungen von SCRIVEN bildeten die drei „Fakten": Progressive Paralyse entwickelt sich nur bei Patienten, die während einer langen Zeit an Syphilis gelitten haben. Dabei bildet sich auf der einen Seite nur bei einem kleinen Prozentsatz syphilitischer Patienten progressive Paralyse aus, sagen wir bei 7%, während auf der anderen Seite kein anderer Faktor bekannt ist, der für die Entstehung der progressiven Paralyse relevant sein könnte. Diese Fakten wurden als eine korrekte Erklärung der Erkrankung NIETZSCHES ($E$) angesehen, *ungeachtet der Tatsache, daß wegen des zweiten erwähnten Faktums diese Erkrankung keineswegs zu erwarten gewesen wäre*, wie HEMPEL dies für eine korrekte „induktiv-statistische Erklärung" verlangt. Der vorgeschlagene Erklärungsversuch ist im Rahmen unseres gegenwärtigen Denkmodells tatsächlich korrekt, *sofern man die ursprüngliche Wissenssituation geeignet rekonstruiert*, nämlich *als jene Situation*, in der noch nichts über den Zusammenhang von Syphilis und progressiver Paralyse bekannt war und in der man daher nur wußte, daß diese Krankheit außerordentlich selten auftritt, etwa bei höchstens jedem 20.000-sten Menschen. Wenn $T \cup C$ das geeignete statistische Gesetz sowie die relevante Einzeltatsache enthält, gilt tatsächlich: $B_{T \cup C}(E) > B(E)$. Trotz der Tatsache, daß auch nach der Wissensbereicherung um $T \cup C$ die Wahrscheinlichkeit für die Erkrankung an progressiver Paralyse unter 1/10 bleibt und daher niemals die Grundlage für eine Prognose im Hempelschen Sinn hätte bilden können, liegt wegen der Erhöhung der Glaubenswahrscheinlichkeit dennoch der Fall einer vernünftigen Erwartung vor.

(2) (a) Von einer *Einzelfall-Begründung im starken probabilistischen Minimalsinn* sprechen wir, wenn die Bedingungen (i) bis (vi) von (1) (a) erfüllt sind, während die letzte Bedingung durch folgende zu ersetzen ist:

(vii) $\qquad B_{T \cup C}(E) \geq 1/2 > B(E)$.

(b) Analog für den *Erklärungsfall* mit der entsprechenden Änderung von (viii). Die Wendung „im epistemischen Minimalsinn" ist natürlich wiederum durch „im starken probabilistischen Minimalsinn" zu ersetzen.

(3) (a) Von einer *Einzelfall-Begründung im probabilistischen Idealsinn* oder im $(1-\varepsilon)$-*Sinn* sprechen wir, wenn die Bedingungen (i) bis (vi) von (1) (a) erfüllt sind, während die letzte Bedingung zu ersetzen ist durch:

(vii) $\qquad B_{T \cup C}(E) \geq 1-\varepsilon > B(E)$ für sehr kleines $\varepsilon$.

(b) Analog für den *Erklärungsfall* mit den entsprechenden Änderungen.

## 4. Diskussion der epistemischen Begründungs- und Erklärungsexplikationen

### (1) Scrivens Beispiel der progressiven Paralyse

Einige Bemerkungen über das Beispiel von SCRIVEN haben wir bereits gemacht. Hier greifen wir es nochmals auf, um HEMPELS Gegenbeispiel zu diskutieren und mit Hilfe gewisser quantitativer Annahmen eine vergleichende Detailanalyse zu ermöglichen.

Nach SCRIVEN *erklärt* die Tatsache, daß eine bestimmte Person an Syphilis litt, zusammen mit den drei angeführten Gesetzen – nämlich: nur Leute, die an Syphilis litten, entwickeln progressive Paralyse; lediglich ein kleiner Prozentsatz syphilitischer Patienten wird später von progressiver Paralyse befallen; keine von Syphilis verschiedene Krankheit zieht mit einer von 0 verschiedenen Wahrscheinlichkeit progressive Paralyse nach sich –, *warum* diese Person später von progressiver Paralyse befallen worden ist. SCRIVEN beruft sich dabei auf die folgende allgemeine Regel: Wenn eine Eigenschaft $F$ (d. h. genauer: ihr Auftreten) *die einzige bekannte Ursache* (des Auftretens) der Eigenschaft $G$ ist, dann kann man durch zutreffenden Hinweis darauf, daß ein bestimmtes Individuum die Eigenschaft $F$ besitzt, erklären, warum dieses Individumm die Eigenschaft $G$ hat, und zwar *ganz unabhängig davon, wie wahrscheinlich $G$ bei gegebenem $F$ ist* und damit auch *ganz unabhängig davon, ob man diese Kenntnis jemals prognostisch hätte verwenden können*.

HEMPEL verteidigt sich gegen diesen Einwand mit einem bereits auf S. 217 angeführten Gegenbeispiel, das die folgende Struktur besitzt: Niemand gewinnt in der Staatslotterie den ersten Preis, wenn er nicht zuvor ein Los gekauft hat. Nur eine kleine Zahl (in der Tat: nur einer) unter denjenigen, die ein Los gekauft haben, gewinnen jedoch den ersten Preis. Die Tatsache, daß jemand den ersten Preis gewonnen hat, kann man nicht mit einer notwendigen Bedingung dieses Ereignisses, nämlich nicht damit erklären, daß er ein Los gekauft hat.

Dieses Gegenbeispiel wirkt verblüffend. Man hat trotzdem den Eindruck, daß es „irgendwie an der Sache vorbeigeht", ohne zunächst genauer sagen zu können, warum. Der Sachverhalt läßt sich im Rahmen unseres pragmatisch-epistemischen Erklärungsbegriffs leicht analysieren. Wenn man in beiden Fällen plausible Annahmen über das vorhandene Hintergrundwissen macht, erkennt man, warum das Beispiel von SCRIVEN *einen Fall von echter Erklärung* darstellt, während HEMPELS Beispiel *keine Erklärung* liefert.

Dazu rekonstruieren wir die ursprüngliche Wissenssituation $K$ im Beispiel von SCRIVEN. Es sei in $K$ keine Eigenschaft bekannt, von der man annimmt, daß sie für progressive Paralyse probabilistisch relevant bzw., wie wir in diesem Zusammenhang auch sagen können, kausal relevant ist. Die Wahrscheinlichkeit, daß jemand an progressiver Paralyse erkrankt, wird in dieser

Situation außerordentlich gering geschätzt, etwa mit 0,00005, d. h. nur jeder 20.000-ste wird von dieser schrecklichen Krankheit befallen. Zu dem Zeitpunkt, da eine Erklärung dafür verlangt wird, warum $a$ an progressiver Paralyse erkrankte, ist somit nichts bekannt, das dafür als relevant angesehen wird, und somit nichts, das zur Beantwortung dieser Frage dienen könnte.

Wir benützen im folgenden eine mengentheoretische Sprechweise und machen bezüglich der Glaubensfunktion $B$ unbedenklich von der früheren vereinfachenden Symbolik Gebrauch; für „$P_W$" verwenden wir stets die Abkürzung „$P$". $Q$ sei die engste Bezugsklasse, von der in $K$ bekannt ist, daß $a$ zu ihr gehört. $R$ sei die Menge der Individuen, die unter progressiver Paralyse leiden. Gemäß unserer Annahme über $K$ erhalten wir: $P(R) = P(R,Q) = 0,00005$. Wir setzen voraus, daß $K$ eine Wissenssituation von maximaler Bestimmtheit bezüglich $a \in R$ ist. Dann gilt $B(a \in R) = 0,00005$. $S$ sei die Menge der Personen, die unter Syphilis leiden. Für die Erklärung werden später *zwei statistische Hypothesen* herangezogen, nämlich: $p(R,S) = 0,07$ und $p(R, \neg S) = 0$. Ferner möge das Wissen um $a \in S$ hinzutreten (sofern dieser Satz nicht bereits in $K$ vorkommt, was wir durchaus zulassen dürften; vorausgesetzt war ja nur, daß man nichts über die Relevanz von Syphilis in bezug auf progressive Paralyse weiß). In unserer früheren Symbolik ist $T$ die aus den beiden Gesetzen bestehende Menge, während $C$ entweder den Satz $a \in S$ enthält oder leer ist. Für die epistemisch bereicherte Wissenssituation liefert die Glaubensfunktion $B_{T \cup C}$ diesmal den Wert $B_{T \cup C}(a \in R) = 0{,}07$ [10].

*Bei dieser Rekonstruktion des Hintergrundwissens $K$ liefert also das Beispiel von Scriven eine Erklärung;* denn $B_{T \cup C}(a \in R)$ ist viel größer als $B(a \in R)$. Trotz dieser erheblichen Vergrößerung des Glaubenswertes liegt nur *eine Erklärung im epistemischen Minimalsinn* vor: Der Übergang von „jeder 20.000-ste" zu „fast jeder 14-te" ist zwar ein gewaltiger Sprung, aber immer noch viel zu wenig, um in der Situation $K_{T \cup C}$ *voraussagen* zu können: „Aller Wahrscheinlichkeit nach wird $a$ progressive Paralyse entwickeln".

Das Beispiel veranschaulicht zugleich die Wichtigkeit der von Hansson und Gärdenfors erzielten Verallgemeinerung. Worauf es bei einer adäquaten Analyse des Scrivenschen Beispiels ankommt, ist allein die Tatsache, daß der Überraschungswert des Explanandums durch die epistemische Bereicherung *herabgedrückt* wird, nicht hingegen, daß der Überraschungswert des Explanandums eine bestimmte Mindestgröße hat. Sobald man sich von der Vorstellung leiten läßt, daß das Explanans dem Explanandum eine bestimmte Mindestwahrscheinlichkeit verleihen muß, landet man entweder beim zweiten oder beim dritten Falltyp und das Beispiel von Scriven kann im Widerspruch

---

[10] Wie dies zeigt, muß die Forderung der maximalen Bestimmtheit tatsächlich auch auf die Wissenssituation $K_{T \cup C}$ angewendet werden, da nur unter dieser Voraussetzung der $B$-Wert mit dem $P$-Wert zusammenfällt.

zu dem, was die Intuition lehrt, nicht einmal mehr als ein Fall von informativer Erklärung gedeutet werden.

Auch bei rechtzeitiger Kenntnis des Gesetzes und der Tatsache, daß NIETZSCHE an Syphilis erkrankt war, hätte man zwar nicht voraussagen können, daß er progressive Paralyse bekommen werde, vorausgesetzt, man versteht die Wendung „vorauszusagen, daß NIETZSCHE an progressiver Paralyse erkranken wird" im Sinn desjenigen Gebrauchs dieser Wendung, nach welchem mindestens die Leibniz-Bedingung erfüllt sein muß; denn dann liefe sie auf dasselbe hinaus wie: „mit Recht vermuten, daß NIETZSCHE eher an progressiver Paralyse erkranken wird als daß er nicht erkranken wird". Für eine *Erklärung* wären das zunächst nicht gewußte Gesetz und die Tatsache ausreichend gewesen.

Noch ein weiterer Aspekt wird durch das Beispiel von SCRIVEN illustriert. $T$ enthält nicht nur eine Gesetzmäßigkeit, sondern *zwei* statistische Hypothesen. Die zweite Hypothese $p(R, \neg S) = 0$ beinhaltet, daß es zum Merkmal Syphilis *keinen* Konkurrenten gibt, der dem zu erklärenden Phänomen, nämlich dem Auftreten der progressiven Paralyse, ebenfalls eine positive Wahrscheinlichkeit verleiht. Diese zusätzliche Information ist allerdings vermutlich dafür verantwortlich, daß SCRIVEN die Wendung „die einzige bekannte Ursache" gebrauchte, was HEMPEL zu seiner im Prinzip berechtigten Kritik veranlaßte, daß die einzige bekannte Ursache eines Ereignisses keine Erklärung dieses Ereignisses zu liefern braucht.

Damit sind wir bereits bei den von HEMPEL vorgebrachten Gegenbeispielen angelangt. Betrachten wir etwa das Lotteriebeispiel. Die Analyse der Wissenssituationen muß hier anders fortschreiten als im Scriven-Beispiel. Denn diesmal ist es ganz natürlich, in die zugrundeliegende Wissenssituation $K$ das Wissen um die Tatsache *einzuschließen,* daß jeder, der den ersten Preis gewinnt, ein Los gekauft hat. Im übrigen weiß man gewöhnlich nichts von Relevanz über die gewinnende Person, außer eben, daß sie ein Los gekauft hat.

$a$ sei dieser Gewinner des ersten Preises. $Q$ sei auch diesmal wieder die kleinste Bezugsklasse, zu der $a$ gehört. $R$ sei die Einermenge der Gewinnenden. $S$ sei die Menge der Personen, die ein Los gekauft haben. Dann gilt: $P(R) = P(R,Q) = P(R, Q \cap S)$. Gemäß unserer Präzisierung der Forderung der maximalen Bestimmtheit gilt diesmal

$$B(a \in R) = P(R,Q)$$

sowie $\qquad B(a \in R, a \in S) = P(R, Q \cap S)$

und damit: $\qquad B(a \in R) = B(a \in R, a \in S).$

Die Feststellung, daß $a$ ein Los gekauft hat, erhöht somit nicht den Überzeugungswert und kann daher weder eine Erklärung noch eine Begründung liefern.

*Wir gelangen somit zu der Feststellung, daß bei vernünftiger Deutung der Ausgangssituation K das Beispiel von Hempel keine Erklärung liefert.* Gleichzeitig ist deutlich geworden, daß die Asymmetrie in den beiden Beispielen von SCRIVEN und HEMPEL *nur dadurch* erkennbar wird, daß erstens in beiden Fällen plausible Annahmen über das Hintergrundwissen gemacht werden und daß zweitens die Dynamik der Wissenssituationen mit in Betracht gezogen wird.

Ohne numerische Einzelheiten kann das Gemeinsame sowie der Unterschied in beiden Fällen anschaulich so zusammengefaßt werden: Beide Male gibt das Explanandum Anlaß zum Staunen, *wenn* es von der ursprünglichen Situation aus beurteilt wird, nämlich: „Wie schrecklich, daß ausgerechnet *a* an progressiver Paralyse erkrankt ist, wo diese Krankheit doch so ungeheuer selten vorkommt!" und: „Wie schön und doch wie seltsam, daß *a* den ersten Preis gewonnen hat, wo doch die Wahrscheinlichkeit, den ersten Preis zu gewinnen, so außerordentlich gering ist!" Im ersten Fall wird jedoch vorausgesetzt, daß diejenigen, welche über die Erkrankung von *a* an progressiver Paralyse erstaunt sind, *das Gesetz nicht kennen,* daß nur solche Personen, welche unter Syphilis litten, progressive Paralyse bekommen können. Im zweiten Fall ist es dagegen die natürlichste Sache von der Welt, anzunehmen, daß diejenigen, welche über den Gewinn durch *a* erstaunt sind, *außerdem wissen,* daß dem Gewinn der Kauf eines Loses vorangegangen sein muß. Im ersten Fall ist somit nicht nur die *Existenz* eines Gesetzes über den Zusammenhang von Syphilis und progressiver Paralyse eine unverzichtbare Voraussetzung für die gegebene Erklärung. Ebenso unverzichtbar ist es hier, *daß dieses Gesetz in der Ausgangssituation K nicht gewußt wird.* Im zweiten Fall hingegen wird das Wissen um das Gesetz („nur wer ein Los kauft, kann gewinnen") als Bestandteil von *K* vorausgesetzt. Daher gibt es in diesem zweiten Fall keine zusätzliche Information, die zur Erniedrigung des Überraschungswertes führen könnte. Im ersten Fall hingegen *ist* das Wissen um das statistische Gesetz über den Zusammenhang von Syphilis und progressiver Paralyse, zusammen mit dem Wissen um die Erkrankung von *a* an Syphilis, eine derartige, die Erklärungsleistung vollbringende Information. Der Überzeugungswert wird beträchtlich erhöht durch den Übergang von „*a* ist einer unter ca. 20.000, die an progressiver Paralyse erkranken" zu „*a* ist einer unter ca. 14 an Syphilis Erkrankten, die nachher progressive Paralyse bekommen". Trotzdem hat diese Erhöhung *nicht* den Effekt, daß bei Vorliegen eines Wissens um die Erkrankung von *a* an Syphilis mit hoher Wahrscheinlichkeit hätte erwartet werden müssen, *a* werde auch an progressiver Paralyse erkranken.

Durch eine geeignete Wahl der Wissenssituation im ersten Fall kann man die beiden Beispiele einander angleichen. Dazu braucht man für das Scriven-Beispiel die zugrunde liegende Wissenssituation gegenüber der obigen Rekonstruktion nur folgendermaßen zu ändern: Es ist darin bereits bekannt, daß der progressiven Paralyse eine Erkrankung durch Syphilis vorangehen muß. Dann erklärt die zusätzliche Information, daß *a* an Syphilis gelitten hat, nicht länger, warum er progressive Paralyse entwickelte.

Nach der von B. HANSSON angewendeten Methode spiegelt sich der Unterschied zwischen den beiden Fällen beim ersten Beispiel in der Art der gestellten *Warum-Frage* wieder. Sofern man *nicht* weiß, daß Syphilis eine notwendige Bedingung der progressiven Paralyse ist, lautet die natürliche Frage: „Warum hat sich *unter allen Menschen* ausgerechnet bei *a* progressive Paralyse herausgebildet?" *Weiß* man hingegen, daß Syphilis für progressive Paralyse notwendig ist, so lautet die Frage statt dessen: „Warum hat sich *unter allen an Syphilis erkrankten Personen* ausgerechnet bei *a* progressive Paralyse entwickelt?" Die Strategie in HANSSONS Theorie der Erklärung scheint die folgende zu sein: Wenn man eine Frage von der Gestalt: „Warum besitzt *a* unter allen, welche die Eigenschaft $Q$ haben, überdies die Eigenschaft $R$?" formuliert, so hat die Erwähnung von $Q$ einen ganz bestimmten Zweck: Es wird dadurch deutlich gemacht, daß der Fragende *weiß*, daß *a* ein $Q$ ist, und außerdem, daß er über kein weiteres für das Zutreffen der Eigenschaft $R$ auf *a* relevantes Wissen verfügt (es sei denn über solches, von dem man annehmen kann, daß jedermann darüber verfügt). In der gemäß dem Vorschlag von GÄRDENFORS erfolgten Rekonstruktion der Erklärungsbegriffe brauchen die in Warum-Fragen explizit angeführten Bezugsklassen nicht eigens betrachtet zu werden; und dementsprechend brauchen derartige subtile Details nicht in sorgfältig zu formulierende Warum-Fragen eingebaut zu werden. Denn das unterschiedliche Wissen darum, welche Eigenschaften Individuen besitzen, ist bereits in den Begriff der Wissenssituation eingebaut. Wir sind daher berechtigt, die Warum-Fragen trotz ihrer praktisch wichtigen *kommunikativen Rolle* im Gespräch zwischen Erklärung Heischendem und Erklärendem in systematischer Hinsicht zu vernachlässigen. Denn wir erblicken darin bloße – mehr oder weniger adäquate – Manifestationen der ihnen zugrunde liegenden Wissenssituationen. Damit soll selbstverständlich nicht geleugnet werden, daß das eingehende Studium von Warum-Fragen für jegliche Art von pragmatischer Theorie nicht nur wertvolle heuristische Hinweise gibt, sondern auch einen selbständigen systematischen Ertrag liefern kann.

## (2) Erklärungen und Voraussagen

Wir greifen nochmals das in (1) diskutierte Beispiel von SCRIVEN, diesmal aber unter einem anderen Aspekt, auf. Dafür erinnern wir an den Zweck, den SCRIVEN damit verknüpft hatte: Das Beispiel sollte ein neuartiges Argument gegen die strukturelle Gleichheitsthese von Erklärung und Voraussage liefern. Wir haben wiederholt festgestellt, daß es zahlreiche Arten von rationalen Voraussagen gibt, die unter geänderten pragmatischen Umständen keine Erklärungen liefern, zumindest keine *kausalen* Erklärungen, da die angeführten Gründe keine Ursachen bilden. Das Argument von SCRIVEN ist insofern neuartig, als es zeigen soll, daß es auch umgekehrt Erklärungen gibt, die keine potentiellen Voraussagen darstellen.

Ist SCRIVENS Überlegung zutreffend? Die Antwort lautet: Sie ist zutreffend, *sofern* man die bereits weiter oben angedeutete Festlegung über den Gebrauch von „Voraussage" trifft. Danach kann ein Ereignis höchstens dann probabilistisch vorausgesagt werden, wenn eher mit seinem Eintreffen als mit seinem Nichteintreffen zu rechnen ist. (Und es ist im idealen Sinn nur dann voraussagbar, wenn sein Eintreffen mit hoher Wahrscheinlichkeit zu erwarten ist.) Eine solche Konvention über den Gebrauch von „Voraussage" ist durchaus sinnvoll. Und sie hat, wie das Beispiel von SCRIVEN zeigt, zur Folge, daß man Fälle von informativer Erklärung angeben kann, die keine potentiellen Voraussagen bilden.

Nun haben wir aber bereits in Kap. III gesehen, daß sich auch ein Begriff der schwach probabilistischen Voraussage einführen läßt. Eine solche liegt bereits dann vor, wenn ein Wissen darum besteht, daß zusätzlich ein probabilistisch positiv relevantes Merkmal vorhanden ist, das durch kein konkurrierendes probabilistisch negativ relevantes Merkmal neutralisiert wird. Um einen solchen Fall handelt es sich hier. Das Hinzutreten des statistischen Gesetzes über den Zusammenhang von Syphilis und progressiver Paralyse sowie der Tatsacheninformation, daß *a* unter Syphilis gelitten hat, erhöht beträchtlich den Überzeugungswert der Vermutung, daß *a* ein Fall von progressiver Paralyse werden wird, obzwar bei weitem nicht bis zum Wert 1/2; und es ist kein von Syphilis unterschiedenes Merkmal bekannt, dessen Eintreten die Wahrscheinlichkeit eines künftigen Befalls mit progressiver Paralyse noch stärker erhöhen würde. In unserem Beispiel: In der Wissenssituation $K_{T \cup C}$ läßt sich der Ausbruch von progressiver Paralyse bei *a in dem Sinn* „*voraussagen*", als die Wahrscheinlichkeit eines solchen Ausbruchs gegenüber dem in $K$ verfügbaren Wissen beträchtlich erhöht worden ist. Trotzdem läßt sich die progressive Paralyse für *a in dem Sinn nicht* „*voraussagen*", als ihr Nichteintreten auch bei Beurteilung von der epistemisch bereicherten Wissenssituation $K_{T \cup C}$ aus noch immer viel wahrscheinlicher ist als ihr Eintreten.

Das dürfte alles sein, was sich zu diesem Punkt sagen läßt. In Ergänzung zu den Diskussionsbemerkungen über die strukturelle Gleichheitsthese in Kap. II kann man daher feststellen: Ob diese These akzeptiert wird oder nicht, hängt außer von den dort auf S. 225, S. 228 und 236 angeführten drei Alternativkonventionen von einer *vierten Entscheidung* ab, welche diesmal den Gebrauch von „Voraussage" betrifft.

### (3) Kritik an der probabilistischen Erklärungsskepsis

Erstmals hatte ich in Bd. IV, 2. Halbband, dieser Reihe auf S. 317 ff. die Auffassung vertreten, daß im statistischen Fall nur von *Begründungen*, nicht aber von *Erklärungen* gesprochen werden könne. Danach würde die gesamte gegenwärtige Problematik *einzig und allein* zur Thematik des *statistischen Schließens* gehören.

Derselbe skeptische Standpunkt wurde später in STEGMÜLLER, [Two Successor Concepts], eingenommen (vgl. insbesondere die Überlegungen auf S. 43f. und S. 49f.), obwohl diesen Ausführungen bereits die von GÄRDENFORS entworfene Theorie zugrunde lag. Es dürften daher einige erläuternde Bemerkungen darüber am Platz sein, warum die dort angegebenen Gründe nicht mehr aufrechterhalten werden.

Was die erste Stelle betrifft, so ist dort auf S. 324 versucht worden, eine verbesserte Version der Hempelschen Explikation zu liefern. Die Verbesserung betreffen verschiedene technische Details, nicht jedoch die Rekonstruktion des Begriffs der Klasse $A_t$ der zur Zeit $t$ akzeptierten Sätze. Ebenso wie bei HEMPEL wurde also *nur eine einzige Wissenssituation* in Betracht gezogen.

Damit ergab sich die folgende Schwierigkeit (im Band IV/2 die „Paradoxie der Erklärung des Unwahrscheinlichen" genannt, vgl. S. 281—285): Selbst wenn man wie HEMPEL verlangt, daß das Explanandum mit sehr hoher Wahrscheinlichkeit zu erwarten ist, braucht es doch nicht einzutreffen (und es braucht erst recht nicht einzutreffen, wenn man an die Höhe der zu erwartenden Wahrscheinlichkeit geringere Ansprüche stellt, wie wir dies hier in den beiden anderen Falltypen tun). Es wäre dann nicht die Explanandum-Aussage $E$, sondern ihre Negation $\neg E$ richtig. Was soll man in einer derartigen Situation sagen? Bei Annahme des dortigen Explikationsvorschlages *müßte* man sagen: Das fragliche Argument liefert eine Erklärung für das Eintreten des ursprünglich angenommenen Explanandum-Ereignisses, *ungeachtet der Tatsache, daß gar nicht dieses Ereignis, sondern ein mit ihm unverträgliches eingetreten ist.* Dies ist offenbar absurd. Wenn ich ein Ereignis $e$ erkläre, *so setze ich dabei voraus, daß $e$ eingetroffen ist, und nicht, daß es etwas ist, das zwar möglicherweise hätte eintreffen können, tatsächlich jedoch nicht realisiert worden ist.* In formaler Sprechweise: Von Erklärung, ja sogar von einem Erklärungsversuch, kann nur dann die Rede sein, wenn die Explanandum-Aussage $E$ richtig ist. Sofern $E$ kein Element von $A_t$ ist, kann jedoch diese Annahme im probabilistischen Fall nicht gemacht werden.

Es war im Prinzip dieselbe Überlegung, die auch in [Two Successor Concepts] zu einer Ablehnung des probablistischen Erklärungsbegriffs führte. Auch hier nämlich wurden *nur zwei Wissenssituationen* in Betracht gezogen, nämlich die ursprüngliche Situation $K$ und die epistemisch bereicherte Wissenssituation $K_{T \cup C}$. Da jedoch *beide* Situaationen dieser Art verträglich sind mit der Annahme der Wahrheit von $\neg E$, also der Negation des Explanandums, schien der obige Einwand bestehen zu bleiben. Was damals fehlte, war die Einsicht, daß es nicht genüge, zwei Wissenssituationen zu unterscheiden, sondern daß man den Erklärungsbegriff auf *drei verschiedene* Wissenssituationen $K$, $K_E$ und $K_{T \cup C}$ relativieren müsse. (Durch die Analysen von GÄRDENFORS war dies auch noch nicht nahegelegt worden; denn in seiner

Arbeit, die mir damals nur in Manuskriptform vorlag, war ursprünglich ebenfalls nur von den beiden oben erwähnten Wissenssituationen die Rede.) Warum aber, so könnte man weiterbohren, wurde $E$ nicht in das ursprünglich verfügbare Wissen einbezogen, also in der seinerzeitigen Hempel-Rekonstruktion „$E \in A_t$" gewählt bzw. in der späteren Überlegung als Ausgangssituation $K_E$ statt $K$ genommen? Die Antwort ist bereits weiter oben gegeben worden: Eine stillschweigende Voraussetzung aller Rekonstruktionsbemühungen bildet die Einsicht, *daß die von Hempel aufgezeigte Mehrdeutigkeit eine echte Schwierigkeit darstellt, zu der eine Lösung gefunden werden muß*. Die Einbeziehung des Explanandums $E$ in die anfängliche Wissenssituation käme jedoch einer nachträglichen Annullierung dieses ganzen Problems gleich: Das Problem kann nur so lange Bestand haben, als Erklärungen von miteinander unverträglichen Sätzen in Betracht gezogen werden. Miteinander unverträgliche Sätze können jedoch nicht gleichzeitig Bestandteil einer rationalen Wissenssituation sein. Anschaulicher formuliert: Das Hempelsche Paradoxon verschwindet automatisch, sobald das Explanandum als gewußt vorausgesetzt wird; denn nur eines von zwei miteinander unverträglichen Explanandum-Ereignissen kann de facto verwirklicht sein.

Den einzigen Ausweg aus diesem Dilemma bildet die Einführung von $K_E$ als einer *dritten Wissenssituation* neben den beiden auch im Begründungsfall herangezogenen Wissenssituationen $K$ und $K_{T \cup C}$. Die Gewährleistung dessen, daß $E$ und nicht eine damit unverträgliche Behauptung wahr ist, bildet auch den *einzigen* Grund für diese zusätzliche Komplikation in der Rekonstruktion des Erklärungsbegriffs. Im übrigen wird auch im Erklärungsfall die Sachlage *prognostisch* beurteilt, was sich darin zeigt, daß es, genau wir bei der Begründung, auch hier nur auf den Vergleich des zur epistemisch bereicherten Wissenssituation gehörenden $B_{T \cup C}$-Wertes von $E$ mit dem zur ursprünglichen Wissenssituation gehörenden $B$-Wert von $E$ ankommt. Man könnte dies so ausdrücken: Auch die informative Erklärungsproblematik wird in der Weise rekonstruiert, daß man *fingiert*, man befinde sich in einer Wissenssituation $K$, in der $E$ noch nicht gewußt wird, und suche nach einer geeigneten epistemischen Erweiterung $K_{T \cup C}$, in welcher der Glaubenswert von $E$ größer ist als in $K$. Die Hinzufügung von $K_E$ bildet im Rahmen der pragmatischepistemischen Explikation des informativen Erklärungsbegriffs das Mittel, zu gewährleisten, daß *eine Tatsache* erklärt wird, in bezug auf die eine Warum-Frage gestellt werden kann. Für Begründungen hingegen bleibt es in allen drei Typen von Fällen unerheblich, ob $E$ gilt *oder ob der Zufall es anders gewollt hat*. Die Rolle des Zufalls war allerdings ein weiteres Motiv für die seinerzeitige Ablehnung des Erklärungsbegriffs im statistischen Fall. Die dabei zugrunde liegende Annahme könnte etwa so formuliert werden: „*Erklärung* ist ein *Leistungsbegriff* („achievement concept"). Es sollte nur vom räsonierenden Subjekt abhängen, ob es eine Erklärung zu vollbringen vermag oder nicht." Diese starke Annahme sollte man jedoch preisgeben; denn dann liefe die

Forderung nach Erklärung auf eine stillschweigende Annahme des Determinismus hinaus. Wenn es sich um *irreduzible probabilistische Gesetze* handelt, wie in der Quantentheorie, wird der Zufall *immer* eine ausschlaggebende Rolle spielen, gleichgültig, ob das sehr Wahrscheinliche oder das Unwahrscheinliche eintritt. Es *kann* daher gar nicht vom erklärenden Subjekt abhängen, „ob es eine Erklärung zu vollziehen vermag oder nicht", nicht einmal in dem von HEMPEL allein in Erwägung gezogenen Idealfall; denn selbst das mit Wahrscheinlichkeit $1 - \varepsilon$ für sehr kleines $\varepsilon$ rational zu Erwartende *braucht nicht einzutreten*.

Dieser Punkt wurde hier nur deshalb zur Sprache gebracht, weil es eine Bedeutung von „erklären" gibt, dergemäß man im indeterministischen Fall immer den *Zufall* verantwortlich machen oder, wenn man so will, sich auf ihn herausreden kann – Wahrscheinlichkeit hin und Wahrscheinlichkeit her. Erklärungen sind dann stets nichts anderes als gänzlich uninformative Weil-Sätzchen von der Gestalt: „Weil der Zufall es so gewollt hat." Sowohl im informativen wie im kausalen Sinn wird man von Erklärungen dagegen echte Erklärungs*leistungen* verlangen, *sofern solche möglich sind*. Falls einem der Zufall einen Strich durch die Rechnung gemacht hat, dann sind sie eben *nicht* möglich. Diese Feststellung ist keine Kapitulation vor irgendeiner Form von Irrationalismus, sondern nichts weiter als die Anerkennung einer realen Möglichkeit, mit der man im indeterministischen Fall immer rechnen muß. Wobei daran erinnert sei, daß „im indeterministischen Fall" nichts anderes besagt als: „überall dort, wo irreduzible statistische Gesetze vorherrschen."

### (4) Der argumentative Aspekt

Die pragmatisch-epistemische Rekonstruktion des Erklärungsbegriffs, innerhalb deren von drei verschiedenen Wissenssituationen Gebrauch gemacht werden mußte, hat in fast allen wichtigen Schritten eine Abweichung vom Hempelschen Erklärungsmodell geliefert. In einer zwar formalen, aber trotzdem ganz wesentlichen Hinsicht ähnelt auch das gegenwärtige Modell dem Hempelschen, nämlich in bezug auf den *argumentativen Gesichtspunkt*. Nach wie vor konnten wir die der argumentativen Denkweise entnommenen Begriffe *Explanans* und *Explanandum* benützen, obwohl für die Beziehung zwischen beiden der Rückgriff auf die deduktive Logik fast niemals genügt und der Glaube an so etwas wie eine „Theorie des induktiven Schließens" überflüssig ist. Die argumentative Leistung des Explanans kann man in der Verringerung des Überraschungswertes des Explanandums erblicken.

Im Rahmen funktionalistischer Erklärungstheorien, wie etwa der Theorie von W. SALMON, verschwindet dagegen selbst diese letzte Ähnlichkeit mit dem Hempelschen Modell. Erklärungen hören dort auf, in irgendeinem Sinn *Argumente* zu sein und hören daher auch auf, Antworten auf potentielle Warum-Fragen zu bilden (vgl. dazu auch die Zusammenfassung in Abschn. 6).

## (5) Detailpräzisierungen

Für alle drei Falltypen von informativen Begründungen und Erklärungen wurden nur notwendige Bedingungen angegeben. Einige darunter sind mit Absicht *sehr liberal* formuliert. Und zwar ist die Forderung, daß das Explanans $T \cup C$ insgesamt nicht leer sein darf, eine unmittelbare Folge davon, daß $B_{T \cup C}(E)$ größer ist als $B(E)$. Dagegen ist es mit den Bestimmungen vereinbar, *daß entweder C oder T leer ist*.

Der Grund dafür liegt darin, daß es durchaus zulässig ist, vorauszusetzen, daß einer der beiden Teile des Explanans bereits in der ursprünglichen Wissenssituation vorkommt. Greifen wir dazu wieder auf das Beispiel von SCRIVEN zurück! Das Wissen darum, daß $a$ an Syphilis erkrankt war, kann in der ursprünglichen Wissenssituation enthalten sein, vorausgesetzt, daß die statistische Gesetzmäßigkeit über den Zusammenhang von Syphilis und progressiver Paralyse dort unbekannt ist. Umgekehrt kann diese Gesetzmäßigkeit bereits bekannt sein, ohne daß ein Wissen um die luetische Erkrankung der Person $a$ vorliegt.

In vielen praktischen Situationen liegt dieser zweite Fall vor, wie GÄRDENFORS an einem Beispiel von folgender Art erläutert. Jemand wundert sich, warum Frl. Ingeborg mitten im Winter sonnengebräunt ist. Es wird ihm die befriedigende Erklärung gegeben, daß Frl. Ingeborg einen vierzehntägigen Urlaub in der Karibik verbracht hat. Mehr ist nicht erforderlich, da der Fragende bereits wußte, daß die meisten Leute von der Karibik sonnengebräunt zurückkehren.

Ein übliches Beispiel, welches den ersten Fall illustriert, wäre folgendes: Ich erkundige mich, wieso Herr Holl, den ich gut kenne, an Hautkrebs erkrankte. In der gegebenen Situation ist es eine befriedigende Erklärung, wenn ich erfahre, daß ein nicht unerheblicher Prozentsatz von Kaminkehrern an Hautkrebs erkrankt. Denn daß Herr Holl von Beruf Kaminkehrer ist, wußte ich bereits.

Auch im Rahmen der pragmatisch-epistemischen Explikation treten jedoch Probleme auf, die denen beim modellsprachlichen Vorgehen analog sind; so etwa das Problem der (ganz oder teilweise) *zirkulären Erklärung*. Betrachten wir dazu einen abstrakten Fall vom Typ (3) (b) und nehmen wir dazu an, daß $C = \{E\}$ und daß $T$ nicht leer ist. Wegen dieser letzten Annahme kann die Bedingung (vi) erfüllt sein, daß $T \cup C$ in $K_E$ nicht gewußt wird. Trotzdem liegt eine zirkuläre Erklärung von $E$ mittels $E$ vor.

Man kann diesem Gegenbeispiel durch die Forderung entgehen, daß $T$ (bzw. ein geeignetes, bereits in $K$ vorkommendes Gesetz) für die Gewinnung des Resultates wesentlich ist. Wir lassen die Frage offen, ob man diesem und möglichen anderen intuitiven Gegenbeispielen durch eine übersichtliche Liste gerecht wird, in der alle erforderlichen Provisos zusammengestellt sind. Es handelt sich hierbei um eine Thematik, die bereits in Abschn. 1 im Rahmen der

Diskussion der Arbeit von GÄRDENFORS aus dem Jahre 1976 angeschnitten worden ist.

Wie die obigen Beispiele lehren, muß im Rahmen der pragmatisch-epistemischen Begriffsexplikationen eine andere Stellung zum Thema „*elliptische Erklärungen*" bezogen werden als in logisch-semantischen Erklärungstheorien. Erklärungen, die man z. B. bei Zugrundelegung des Hempelschen Konzeptes als elliptisch bezeichnen müßte, können im gegenwärtigen Rahmen durchaus zulässige Erklärungen sein, sofern die bei HEMPEL durch das Explanans zur Verfügung gestellte Teilinformation bereits in der ursprünglichen Wissenssituation enthalten ist. Die Beispiele illustrieren gerade diesen Punkt. Wenn in (4) die verbleibende Ähnlichkeit mit dem Hempelschen Ansatz unter der Rubrik „argumentativer Aspekt" hervorgekehrt wurde, so ist im nachhinein selbst dies abzuschwächen, da das Explanans im gegenwärtigen Sinn *nur eine gesetzesartige* oder *nur eine singuläre* Aussage zu enthalten braucht, um eine vollwertige Erklärung zu liefern. Die andere Teilinformation kann in *der* Komponente liegen, welche ursprünglich die Ausgangssituation bildete und zu einem späteren Zeitpunkt sowohl für die empirisch erweiterte als auch für die epistemisch bereicherte Wissenssituation zum Hintergrundwissen geworden ist. (Zum Thema „elliptische Erklärungen" sowie zur Frage ihrer Abgrenzung von unvollständigen Erklärungen vgl. auch (20) unten).

### (6) Maximale Bestimmtheit und Fortfall des Informationsdilemmas

HEMPEL hat im Verlauf seiner Beschäftigung mit statistischen Erklärungen seine Position gegenüber dem von ihm aufgezeigten Mehrdeutigkeitsproblem geändert (eine Tatsache, die übrigens den meisten seiner Kritiker entgangen ist; GÄRDENFORS hingegen macht a.a.O. auf S. 414f. ausdrücklich darauf aufmerksam).

In der ursprünglichen Fassung sollte die Forderung nach maximaler Bestimmtheit ("maximal specificity") als ein praktisch handlicher, wenn auch nur grober Ersatz für die von CARNAP aufgestellte *Forderung des Gesamtdatums* ("requirement of total evidence") bilden (vgl. etwa [Aspekte], S. 80ff.).

Im späteren Aufsatz von 1968 lehnte HEMPEL diese Begründung mit der Bemerkung ab, daß darin zwei verschiedene Fragen miteinander verwechselt würden. Die eine Frage betreffe die Stärke, mit der das Datum für die Behauptung spricht, *daß* das Explanandum-Ereignis vorkommt. Die andere Frage hingegen betreffe die mit einer IS-Erklärung verknüpfte Wahrscheinlichkeit dafür, *warum* das Explanandum-Ereignis vorkam. Nur bezüglich der ersten Frage sei die Carnapsche Forderung des Gesamtdatums anwendbar. Im zweiten Fall könne diese Forderung nicht angewendet werden. Denn, so heißt es bei ihm, wenn man eine Erklärung dafür sucht, warum $E$ vorkam, so ist normalerweise $E$ in dem, was man weiß, eingeschlossen. Somit ist die Wahrscheinlichkeit von $E$ in bezug auf das, was man weiß, gleich 1. In den meisten Fällen verleihe das Explanans dem Explanandum-Satz jedoch eine Wahrscheinlichkeit, die geringer ist als 1. Daher sei in solchen Situationen die Carnapsche Forderung nicht anwendbar.

In unserer Sprechweise bedeutet dieser Positionswandel folgendes: Während HEMPEL in der ursprünglichen Fassung von der Wissenssituation $K$ ausging, legte er später die Wissenssituation $K_E$ zugrunde. Dabei scheint er jedoch übersehen zu haben, daß damit die ganze Mehrdeutigkeitsproblematik hinfällig wird. Wenn man bereits weiß, daß $E$ zutrifft, gibt es keinen möglichen Konkurrenten mehr, der zu dem Schluß führt, eine mit $E$ unverträgliche Behauptung treffe zu. Denn von dieser anderen Behauptung weiß man jetzt, daß sie falsch ist.

Bei Zugrundelegung der gegenwärtigen Analyse war die ursprüngliche Auffassung HEMPELS korrekt. *Wenn man an der Forderung der maximalen Bestimmtheit festhält, um das Mehrdeutigkeitsproblem zu lösen, muß man das Explanans in bezug auf diejenige Wissenssituation auswerten, die vorlag, bevor man um die Wahrheit von E Bescheid wußte, also in bezug auf die ursprüngliche Wissenssituation K*. Genau dies geschieht auch innerhalb unserer Rekonstruktion in Anknüpfung an GÄRDENFORS. Bezüglich dieser Wissenssituation kann die Forderung CARNAPS bzw. ihr Ersatz angewendet werden.

Wir können HEMPELS Meinungsänderung als Symptom dafür betrachten, daß er zwischen verschiedenen Wahlmöglichkeiten bezüglich einer korrekten Wiedergabe der Wissenssituation schwankte. In der Tat scheint ja einiges dafür zu sprechen, nicht $K$, sondern $K_E$ zu wählen, wie z. B. dies, daß es bei der ersten Wahl noch nicht als ausgemacht gelten darf, daß $E$ und nicht $\neg E$ wahr wird. Unsere Lösung dieses Problems besteht darin, daß im prognostischen Fall nur die Ausgangssituation $K$ maßgebend ist, während man den Erklärungsbegriff auf *beide* Wissenssituationen, die ursprüngliche Situation $K$ sowie deren empirische Erweiterung $K_E$, zu relativieren hat – wobei allerdings auch im zweiten Fall die ursprüngliche Situation $K$ die Beurteilungsbasis bildet – und daß wir außerdem in beiden Fällen zusätzlich als zweite bzw. dritte Situation die epistemische Bereicherung $K_{T \cup C}$ heranziehen.

Bei diesem Rückblick auf HEMPELS Auffassungen darf eines nicht übersehen werden: Während für HEMPEL die maximale Bestimmtheit eine Forderung darstellte, die von erklärenden *Argumenten* der IS-Gestalt zu erfüllen war, ist sie im Rahmen der gegenwärtigen andersartigen Rekonstruktion ein zu forderndes Merkmal zweier Wissenssituationen, auf die der Erklärungsbegriff zu relativieren ist, nämlich der Ausgangssituation $K$ und der epistemischen Bereicherung $K_{T \cup C}$. Der Grund für die Notwendigkeit, die maximale Bestimmtheit für *beide* Wissenssituationen zu fordern, liegt darin, daß sowohl im Begründungs- wie im Erklärungsfall die Gültigkeit der Relation $B_{T \cup C}(E) > B(E)$ vorausgesetzt wird und daher für *beide* $B$-Werte der in 3.e geforderte Zusammenhang mit der erwarteten Wahrscheinlichkeit $P_W$ bestehen muß.

## (7) Das dritte Dogma des Empirismus

In der neuen Einleitung ist unter diesem Titel HEMPELS Vergleich seiner Analysen mit metamathematischen *Begriffsdefinitionen* in [Aspekte], S. 124f., zur Sprache gekommen. Bei einer kritischen Betrachtung von HEMPELS Grundposition sind dabei zwei Dinge auseinanderzuhalten. Im Prinzip ist nichts einzuwenden gegen HEMPELS These, daß die Konstruktion von Erklärungsmodellen ein bestimmtes Maß an Abstraktion und logischer Schematisierung erforderlich mache, analog wie in der Metamathematik die Begriffe der Ableitung und des Beweises nicht dem alltäglichen Gebrauch dieser Begriffe entsprechen, sondern Ableitungen und Beweise in idealisierter Gestalt (wie sie approximativ in der Mathematik vorzufinden sind). Genauer gesagt: Nichts einzuwenden ist gegen die *in dieser Allgemeinheit* vorgebrachte These. Keine Begriffsexplikation kommt ohne Idealisierung und Schematisierung aus. Was wir dagegen *nicht* übernehmen, ist *die Methode der Idealisierung*, bei der sich HEMPEL viel stärker an das modelltheoretische Vorbild hält als wir dies tun. Die Begriffe der Ableitung und des Beweises werden rein syntaktisch, der Begriff der logischen Folgerung wird rein semantisch charakterisiert. HEMPEL war zumindest damals der Überzeugung, daß auch die Präzisierungen von Erklärungsmodellen *mit syntaktischen und semantischen Begriffen allein* auskommen.

Es ist interessant, unter diesem Aspekt HEMPELS eigenen Weg zu verfolgen. Dieser führte zunächst zu einer Aufweichung, dann zu einer partiellen Preisgabe seiner ursprünglichen Position und mündete schließlich darin, *zwei Familien von Erklärungsbegriffen einzuführen, die in einem genau angebbaren Sinn miteinander inkommensurabel sind.* Zunächst sah es so aus, als ob das semantisch-syntaktische Grundkonzept für deduktiv-nomologische Erklärungen funktionieren würde. Die Mängel bisheriger modellsprachlicher Explikationsversuche schienen nicht mehr zu sein als Symptome für vorläufig noch bestehende Schwierigkeiten rein technischer Natur, die sich in absehbarer Zukunft beheben lassen würden. Als HEMPEL damit begann, sich speziell mit statistischen Erklärungen zu beschäftigen, dürfte seine Überzeugung mit der vieler anderer Empiristen darin übereingestimmt haben, daß man statistische Erklärungen als Verallgemeinerungen von deduktiven Erklärungen, für welche bereits prinzipielle Klarheit erzielt worden sei, auffassen könne.

Bei genauerer Untersuchung stieß HEMPEL jedoch auf ein völlig neuartiges Problem, zu dem es im Bereich der deduktiv-nomologischen Erklärungen kein Analogon gab. Er nannte es „die Mehrdeutigkeit der induktiv-statistischen Erklärungen". Um dieses neuartige Problem zu bewältigen, sah sich HEMPEL genötigt, einen pragmatischen Begriff der Wissenssituation einzuführen und statistische Erklärungen – oder, wie er es nannte, induktiv-statistische Erklärungen – *relativ auf eine Wissenssituation* $A_t$ zu untersuchen.

*Damit aber war die Inkommensurabilität erzeugt.* DN-Erklärung einerseits, IS-Erklärung andererseits fielen als kategorial verschiedenartige Begriffe auseinander. Am einfachsten kann man sich dies folgendermaßen vergegenwärtigen: Im deduktiv-nomologischen Fall war der zu explizierende Grundbegriff der Begriff der korrekten (wahren) Erklärung. Erst in einem zweiten Schritt konnte daneben zusätzlich der epistemisch relativierte Begriff der gut bestätigten Erklärung eingeführt werden; darin wird statt der Wahrheit bloß die gute Bestätigung des Explanans gefordert. Zu dieser Zweiteilung gibt es bei Zugrundelegung der Hempelschen Analyse *keine Entsprechung* im statistischen Fall. Der Begriff der IS-Erklärung ist ja von vornherein epistemisch relativiert. Es gibt keine „wahren" IS-Erklärungen zum Unterschied von bloß „gut bestätigten".

Einige Kritiker HEMPELS waren anscheinend der Meinung, daß diese Form von Inkommensurabilität nur dadurch behoben werden könne, daß man HEMPELS epistemische Relativierung der statistischen Erklärungen rückgängig macht und auch für Erklärungen mittels probabilistischer Gesetze einen Begriff der wahren oder korrekten Erklärung einführt. (Vgl. dazu auch die Diskussion der Arbeit von COFFA in Abschn. 5, in der ein solcher Standpunkt eingenommen wird.) Wir vertreten demgegenüber die genau gegenteilige Auffassung: Der Gedanke der epistemischen Relativierung ist nicht nur zu verbessern und zu präzisieren, sondern darüber hinaus zweifach zu *radikalisieren:* erstens durch Einbeziehung des dynamischen Falles, d. h. durch Berücksichtigung mehrerer Wissenssituationen, und zweitens durch Übertragung der Forderung nach epistemischer Relativierung auf den deduktiv-nomologischen Fall.

### (8) Deduktiv-nomologische Erklärungen

Die eben erwähnte zweite Radikalisierung des Gedankens einer epistemischen Relativierung hat bedeutsame Konsequenzen. Mit der Preisgabe der Überzeugung, deduktiv-nomologische Erklärungen könnten ohne Bezugnahme auf Wissenssituationen analysiert werden, hört dieser Erklärungstypus auf, *das Paradigma für rationale Erklärungen* zu bilden. Er sinkt ab zu einem Typus von *Grenzfällen* und kann auch rein technisch so behandelt werden: Alle relevanten Wahrscheinlichkeiten haben den Wert 1.

Damit, daß probabilistische Erklärungen jetzt den Normalfall und DN-Erklärungen einen bloßen Grenzfall probabilistischer Erklärungen bilden, wird die Inkommensurabilität der beiden Hempelschen Erklärungsbegriffe beseitigt, allerdings auf Kosten des illusionären Begriffs wahrer nomologischer oder statistischer Erklärungen.

Man kann noch etwas genauer sagen, in welchem Sinn DN-Erklärungen Grenzfälle sind und in welchem Sinn sie wegen der auch bei ihnen zu vollziehenden epistemischen Relativierung aufhören, jenen endgültigen Status zu haben, der ihnen in der Literatur seit HEMPEL zugeschrieben worden ist und der daher eine Bezugnahme auf Wissenssituationen überflüssig zu machen schien.

Zum ersten: Wenn immer die pragmatischen Umstände so gelagert sind, daß $T \cup C$ ein DN-Explanans für $E$ bildet, so liegt in dem ganz einfachen Sinn ein Grenzfall vor, daß relativ auf die epistemisch bereicherte Wissenssituation der Überzeugungswert des Explanandums den *Maximalwert* 1 erhält, *der nicht mehr überboten werden kann*. Endgültigkeit im Sinn von fehlender Verbesserungsfähigkeit liegt also tatsächlich vor (*sofern* die übrigen Bedingungen dafür erfüllt sind, um von Erklärung zu sprechen).

Die eben formulierte einschränkende Klausel beinhaltet bereits den Übergang zum zweiten Punkt: Falls erstens in der ursprünglichen Wissenssituation der Glaubenswert von $E$ kleiner ist als 1 und zweitens $T \cup C$ die Aussage $E$ logisch impliziert, so kann man behaupten, daß $T \cup C$ (in der Situation $K_{T \cup C}$ und relativ auf die Ausgangssituation $K$ sowie die empirisch erweiterte Situation $K_E$) $E$ erklärt. Denn der Glaubenswert des Explanandums $E$ ist (auf den Maximalbetrag) erhöht worden. *Wenn jedoch der Überzeugungswert von E bereits in K den Wert 1 hatte, so liefert die Hinzufügung von $T \cup C$ keine Erklärung*: Der Glaubenswert des Explanandums ist ja nicht erhöht worden!

Hier drängen sich sofort Einwendungen auf, vor allem der folgende: Ist es in einem solchen Fall nicht möglich und sogar sinnvoll, von einer gegenüber $K$ „stärker kontrahierten" Wissenssituation auszugehen, in der $E$ noch nicht als sicher gewußt wird? Noch schärfer formuliert: Müssen wir in einem derartigen Fall nicht von der *kontrafaktischen* Annahme ausgehen, in der ursprünglichen Situation werde $E$ noch nicht im höchsten Grade gewußt?

Die Rolle kontrafaktischer Wissenssituationen soll in den folgenden beiden Punkten etwas genauer zur Sprache kommen und zwar zunächst in einer besonders provozierenden Form unter Benützung eines metaphysischen Bildes.

### (9) Keine Erklärungen für den Allwissenden?

Wem immer das Attribut der Allwissenheit zugeschrieben wird: einem theistischen Gott oder dem Laplaceschen Dämon oder einer nur hypothetisch angesetzten Entität – sofern der hier eingeschlagene Weg auch nur im Prinzip akzeptiert wird, kann es für ein derartiges Wesen keine Erklärungen geben.

Diese Konsequenz wird vermutlich jedem Philosophen, der noch irgendwie unter der Faszination des Subsumtionsmodells der Erklärung – von J. ST. MILL über POPPER bis HEMPEL und OPPENHEIM – steht, zunächst als absurd erscheinen. Hat man denn nicht das, was unter dem Laplaceschen Dämon überhaupt zu verstehen ist, was also mit diesem Begriff *gemeint* ist, gerade dadurch verdeutlicht, daß dieses Wesen über ein totales Gesetzeswissen verfügt und deshalb *alle* Vorkommnisse dieses Universums unter geeignete Gesetze zu subsumieren, also *zu erklären* vermag?

Wieso wird jetzt dem Allwissenden diese Fähigkeit abgesprochen; ist er zu dumm? Diese Frage geht von einer falschen Annahme aus. Es ist nicht Unkenntnis, sondern fehlender Informationsmangel, der im Rahmen der pragmatisch-epistemischen Rekonstruktion des Erklärungsbegriffs die Existenz von Erklärungen für den Laplaceschen Dämon leugnet. Erklärungen sind Beantwortungen von *Warum-Fragen*. Warum-Fragen werden nur gestellt, wo *unvollständiges Wissen* vorliegt, das zu einer Überraschungssituation führt. Eine Wissenslücke soll geschlossen werden. Wo keine derartige Lücke besteht, da kann auch *kein Erklärungsbedürfnis* vorliegen. Und ohne Erklärungsbedürfnis keine Erklärung.

Dazu kann man allerdings die folgende ergänzende Feststellung treffen: Zwar sind die Wissenssituationen, deren empirische Erweiterungen um das Explanandum den Anlaß für Erklärung heischende Warum-Fragen bilden, durch das Merkmal menschlicher Beschränktheit charakterisiert; und solche Beschränktheit liegt bei einem allwissenden Dämon nicht vor. Doch erscheint es als sinnvoll, einem derartigen Wesen die weitere Fähigkeit zuzuschreiben, beliebige Formen menschlicher Wissensbegrenzung sowie die „menschlich als adäquat empfundenen" epistemischen Reaktionen darauf zu *simulieren*. In diesem Sinn *kann* ein allwissendes Subjekt jeglicher Art von menschlicher Begründungs- und Erklärungsleistung vollziehen. Was ihm dafür zusätzlich abverlangt werden muß, ist sozusagen die „mentale Reproduktion" der zwei bzw. drei Wissenssituationen $K$ und $K_{T \cup C}$ bzw. $K$, $K_E$ und $K_{T \cup C}$, die für die fragliche Begründung bzw. Erklärung einschlägig sind. Jede solche mentale Reproduktion ist die Erzeugung einer fingierten, also kontrafaktischen Wissenssituation, eine Als-Ob-Konstruktion, die gegenüber der tatsächlich vorliegenden universalen Wissenssituation eine ungeheure Einschränkung darstellt.

Dies ist nicht alles, was über den Allwissenden zu sagen ist. Wenn wir an die Abkoppelungsthese denken sowie daran, daß sie allein durch unsere Wissensbeschränkung motiviert wird, ergibt sich sofort ein anderes Bild. Die Kausalanalyse ist „objektiv-ontologisch" orientiert und von epistemischen Relativierungen frei. Vom Laplaceschen Dämon läßt sich daher sagen: Er verfügt zwar über keine Erklärungen (außer im eben beschriebenen fingierten Sinn), da er keine braucht; dagegen ist er in der Lage, perfekte Kausalanalysen zu liefern.

## (10) Vorgegebene sowie fingierte Begründungen und Erklärungen

Was für den Allwissenden recht ist, das muß für den begrenzten menschlichen Verstand billig sein, soweit er sich ebenfalls in einer den relevanten Wissenssituationen gegenüber stärkeren Situation befindet. Man *gibt vor*, sich in einer „reduzierten" oder „zusammengezogenen" Wissenssituation zu befinden und führt diejenigen Bereicherungen an, welche die erforderlichen Informationsverbesserungen liefern. Es gibt drei typische Fälle:

(*a*) Der häufigste Fall dürfte der sein, wo mehrere Personen, evtl. Wissenschaftler, in der Frage der Erklärung einer Tatsache übereinstimmen, mit der sie längst vertraut sind. Als paradigmatisches Beispiel könnte man quantenphysikalische Erklärungen von Vorgängen im subatomaren Bereich anführen, die vom Standpunkt der klassischen Physik aus als unerklärlich und durchaus rätselvoll erscheinen. In allen derartigen Fällen versuchen die Erklärenden, sich in die Wissenssituation einer Person zu versetzen, welche dieses Faktum noch nicht weiß und für welche es überdies aufgrund ihres sonstigen Hintergrundwissens einen niedrigeren Überzeugungswert hat. Zu beachten ist dabei folgendes: Einmütigkeit unter denen, welche die Erklärungsleistung vollbringen, ist nicht bereits dann erzielt, wenn sie in der Wahl eines geeigneten Explanans übereinstimmen, sondern erst dann, wenn außerdem ein Konsensus darüber besteht, wie die *kontrafaktische Wissenssituation K* zu konstruieren ist, relativ auf welche das Explanans eine geeignete epistemisch bereicherte Wissenssituation $K_{T \cup C}$ erzeugt.

So weit es sich hierbei nicht bloß um die Nachzeichnung hypothetischer Fälle handelt, sondern um die Rekonstruktion *historischer* Vorgänge, ist allerdings größte Vorsicht am Platz. Wir dürfen nicht vergessen, daß wir uns hier ganz im Rahmen informativer Begründungs- und Erklärungsbegriffe bewegen und daß diese meist, wenn überhaupt, nur dafür ausreichen werden, *gewisse Aspekte* derartiger historischer Prozesse zu erfassen. Häufig wird es darum gehen, eine oder sogar mehrere *kausale* Fragen zu beantworten, so daß die Rekonstruktion mittels informativer Begründungsbegriffe nicht ausreichen wird und durch eine kausale Analyse zu ergänzen ist. Bisweilen wird der kausale Aspekt sogar so stark im Vordergrund stehen, daß eine adäquate Kausalanalyse das einzige ist, was von der Fragestellung her vom Wissenschaftstheoretiker erwartet wird.

(*b*) Eine typische Situation, in welcher der Fragende *nur vorgibt*, in einer Wissenssituation zu sein, die den Anlaß zu einer Erklärung heischenden Warum-Frage bildet, obwohl er de facto längst das Stadium der die Antwort liefernden, epistemisch bereicherten Wissenssituation erlangt hat, ist das Lehrer-Schüler-Verhältnis. Wenn der Lehrer den Schüler nach einer Erklärung für ein Faktum *E* fragt, so *gibt* auch er *vor* oder *fingiert*, sich in einer Wissenssituation zu befinden, in der *E* einen vergleichsweise niedrigen Überzeugungswert besitzt, obwohl relativ auf sein tatsächliches Wissen dieser Überzeugungswert groß ist. Die Antwort des Schülers wird nur dann als voll befriedigend angesehen, wenn dieser zweierlei herausfindet: erstens, welches der *kontrafaktische* Wissenszustand ist, in dem der Lehrer sich zu befinden vorgibt; und zweitens wie die Sätze aus des Lehrers *tatsächlichem* Wissenszustand lauten, die relativ zu der fingierten Wissenssituation eine adäquate Erklärung von $E$ liefern.

(c) Kann man noch einen Schritt weitergehen und behaupten, daß Situationen von der in (a) und (b) beschriebenen Art selbst in den oben eingeführten informativen Erklärungsbegriffen verwendet werden? GÄRDENFORS meint zwar, daß eine Einmütigkeit in der Konstruktion einer kontrafaktischen Wissenssituation trotz der Häufigkeit ihres Vorkommens nicht dazu dienen könne, um auf dieser Grundlage eine allgemeine Theorie der Erklärung zu entwickeln. Doch dagegen wäre der folgende Einwand denkbar: „Der auf den Grundideen von GÄRDENFORS beruhende Erklärungstyp (1) (b) benützt die *kontrafaktische* Wissenssituation $K$. Nur im Begründungsfall, also in (1) (a), ist diese die *reale* Situation, aus der heraus die epistemische Bereicherung $K_{T \cup C}$ anvisiert wird, während es dort noch gar nicht ausgemacht ist, ob $K_E$ eine reale Nachfolgersituation der augenblicklichen Situation sein wird. Im Erklärungsfall ist dagegen die reale Wissenssituation $K_E$; nur sie gewährleistet, daß das zu Begründende tatsächlich verwirklicht ist, und sie allein kann den Anlaß für diejenige Verwunderung bilden, die sich in einer Warum-Frage äußert. *Im übrigen aber ist die gesamte Rekonstruktion für den Erklärungsfall der des Begründungsfalles analog.* Gefragt wird, ob es eine epistemische Bereicherung der einmal real gewordenen, jetzt aber bereits hypothetischen Situation gibt, die den Überzeugungswert vergrößert: Der zu $K_{T \cup C}$ gehörige Glaubenswert wird mit dem von $K$ verglichen und nicht etwa mit dem zu $K_E$ gehörenden, der trivial den Wert 1 liefern würde. Die pragmatisch-epistemische Deutung informativer Erklärungen ist daher zwangsläufig eine hypothetische Begründung von der Basis der bezüglich der realen Wissenssituation $K_E$ *zusammengezogenen* und daher *kontrafaktischen* Wissenssituation $K$."

In diesem Einwand wird Wahres mit Unrichtigem vermischt. Es ist zutreffend, daß auch im Erklärungsfall $K$ und nicht $K_E$ die Beurteilungsbasis bildet und daß die zweite Wissenssituation nur aus den beiden angegebenen Gründen benötigt wird. Unrichtig hingegen ist die Charakterisierung von $K$ als einer kontrafaktischen Wissenssituation. Dieses Prädikat sollte nämlich nicht bereits dann angewendet werden, wenn zu einer Zeit $t$ von einer Wissenssituation $K$ gesprochen wird, die mit der zu $t$ realen Situation nicht identisch ist, *sondern erst dann, wenn $K$ zu keiner Zeit die reale Wissenssituation war*. Im vorliegenden Fall ist man daher nicht mit dem Problem konfrontiert, eine Wissenssituation zu rekonstruieren, die bloß real hätte sein können, jedoch niemals verwirklicht wurde. Vielmehr geht es allein darum, eine der realen Situationen $K_E$ vorangehende *und daher zu einem früheren Zeitpunkt ebenfalls reale Situation $K$ zu erschließen*. Darum sind wir hier nicht mit dem Problem der irrealen Konditionalsätze, sondern nur mit einem Spezialfall der Bestätigungsproblematik konfrontiert. Es mag sein, daß die Lösung des Problems: „Wie kann man von $K_E$ retrospektiv $K$ ‚erschließen'?" von Fragestellungen der

Gestalt Gebrauch macht, wie: „Was ist diejenige Wissenssituation, die aus $K_E$ dadurch hervorgeht, daß $E$ entfernt und im übrigen eine *minimale* Änderung im Gesamtsystem der Überzeugungen vorgenommen wird?" Damit wäre jedoch bloß gezeigt, daß für die Bestätigung von Hypothesen über vergangene Wissenssituationen Beurteilungen kontrafaktischer Situationen erforderlich sind. Dies wäre ebenfalls eine Frage, welche zur Bestätigungsproblematik gehört und damit über unser gegenwärtiges Thema weit hinausreicht.

Die Antwort auf den hypothetischen Einwand lautet somit: „Im Erklärungsfall wird tatsächlich fingiert, daß man sich nicht in der realen Überraschungssituation $K_E$, sondern in der gegenüber $K_E$ ‚kontrahierten' Situation $K$ befindet, von der aus mittels des Explanans $T \cup C$ nach Maßgabe des statistischen Schließens $E$ beurteilt wird. Dieses Fingieren läuft jedoch nicht auf die hypothetische Annahme einer kontrafaktischen Situation hinaus, sondern auf ein Sichzurückversetzen in eine tatsächliche frühere Wissenssituation, um diese zur Basis für die angestrebte epistemische Bereicherung zu machen."

Fingierte Wissenssituationen dürften dagegen bei Kausalanalysen eine wesentliche Rolle spielen. Wer an Problemen der Abschirmung, der Überdetermination bzw. an der Frage nach den „wahren" Ursachen interessiert ist, wird den informativen Aspekt der Erklärungsproblematik in der Regel entweder für uninteressant oder für trivial halten, da es sich nach seiner Meinung, ungeachtet der technischen Aufwendigkeit, ohnehin nur um die Rekonstruktion von *gedanklich möglichen*, nicht jedoch von realen Wissenssituationen handelt. Vielleicht ist dies der Hauptgrund für die Abneigung von Kausalisten gegen die epistemische Relativierung; sie sehen darin eine Abschweifung ins Unwesentliche. (Einem primär an Kausalfragen interessierten Philosophen kann man daher die Relevanz des informativen Aspektes vermutlich nur in der Weise klarmachen, daß man ihn zunächst auf die wichtige und interessante Thematik des statistischen Schließens als solche und später auf denjenigen speziellen Problemkreis des statistischen Schließens aufmerksam macht, der die verschiedenen Varianten der Einzelfall-Begründung umfaßt.)

### (11) Zwei mögliche Entwertungen von Erklärungen: Hypothesenpreisgabe und Wissensverschärfung

Wir haben bereits festgestellt: DN-Erklärungen werden deswegen für definitiv gehalten, weil es nicht möglich ist, durch weiteren Wissenszuwachs den Glaubenswert des Explanandums zu erhöhen – also weil sie in dem Sinn „die besten" sind, daß sie den Glaubenswert des Explanandums bis zum Maximalwert 1 wachsen lassen –, nicht jedoch deshalb, weil sie von jeder epistemischen Relativierung frei sind. Wir müssen daher zwei vollkommen verschiedene Arten möglicher Entwertungen früherer Erklärungen bei Wissensänderungen ins Auge fassen.

Zur ersten Klasse gehört die Preisgabe der für Erklärungen benützten Gesetzeshypothesen aufgrund neuer Daten, die gegen diese Hypothese sprechen.

Zur zweiten Klasse gehört die Entwertung früherer Erklärungen durch die Erweiterung der Wissenssituation. Eine Satzmenge, die relativ auf eine Wissenssituation $K$ als ein $E$ erklärendes Explanans akzeptiert worden ist, kann relativ auf eine spätere Wissenssituation $K^*$ aufhören, eine Erklärung von $E$ zu liefern, sofern $K^*$ gegenüber $K$ eine Wissensverschärfung enthält, ohne daß irgendeine Komponente von $K$ preisgegeben worden ist. So etwa kann in dem unter (5) angeführten Beispiel die Erklärung für die Sonnenbräune Frl. Ingeborgs durch die Zusatzinformation entwertet werden, daß sich während des Aufenthaltes von Frl. Ingeborg in der Karibik der höchst seltene Fall eines vierzehntägigen pausenlosen Regens ereignet hat. Denn es ist nicht zutreffend, daß die meisten Leute, die eine Regenzeit in der Karibik verbringen, von dort stark gebräunt zurückkehren. Man muß sich also nach einer anderen Erklärung umsehen.

Eine derartige Wissensvermehrung, die zu einer Verletzung der Forderung nach maximaler Bestimmtheit führt, ist natürlich nicht der einzig denkmögliche Fall. Ein wesentlich trivialerer Falltypus liegt vor, wenn das, was ursprünglich als zulässiges Explanans diente, bereits in einer neuen Ausgangssituation $K^*$ enthalten ist. Nicht nur zusätzliche Kenntnisse, die zur Verletzung des erwähnten Prinzips führen, sondern auch Fortschritte in Richtung auf Allwissenheit produzieren sukzessive Entwertungen vergangener Erklärungen. Letzteres ist im Grunde nur die Wiederholung einer bereits in (8) getroffenen Feststellung.

### (12) Konkurrierende Erklärungen und Erklärungsgrade

Die Inkommensurabilität der beiden Klassen Hempelscher Erklärungsbegriffe, wie wir dies nannten, manifestiert sich vor allem darin, daß DN-Erklärungen, aber auch nur diese, wahr oder falsch sind. Und, so können wir jetzt fortfahren, die Überwindung dieser Inkommensurabilität im Rahmen der pragmatisch-epistemischen Rekonstruktion kommt dadurch zur Geltung, *daß für uns diese Unterscheidung in wahre und falsche Erklärungen wegfällt*. Sie fällt nicht deshalb fort, weil sie uns als zu scharf und zu präzise erscheint, sondern weil sie *zu grob* und *zu undifferenziert* ist.

Da von informativen Erklärungen die Leistung erwartet wird, den Überzeugungswert des Explanandums zu erhöhen, ist es naheliegend, an die Stelle der wahr-falsch-Dichotomie eine komparative Abstufung von Erklärungen nach *Gütegraden* treten zu lassen: Relativ auf einen bestimmten

Überzeugungswert $B(E)$ des Explanandums in der Ausgangssituation ist eine Erklärung umso *besser* oder umso *informativer*, je mehr sie den Glaubenswert des Explanandums erhöht, je größer also die positive Differenz $B_{T \cup C}(E) - B(E)$ ist.

Eine Folge dieser Gradabstufung ist das mögliche Auftreten von *Konkurrenzsituationen* zwischen Erklärungen. Zwei Erklärungen konkurrieren miteinander, wenn beide den Überzeugungswert des Explanandums erhöhen. In einem solchen Konkurrenzfall erscheint es als vernünftig, diejenige Erklärung zu vernachlässigen, die den Überzeugungswert in geringerem Maße erhöht. Wir bevorzugen eine andere Erklärung deshalb als die bessere, weil sie die informativere ist. Daß das Preisgegebene damit nicht als falsch oder auch nur als untauglich verworfen wird, erkennt man daran, daß wir die jetzt vernachlässigte Erklärung als „die einzige zur Verfügung stehende adäquate Erklärung" akzeptiert hätten, sofern uns die informativere Erklärung nicht bekannt gewesen wäre.

### (13) Erklärende Kraft

Die Unterscheidung nach Gütegraden dürfte sich mit derjenigen Überlegung decken, die verschiedene Autoren veranlaßte, den Begriff der erklärenden Kraft (englisch: „explanatory power") einzuführen. Zweckmäßigerweise schreibt man dieses Prädikat dem Explanans (bezüglich des Explanandums) zu, benützt aber dieselbe Definition wie in (12): Die *erklärende Kraft des Explanans $T \cup C$ relativ zu $E$* ist danach umso größer, je größer die positive Differenz zwischen $B_{T \cup C}(E)$ und $B(E)$ ist. Die informativeren Erklärungen sind damit genau als diejenigen charakterisiert, deren Explanans eine größere erklärende Kraft besitzt. Auch dies ist eine Konsequenz unserer Preisgabe der wahr-falsch-Dichotomie.

### (14) Wie-möglich-Erklärungen und Warum-notwendig-Erklärungen

Vom pragmatisch-epistemischen Standpunkt aus läßt sich auch etwas Neues zu der von W. DRAY stammenden, in der Literatur viel diskutierten Unterscheidung in *wie-möglich-Erklärungen* und *warum-notwendig-Erklärungen* sagen.

Beide Falltypen haben dies gemeinsam, daß von einer Wissenssituation ausgegangen wird, in der das Explanandum einen unter 1 liegenden Überzeugungswert hat. Eine *warum-notwendig-Erklärung* liegt vor, wenn in der epistemischen Bereicherung ein Explanans zur Verfügung gestellt wird, welches den Glaubenswert auf den Maximalbetrag 1 erhöht (vgl. (8)).

Eine *wie-möglich-Erklärung* kann sich von dieser in zwei Hinsichten unterscheiden. Erstens ist hier in der Ausgangssituation der Überzeugungswert des Explanandums nicht nur kleiner als 1, sondern sogar *sehr niedrig*, d. h. er liegt nahe bei 0. Zweitens erhöht das Explanans in der epistemisch bereicherten Wissenssituation diesen Glaubenswert, *aber nicht unbedingt bis nahe 1*.

Wir können retrospektiv klar erkennen, wieso der wie-möglich-Fall als Einwand gegen die Hempelschen Explikationen vorgebracht werden konnte, während er durch unsere Explikation gedeckt wird. HEMPEL verlangt auch im probabilistischen Fall, daß das Eintreten des Explanandum-Ereignisses mit hoher Wahrscheinlichkeit zu erwarten war, d. h. er beschränkt sich auf den $(1-\varepsilon)$-Falltyp (3) (**b**). Für uns hingegen ist eine wie-möglich-Erklärung, die weder zugleich eine warum-notwendig-Erklärung noch einer solchen ähnlich ist, ein Spezialfall einer informativen Erklärung im epistemischen Minimalsinn.

Angesichts der Tatsache, daß verschiedene Philosophen auf die Abgrenzung des wie-möglich-Falles von den anderen Erklärungsfällen ein so großes Gewicht legen, wäre es vielleicht ratsam, diesen Fall gesondert hervorzuheben. Die dreifache Klassifikation der Begründungs- und Erklärungsarten des vorigen Abschnittes wäre dann durch eine *vierfache Klassifikation* zu ersetzen. Dazu hätten wir nichts weiter zu tun, als die folgende Bestimmung hinzuzufügen:

Eine *wie-möglich-Erklärung (-Begründung)* oder eine *Erklärung (Begründung) durch notwendige Bedingungen* ist eine Erklärung (Begründung) im epistemischen Minimalsinn, welche die zusätzliche Bedingung erfüllt:

$B(E) < r$ mit einem nahe bei 0 liegenden $r$.

## (15) Wie-möglich-Fall und epistemische Inkonsistenz

Der wie-möglich-Fall umfaßt aber auch noch eine andere, radikalere Situation. Dazu braucht man nur zu bedenken, daß der Überraschungsausruf: „Wie war es denn möglich, daß $E$?" eine verbale Manifestation zweier logisch zu unterscheidenden Arten von Wissenssituationen bilden kann. Der soeben betrachtete Fall war jener, in welchem der ursprüngliche Überzeugungswert von $E$ niedrig, aber doch immerhin von 0 verschieden war.

Der Überraschungswert von $E$ ist noch größer, wenn sein Überzeugungswert gleich 0 war. Eine solche Situation liegt vor, wenn der Übergang von $K$ zu $K_E$ *die logische Konsistenz zerstört*. (Ein solcher Prozeß ist in ganz besonderem Maße geeignet, den Ausruf: „Ja wie ist denn dies (nämlich $E$) möglich?" zu provozieren.) Man kann diesen Fall natürlich nicht dadurch ausschließen, daß man an die Rationalität des Subjektes appelliert und inkonsistente Wissenssituationen von vornherein nicht zuläßt. Denn der fragliche Übergang bestand in einer passiven Wissenserweiterung. Und dieser Fall, daß neue Fakten mit dem verfügbaren Hintergrundwissen unverträglich werden, ereignet sich im Prozeß wissenschaftlicher Forschung immer wieder. Der Appell an die Rationalität kann daher diesmal nicht mehr beinhalten als eine *Aufforderung* an das räsonierende Subjekt, das Geflecht seiner Überzeugungen so in Ordnung zu bringen, daß es die Minimalforderung der Konsistenz erfüllt. Dafür ist eine Preisgabe bisheriger Überzeugungen unvermeidlich.

Hier stehen sich zwei Lager gegenüber. Das eine besteht aus den *Isolationisten*, die *bestimmte Überzeugungen* für den Widerspruch verantwortlich machen zu können glauben, deren Preisgabe sie fordern. Dazu gehören die meisten Induktivisten, aber z. B. auch POPPER. Zum anderen Lager gehören die *Holisten*, die sich darauf beschränken, allgemeine Richtlinien für die Revision des Gesamtwissens zu geben. Von den Vertretern beider Theorien kann man sagen, daß sie einem allgemeinen Imperativ von folgender Art zu genügen versuchen: „Suche ein Explanans für $E$ bei *möglichst geringfügiger Änderung* des Systems deiner Überzeugungen!"

Damit sind wir bei der Frage angelangt: *Gibt es rationale Kriterien für die Änderung des Gesamtsystems von Überzeugungen angesichts überzeugungswiderstreitender Fakten?* Damit ist jedoch ein Problem angeschnitten, das über den Themenkreis „wissenschaftliche Erklärung und Begründung" weit hinausreicht.

### (16) Beantwortung von grundsätzlichen Einwendungen

Einige Einwendungen gegen das HO-Schema waren von grundlegender Natur, d. h. sie schienen das ganze Projekt als solches in Frage zu stellen. Dazu gehören insbesondere erstens das Beispiel von U. BLAU, worüber auf S. 927f. referiert wurde; und zweitens das Fahnenmastbeispiel von BROMBERGER, das auf S. 234f. geschildert worden und in Bd. IV/2 auf S. 337f. genauer diskutiert worden ist. Für beide Fälle ist es charakteristisch, daß keine Lösung möglich zu sein scheint, die nur mit syntaktischen und semantischen Begriffen arbeitet. Es soll kurz gezeigt werden, wie die Lösung innerhalb unseres neuen, um kausale sowie pragmatisch-epistemische Begriffe erweiterten Rahmens aussieht. Als wesentlicher Unterschied zwischen den beiden Beispielen wird sich folgender herausstellen: Im ersten Beispiel können wir eine Lösung unter Benützung des informativen Erklärungsbegriffs allein angeben, d. h. es genügt die Berücksichtigung entsprechender Wissenssituationen, während kausale Analysen von keiner zusätzlichen Relevanz sind. Im zweiten Beispiel ist es erst die hinzutretende Kausalanalyse, welche eine Differenzierung zwischen den beiden Fällen gestattet.

(a) *Das Beispiel von Blau.* Wir setzen voraus, daß der Leser mit der Schilderung dieses Beispiels vertraut ist. Der pragmatische Unterschied zwischen der ersten und zweiten Deutung der auf S. 927 angegeben Argumentform ist ein doppelter. *Erstens* dürfen wir davon ausgehen, daß jeder Normalbürger, auch einer mit niedrigem Bildungsstand, weiß, daß kein metallischer Gegenstand gleichzeitig aus Holz bestehen kann, während es relativ wenige Personen geben dürfte, die wissen, daß ein Objekt mit einem spezifischen Gewicht von mehr als 8,9 nicht aus Messing bestehen kann. Wenn wir das Gesetz wieder durch „$T$" abkürzen, so erhalten wir somit den folgenden Unterschied: Bei der ersten Deutung von $T$ wird die ursprüngliche Wissenssituation fast immer bereits $T$ enthalten, so daß sich nicht zwischen $K$ und $K_T$ differenzieren läßt. In all diesen Fällen ist eine Erklärung durch Berufung auf $T$ nicht möglich. Bei der zweiten Deutung von $T$ hingegen wird für die meisten Personen ihr ursprüngliches Wissen das Gesetz $T$ noch nicht enthalten, $K_T$ also eine wirkliche epistemische Bereicherung von $K$ sein, so daß *für diesen Personenkreis* eine informative Erklärung durch Berufung auf $T$ möglich ist.

Doch ist bereits hier zu beachten, daß in gewissen Fällen auch die erste Deutung zu einer Erklärung führen kann (z. B. bei Kindern oder eben auf der Erde gelandeten extramundanen Wesen, die noch nicht wissen, daß die Merkmale *aus Metall bestehend* und *aus Holz bestehend* einander ausschließen), während umgekehrt bei Zugrundelegung der zweiten Deutung eine Erklärung durch Berufung auf $T$ für alle diejenigen Personen nicht infrage kommt, die bereits wußten, daß kein Gegenstand, der ein spezifisches Gewicht von mehr als 8,9 hat, aus Messing besteht.

*Zweitens* besteht folgender Unterschied bezüglich des zweiten Konjunktionsgliedes der singulären Prämisse: Man kann sich kaum einen *wissenschaftlichen Test* vorstellen, welcher das Ergebnis liefert, daß ein bestimmtes Objekt aus Holz oder aus Kupfer besteht, ohne zwischen diesen beiden Alternativen differenzieren zu können. Viel eher kann man sich eine chemische Prüfung denken, die nicht mehr liefert als das schwache Resultat, daß ein Gegenstand aus Kupfer oder aus Messing besteht. Dies bildet einen weiteren Grund dafür, zu behaupten, daß das Argument zwar in der zweiten Deutung, nicht jedoch in der ersten Deutung als eine wissenschaftliche Erklärung in Frage kommt.

Zusätzlich wäre nur zu bemerken, daß unser Erklärungsbegriff so allgemein gehalten ist, daß er keine Differenzierung zwischen *wissenschaftlich* und *nicht wissenschaftlich* macht. Es spielt daher keine Rolle, wie die Information bei der ersten Deutung zustande gekommen ist. Eine Möglichkeit wäre z. B. die des Wissens aus zweiter Hand: Die fragliche Person kann von anderen darüber informiert worden sein, daß $a$ aus Holz oder aus Kupfer besteht.

Falls es sich als möglich erweisen sollte, den Begriff des empirisch-wissenschaftlichen Verfahrens so zu präzisieren, daß nur bei der zweiten Deutung die betreffende Adjunktion das Resultat einer wissenschaftlichen Prüfung bilden kann, so könnte man zwar eine Differenzierung zwischen den beiden Deutungen der Argumentform vornehmen; aber diese Differenzierung hätte nichts mit dem Unterschied zwischen *Erklärung* und *keine Erklärung* zu tun, sondern nur damit, ob gewisse singuläre Tatsachenkenntnisse *durch wissenschaftliche Prüfungen gewonnen* worden sind oder nicht.

Schließlich möge beachtet werden, daß bei Zugrundelegung beider Deutungen die singuläre Aussage *Fa allein* zur Erklärung herangezogen werden kann, sofern die pragmatischen Umstände geeignet beschaffen sind. Es ist sowohl denkbar, daß „*a* besteht aus Metall" eine zusätzliche Information für den (sehr großen) Kreis von Personen bildet, die wissen, daß kein metallisches Objekt aus Holz besteht, wie „*a* hat ein spezifisches Gewicht von mehr als 8,9" eine zusätzliche Information für den (sehr kleinen) Kreis derer bilden kann, denen es bekannt ist, daß Objekte mit einem spezifischen Gewicht von mehr als 8,9 nicht aus Messing bestehen können.

(B) *Das Beispiel von Bromberger*. Dieses Beispiel ist von prinzipiell anderer Art. Hier besteht in der Tat eine vollkommene Symmetrie zwischen den beiden Fällen, die sich nur durch die Beschaffenheit der ursprünglichen und der erweiterten Wissenssituation unterscheiden. Ist zunächst die Höhe des Mastes bekannt, so kann daraus z. B. die Länge des Schattens erschlossen werden, sofern die epistemische Bereicherung das dafür erforderliche singuläre und gesetzmäßige physikalisch-geometrische Wissen bereitstellt. Ist hingegen ursprünglich nur die Schattenlänge bekannt, so läßt sich daraus umgekehrt die Masthöhe erschließen. Informative Begründung und Erklärung gestatten keine Differenzierung.

Der Kausalist wird einwenden, daß nur eine dieser beiden Begründungen die Beantwortung einer *kausalen* Warum-Frage liefere, nämlich diejenige, in der die Länge des Schattens erschlossen wird, nicht hingegen die andere, in der es um die Bestimmung der Masthöhe geht. Unsere Antwort darauf lautet: Diese Asymmetrie tritt erst zutage, sofern man eine *geeignete Kausalanalyse* des Sachverhaltes liefert. Hier geht es darum, daß die Existenz des einen durch die Existenz des anderen bestimmt ist, aber nicht umgekehrt: Die Existenz des Mastes ist kausal verantwortlich für die Existenz des Schattens, nicht jedoch ist die Existenz des Schattens für die des Mastes bestimmend. In der Sprache der Abschirmung formuliert: Die Tätigkeit des Mastaufstellens *schirmt* den Schatten in seiner kausalen Relevanz für die Existenz des Mastes *ab*, der Schatten hingegen *schirmt nicht* die Tätigkeit der Mastbefestigung in seiner kausalen Relevanz für die Existenz des Mastes *ab*. (Eine detaillierte Schilderung findet sich in Bd. IV/2 auf S. 337—339.)

### (17) Einige kritische Anmerkungen zu Gärdenfors

Wir haben an früherer Stelle als den Hauptvorteil der Rekonstruktion des Begriffs der Wissenssituation durch GÄRDENFORS gegenüber dem Hempelschen Modell die Tatsache bezeichnet, daß Wissenssituationen in diesem neuen Sinn „probabilistisch über sich selbst hinausgreifen", da sie die Wahrscheinlichkeit solcher Sätze zu beurteilen gestatten, die nicht zum akzeptierten Wissen gehören. GÄRDENFORS scheint a.a.O., S. 411, 2. Absatz, die Auffassung zu vertreten, daß sein Begriff gegenüber dem Hempelschen den *zusätzlichen Vorteil* habe, den Fall der Wissensbereicherung ganz allgemein zu erfassen, und zwar auch dann, wenn das neu hinzutretende Wissen mit dem alten in Konflikt steht.

Dies erscheint uns als eine irreführende Darstellung des Vorteils gegenüber der Hempelschen Definition. Wenn nämlich das neu hinzukommende Wissen nicht bloß zu einer Wissensverschärfung führt, sondern nach dem alten Stand des Wissens unmöglich ist – wenn also das neu hinzutretende Wissen die Annahme widerlegt, daß das alte Wissen in seiner Gesamtheit zutreffend sei –, *dann versagen beide Definitionen* in dem Sinn, daß sie keinen Hinweis darauf enthalten, wie das neue Wissen aufzubauen ist. Es müssen unabhängige Überlegungen darüber angestellt werden, ob für den Widerspruch zwischen altem und neuem Wissen *bestimmte* Elemente des alten verantwortlich zu machen sind, wie dies einige Induktivisten und auch POPPER meinen, oder ob die Revision des alten Wissensbestandes nach holistischen Gesichtspunkten erfolgen soll.

Der tatsächliche Vorteil seines Begriffs der Wissenssituation gegenüber dem Hempelschen wird dagegen in einer kurzen Bemerkung im vierten Absatz auf S. 407 *korrekt* angegeben, in der GÄRDENFORS darauf hinweist, daß es bei HEMPEL nicht möglich ist, die Wahrscheinlichkeit eines nicht zum akzeptierten Wissen gehörenden Satzes zu beurteilen[11].

Einige potentielle Kritiken, welche technische Einzelheiten betreffen, haben wir bereits in die Definitionen des vorigen Abschnittes eingebaut. Dazu gehört, um ein Beispiel herauszugreifen, die Preisgabe der von GÄRDENFORS a.a.O. auf S. 409 gemachten Annahme, daß $B$ auf der ganzen Potenzmenge von $W$ definiert sei. Normalerweise wird dies nicht möglich sein, da es in der zugrundegelegten Sprache unendlich viele atomare Sätze gibt. Man wird sich daher darauf beschränken müssen, einen geeigneten $\sigma$-Körper zu wählen. (Analoges gilt für die Wahrscheinlichkeiten $P_w$, sofern der Individuenbereich $U$ unendlich ist.)

Philosophisch wichtiger als Hervorhebung derartiger „Präzisionstrivialitäten" dürfte eine kurze Stellungnahme zu Äußerungen von GÄRDENFORS über Kausalfragen sein. Er meint nämlich, daß auch in diesem Fall die Berücksichtigung verschiedener Arten von Hintergrundwissen und damit der informativ-

---

[11] Diese auf HEMPELS Definition bezugnehmende Stelle lautet genau: „This" (gemeint ist HEMPELS Definition) „gives a rather one-sided picture of knowledge since it becomes impossible to decide whether the sentences not in the class are probable or improbable, or more generally, what degree of certainty one is willing to ascribe to them."

pragmatische Aspekt ausreicht, um eine Klärung herbeizuführen. Am Ende seiner Arbeit (S. 421f.) bringt er das in diesem Band auf S. 509f. geschilderte Beispiel CARNAPS über die Ursachen eines Autounfalles. Nach der Auffassung von GÄRDENFORS ist die Meinungsverschiedenheit von Personen darüber, wie der Unfall zu erklären ist, darauf zurückzuführen, daß die Personen über verschiedenartiges Hintergrundwissen verfügen und daß sie außerdem ihr Hintergrundwissen in verschiedener Weise bereichern konnten: Der eine erfährt, daß die Reifen des Wagens abgenützt waren und gibt sich mit diesem Explanans zufrieden. Eine andere Person wußte dies bereits und führt die von ihr gewonnene Zusatzinformation, daß es regnete und die Straße einen ungünstigen Belag hatte, als Erklärung des Vorfalls an. Der Verkehrsexperte wiederum erklärt das Ereignis mit der überhöhten Geschwindigkeit, der Psychologe mit der depressiven Verfassung des Wagenlenkers usw.

Dieses Beispiel eignet sich gut, um erstens den Unterschied zwischen dem informativen und dem kausalen Aspekt zu verdeutlichen sowie um zweitens zu zeigen, warum sich der Kausalist mit dem informativen Aspekt nicht zufrieden gibt. Damit der Grund für die unterschiedlichen Auffassungen nicht an falscher Stelle lokalisiert wird, nehmen wir ausdrücklich an, daß keine der mit der Erklärung befaßten Personen einen Fehler begeht. Positiv ausgedrückt: Wir setzen voraus, daß sie alle trotz des Widerstreites ihrer Auffassungen Recht haben. Dieser Widerstreit kann somit nicht in der Weise erklärt werden, daß höchstens einer der Beurteiler den wahren Sachverhalt beschreibt, während alle übrigen Fehler begehen. Vielmehr ist die Gegensätzlichkeit der Auffassungen *als eine bloß scheinbare* aufzulösen, und zwar in der Weise, daß die mehrfache Relativität des informativen Erklärungsbegriffs herangezogen wird: Die das Ereignis erklärenden Beurteiler unterscheiden sich *entweder* in bezug auf die anfängliche Wissenssituation $K$, in der sie sich befinden, *oder* in bezug auf die Art der Bereicherung $K_{T \cup C}$ *oder* in bezug auf beides. Die dadurch bedingte Verschiedenartigkeit ihrer Argumentationsverläufe macht nichts aus; denn verschiedenste Arten von probabilistischen „Vernunftgründen" können zu demselben Resultat führen.

Der Kausalist gibt sich mit einer solchen Schilderung der Sachlage nicht zufrieden, da er nicht bloß an *Gründen* interessiert ist, aus denen sich etwas „erschließen" läßt, sondern an den *Ursachen* eines realen Geschehens. Gegeben eine bestimmte Art von korrekter informativer Analyse, wie wir sie soeben andeuteten, so kann die kausale Tiefenanalyse noch immer mehrfach variieren. In unserem Beispiel sind prinzipiell drei objektive Falltypen möglich: Ein Typus von Fällen, an den CARNAP gedacht haben dürfte, ist dadurch charakterisiert, daß die angegebenen Gründe notwendige, aber nicht hinreichende Teilursachen des Unfalls darstellen. In der Sprechweise von SUPPES würde es sich um *komplementäre Ursachen* handeln, in der Sprechweise von MACKIE um typische Fälle von verschiedenen *Inus-Bedingungen*. Ein anderer Typus läge vor, wenn die Analyse eine *Überdetermination* ergeben sollte. Dann hätten einige der angegebenen Gründe für sich allein genügt, um den Unfall hervorzurufen; Unterschiede würden bloß die Details des summarisch mit „schwerer Unfall" bezeichneten Ereignisses betreffen. Schließlich könnte eine genauere Untersuchung das Resultat liefern, daß *nur eine* „wahre" Ursache vorliegt, während es sich bei den übrigen um bloße prima-facie-Ursachen im Sinn von SUPPES handelte, die den Unfall jedoch nicht tatsächlich bewirkten, da sie sich als Scheinursachen erweisen.

Auch diese dreifache Klassifikation (Komplementarität, Überdetermination, Vorliegen von Scheinursachen neben wirklichen Ursachen) liefert nur einen schematischen Überblick über die Möglichkeiten des kausalen Verlaufes. Detailrecherchen könnten zahlreiche Formen von komplizierteren kausalen Überlagerungen ergeben. Dazu nur ein Beispiel: Der Unfall wurde durch überhöhte Geschwindigkeit eines der beiden Wagen hervorgerufen; die depressive Verstimmung des Fahrers dieses Autos war kausal dafür verantwortlich, daß er das Warnschild „80 km bei Nässe" übersehen hat. Diese Einzelheit könnte deshalb praktische Konsequenzen haben, weil juristische Meinungsdifferenzen darüber bestehen, ob ein solches Warnschild eine streng zu befolgende Verkehrsregel oder eine unverbindliche Empfehlung an die Fahrer enthält.

### (18) Die Doppeldeutigkeit der Gegenüberstellung „Begründung–Erklärung"

In den Analysen des vorigen Abschnittes sowie in allen bisherigen Diskussionen haben wir die Annahme der Abkoppelungsthese unterstellt und uns dadurch von vornherein auf die rein epistemischen Aspekte des Erklärungsbegriffs zurückgezogen. Die Unterscheidung zwischen Begründungen und Erklärungen wurde in allen drei (bzw. vier) Fällen[12] zu einer innerepistemischen Angelegenheit. Und zwar bildete bei unseren Überlegungen stets $K$ die reale Ausgangssituation in bezug auf das Wissen. Im Begründungsfall muß zwar die epistemisch bereicherte Wissenssituation $K_{T \cup C}$ hinzutreten. Dagegen wird nicht verlangt, daß es jemals eine Wissenssituation $K_E$ geben wird. Wir haben es mit reinen Fällen von „statistischem Schließen" zu tun, in denen, außer im Grenzfall $B_{T \cup C}(E) = 1$, das tatsächliche Eintreffen oder Nichteintreffen von $E$ offen bleibt.

Der Erklärungsfall unterscheidet sich vom Begründungsfall immer nur dadurch, daß die Situation $K_E$ als eine *reale* spätere Wissenssituation hinzutritt, nicht hingegen dadurch, daß noch irgendwelche weiteren Zusatzbestimmun-

---

[12] Gemeint sind natürlich: der epistemische Idealsinn (Hempel-Fall); der starke probabilistische Minimalsinn (Leibniz-Bedingung) und der epistemische Minimalsinn (HANSSON, GÄRDENFORS), zu denen man noch, wie in (14) beschrieben, den wiemöglich-Fall (W. DRAY) hinzunehmen könnte.

gen erfüllt sein müßten. Wir haben diese Situation die Überraschungssituation genannt, da es in der Erklärung darum geht, den Überzeugungswert des Explanandums $E$ zu erhöhen, und damit darum, seinen Überraschungswert zu senken.

Diese Gegenüberstellung der Familie der Begründungs- und der der Erklärungsbegriffe kann man von zwei ganz verschiedenen Gesichtspunkten aus in Frage stellen.

Bei der *ersten Infragestellung* würde man den epistemischen Rahmen nicht verlassen. Der Einwand lautet hier, daß im Erklärungsfall außer der später hinzukommenden epistemischen Bereicherung die Situation $K_E$ und nur sie die reale Ausgangssituation bilden darf. Danach hätten wir sowohl im Begründungsfall wie im Erklärungsfall jeweils nur zwischen zwei Wissenssituationen zu unterscheiden, wobei im einen Fall $K$ und im anderen $K_E$ die reale Ausgangssituation sein müßte.

Gegen eine derartige Rekonstruktion des informativen Erklärungsbegriffs lassen sich zwei Einwendungen vorbringen. Zunächst nämlich müßte die weiterhin benötigte Wissenssituation $K$ aus $K_E$ zurückgewonnen werden, nämlich als $K_E - E$ („als Wegnahme des Wissens um $E$ aus $K_E$"). Damit aber wären wir mit allen Problemen konfrontiert, die bei der Untersuchung des hypothetischen Räsonierens und der irrealen Konditionalsätze auftreten (vgl. insbesondere die Theorien von RESCHER und GÄRDENFORS in Kap. V, 7 und im zweiten neuen Anhang von V). Dies jedoch wäre ein höchst unerwünschter Effekt. Man hätte dann selbst im engeren epistemischen Rahmen den Erklärungsbegriff von vornherein so konzipiert, daß man sich mit allen Problemen belädt, die nach herkömmlicher Auffassung nur die irrealen Konditionalsätze betreffen.

Schwerer wiegt ein zweiter Einwand: Geht man davon aus, daß $E$ in der realen Ausgangssituation gewußt wird, so kann man das Hempelsche Mehrdeutigkeitsproblem nicht mehr formulieren, jedenfalls nicht ohne Künstlichkeit. Denn da $E$ gewußt wird, fallen natürlich alle potentiellen Argumente fort, die ein mit $E$ unverträgliches $E'$ liefern. Die Wendung „nicht ohne Künstlichkeit" haben wir deshalb eingefügt, weil der folgende Weg theoretisch gangbar wäre: Man löst zunächst das im vorigen Einwand erwähnte Problem der Rekonstruktion von $K$ aus $K_E$ und fingiert dann, im Sinn von (10) oben, *daß dieses $K$ die reale Wissenssituation gewesen wäre*. Relativ auf dieses $K$ ließe sich dann das Hempelsche Problem wieder formulieren und ebenso die vorgeschlagene Lösung übernehmen. Wer diesen gewundenen Denkpfad einschlägt, der gelangt *über einen komplizierten Umweg* wieder zu unserem Ausgangspunkt, nämlich zur Wissenssituation $K$, die wir von vornherein angenommen haben und muß dann, genauso wie wir, im Erklärungsfall eine Relativierung auf *drei* statt auf zwei Wissenssituationen vornehmen. Der einzige verbleibende Unterschied wäre der, daß wir $K$ als *reale* Ausgangssituation wählen, während der Opponent sich darauf beschränken würde, sie im Sinn von (10) bloß zu *fingieren*. Eines wird jedenfalls deutlich: Bei Beschränkung auf den informativen Aspekt steht man im Begründungs- wie im Erklärungsfall vor der Aufgabe, ein deutliches Bild der verschiedenen Formen des „statistischen Einzelfall-Schlusses" zu liefern.

Zu einer *zweiten Infragestellung* unserer Gegenüberstellung von Begründung und Erklärung kommt es, wenn die Abkoppelungsthese nicht akzeptiert wird. Der Kausalist verläßt den epistemischen Rahmen und fragt nach den wahren Ursachen; den Überzeugungswert vergrößernde Gründe allein sind ihm nicht genug. Eine solche Position *kann* eingenommen werden. (Es waren nur Zweckmäßigkeitsgründe, die uns veranlaßten, sie nicht einzunehmen.) Wie stellt sich von da aus unsere Gegenüberstellung dar? Vermutlich so: *Was innerhalb des pragmatisch-epistemischen Rahmens expliziert wird, sind ausschließlich verschiedene Formen von Begründungen*. Was wir Begründungen nannten, würde ein Kausalist etwa *prospektive Begründungen* (oder: *ex-ante-Begründungen*) nennen, und was bei uns „Erklärung" hieß, wäre als (bloß) *retrospektive Begründung* (oder: *ex-post-Begründung*) zu charakterisieren.

Man gelangt somit zu wesentlich anderen Ergebnissen, je nachdem, ob man den kausalistischen oder den durch die Abkoppelungsthese motivierten rein epistemischen Standpunkt zugrundelegt. Was zusätzlich leicht übersehen wird, ist die Tatsache, daß man bei Berücksichtigung beider Betrachtungsweisen nicht zu einer Dichotomie, sondern zu einer Trichotomie gelangt: Es genügt dann nicht, den kausalen Erklärungen Fälle des „statistischen Einzelfall-Schlusses" gegenüberzustellen. Daneben ist das Zwischenglied zu berücksichtigen, wo zwar das Explanandum als Faktum gewußt wird, jedoch nur die vom epistemischen Standpunkt aus gewünschte und benötigte Informationsverbesserung gegeben, nicht hingegen die kausalistisch geforderte Angabe von Ursachen (und damit überhaupt nicht eine Beantwortung einer Erklärung heischenden Warum-Frage) geliefert wird.

### (19) Kausalität und Erklärung[13]

Wir haben die Abkoppelungsthese mit Zweckmäßigkeitsüberlegungen motiviert. Wenn wir vergleichend auf die Kausalanalyse (neue Anhänge von *Kap.* VII) und epistemische Erklärungsanalyse (dieses Kap. hauptsächlich Abschn. 2 und 3) zurückblicken, so ergibt sich, daß die Abkoppelungsthese ein *reales Fundament* besitzt. Die Kausalisten sind an dem interessiert, was MACKIE die „causality in the things" nennt, also an dem, was man den *objektiv-ontologischen* Aspekt nennen könnte. Die Erklärungstheoretiker hingegen

---

[13] Eine Gegenüberstellung von der unten gegebenen Art wurde von Herrn H. ROTT, München, vorgeschlagen.

interessieren sich vorwiegend für eine bestimmte Art von Informationsverbesserung, also für einen *subjektiv-epistemischen* Aspekt. Den Unterschied in den vorherrschenden Gesichtspunkten kann man in der folgenden tabellarischen Gegenüberstellung festhalten, die zum großen Teil für sich selbst spricht:

| **Kausalität** | **Erklärung** |
|---|---|
| *objektiv* (unabhängig vom Zustand der Information eines epistemischen Subjektes) | *subjektiv* (vom Zustand mindestens eines epistemischen Subjektes abhängig) |
| *ontologisch* (den Weltverlauf betreffend) | *epistemisch* (auf Wissenssituationen relativiert) |
| *Ursachen* | *„Ursachen"* im Sinn von Vernunftgründen oder epistemischen Gründen |
| *wahr* | *akzeptiert* bzw. *für* mehr oder weniger *wahrscheinlich* gehalten |
| *sprachunabhängig* | *sprachabhängig* |
| *vollständig* | *unvollständig, selektiv* |

Die Gegenüberstellung in der letzten Zeile erfordert vielleicht noch eine Erläuterung. Was mit *Vollständigkeit* im kausalistischen Rahmen intendiert ist, wird am besten durch die beiden endgültigen Definitionen von „Ursache" in Kap. **VII**, neuer Anhang II, Abschn. 7d, illustriert: Um das potentiell endlose Spiel zwischen indirekten, versteckten und scheinbaren Ursachen zu beenden, mußte der gesamte Weltverlauf zwischen einem Ereignis und seiner primafacie-Ursache sowie vor der letzteren einbezogen werden. Damit wurde jeder epistemische Rahmen gesprengt. Um hingegen das diesen Abschluß erzwingende „endlose Spiel" zu beschreiben, mußten epistemische Relativierungen eingeschaltet werden, nämlich die sukzessiven Entdeckungen von Ereignissen, die immer neue Änderungen der Kausalbeurteilungen im Gefolge hatten.

Im übrigen gilt diese Tabelle nur cum grano salis; sie soll nicht mehr liefern, als Tendenzen anführen. Am fragwürdigsten ist dabei vermutlich die vorletzte Zeile. Der Zwang, die Kausalanalyse auf die gegebenen Umstände zu relativieren, schließt bereits einen Zwang zur Sprachabhängigkeit ein, die etwa von Suppes auch ausdrücklich betont wird.

## (20) Kausalistische Perspektiven im epistemischen Rahmen[14]

Die Abkoppelungsthese ist ein aus Zweckmäßigkeitsgründen akzeptiertes Provisorium. Kausale und epistemische Analyse müssen schließlich wieder zusammengebracht werden. Darüber, wie dies geschehen könnte, haben wir bisher außer einigen vagen Andeutungen nichts gesagt. *Eine* Möglichkeit soll hier kurz erörtert werden. Vorausgeschickt sei, daß es sich dabei vermutlich *nicht* um diejenige Alternative handelt, an die der primär „objektiv-ontologisch" orientierte Kausalist denkt. Er wird vermutlich der kausalen Analyse gegenüber allen epistemisch relativierten Betrachtungsweisen den Vorrang einräumen. Gerade deshalb aber, weil vermutlich die meisten Philosophen eher dieser kausalistischen Intuition folgen dürften, kann man es als ein reizvolles Unterfangen betrachten, den umgekehrten Weg einzuschlagen und einige Aspekte der kausalen Analyse in den gegenwärtigen epistemischen Rahmen „einzufangen" versuchen. Wir wollen dies andeuten, wobei wir in allen Fällen den epistemischen Minimalsinn zugrunde legen und den Unterschied zwischen Begründungen und Erklärungen im epistemischen Sinn vernachlässigen; denn diese Unterscheidung ist für das Folgende ohne Relevanz.

Wir gehen davon aus, daß sich elliptische Erklärungen, und zwar solche von der Form eines einzigen singulären Satzes als Explanans, in unserem Rahmen leicht angeben lassen und daß sich solche Erklärungen deutlich von sog. „unvollständigen Erklärungen", die gemäß unserer Explikation überhaupt keine Erklärungen sind, unterscheiden. Eine *elliptische Erklärung* der angegebenen Art genügt dem folgenden Schema:

Es gibt $T'$ und $C'$, so daß: $B(T' \cup C') = 1$
& $B_S(E) = B_{S \cup T' \cup C'}(E) > B(E)$.

*Beispiel*: Ein Autounfall ($E$) wird damit erklärt, daß die Reifen bereits ganz abgenutzt waren ($S$). Damit es zu dem Unfall kommen konnte, mußten noch andere Bedingungen erfüllt sein: Nässe der Fahrbahn; Seitenwind etc. Diese Zusatzbedingungen seien in $C'$ zusammengefaßt. Die erforderlichen statistischen Regularitäten, z. B. daß bei so schlechten Reifen, solcher Fahrbahnnässe, solchem Seitenwind etc. die Unfallgefahr erhöht wird, seien in $T'$ enthalten. Daß $T' \cup C'$ den $B$-Wert 1 besitzt, drückt aus, daß beides bereits in der ursprünglichen Wissenssituation enthalten war. Das letzte Glied garantiert, daß eine Erklärung vorliegt. Bei einer „unvollständigen" Erklärung würde $T'$ oder $C'$ fehlen und das Schema wäre nicht anwendbar.

---

[14] Auch diese Betrachtungen sind von Herrn H. ROTT, München, angeregt worden.

(a) *Erklärungen mit Hilfe von Inus-Bedingungen*

Zunächst wenden wir uns der relativ einfachen Aufgabe zu, Erklärungen mit Hilfe von Ursachen in dem von MACKIE präzisierten Sinn zu definieren. Einfachheitshalber geben wir die Konjunktion durch Nebeneinanderschreiben von Ereignisbezeichnungen wider. $A$ ist, grob gesprochen, nach MACKIE eine Ursache oder *Inus-Bedingung* von $P$, wenn es ein $X$ und ein $Y$ gibt, so daß $AX \vee Y$ notwendig sowie hinreichend für $P$ ist, wobei $X$ tatsächlich vorliegt und für $P$ nicht hinreichend ist, $Y$ hingegen (welches die übrigen möglichen Minimalbedingungen adjunktiv zusammenfaßt) nicht vorliegt. Wir können für unsere Zwecke diese Begriffe, entsprechend einem Vorschlag in Kap. **VII**, Anhang I, vereinfachen zu: „$A$ *ist mindestens eine Inus-Bedingung von $P$*", welches dasselbe ist wie: „Es gibt ein $X$, so daß $AX$ hinreichend ist für $P$, während $X$ ohne $A$ für $P$ nicht hinreicht".

Der Begriff, mit dem wir operieren müssen, ist der epistemisch relativierte Begriff: „*ist für das in einer bestimmten Wissenssituation befindliche epistemische Subjekt mindestens eine Inus-Bedingung*". Zwecks symbolischer Anpassung werde die Inus-Bedingung $A$ jetzt $C$ genannt, während das als vorliegend vorausgesetzte $X$ nun $C'$ heiße. Zum genaueren Verständnis des folgenden Aussageschemas erinnern wir daran, daß MACKIE eine als gültig vorausgesetzte Hintergrundtheorie annehmen muß. In unseren gegenwärtigen Denkrahmen übersetzt, besagt dies, daß unser epistemisches Subjekt über eine solche Theorie $T'$ verfügt. Sowohl $C'$ als auch $T'$ wird durch Existenzquantifikation eingeführt. Wir erhalten:

Es gibt $T'$ und $C'$, so daß: $B(T' \cup C')=1$ & $B_C(E)=B_{C \cup T' \cup C'}(E)=1$
& $B_{T' \cup C'}(E)=B(E)<1$.

Damit ist zugleich gezeigt, *daß Erklärungen mit Hilfe von Inus-Bedingungen im Sinn von Mackie Spezialfälle von elliptischen Erklärungen sind*. Die Spezialisierung ergibt sich daraus, daß MACKIE nur den deterministischen Fall betrachtet, so daß der $B_C$-Wert von $E$ gleich 1 wird.

Die folgenden, in (b) bis (d) angeführten Begriffe setzen wir unter Anführungszeichen; denn streng genommen handelt es sich nicht um genaue Übertragungen von kausalistischen Aspekten in den epistemischen Rahmen, sondern nur um formale Analogien zu jenen, in denen nur gewisse, aber nicht alle inhaltlichen Züge übersetzt werden.

(b) „*Erklärungen mittels versteckter Ursachen*"

Wir unterscheiden fünf Wissenssituationen, nämlich außer der ursprünglichen Situation $K$ und deren empirischer Erweiterung $K_E$ drei epistemische Bereicherungen $K_{T \cup C}$, $K_{T \cup C \cup T' \cup C'}$ sowie $K_{T' \cup C'}$. Wie immer enthalten $T$ und

$T'$ statistische Aussagen, $C$ und $C'$ dagegen singuläre Sätze. Die *Erklärung mittels versteckter Ursachen* werde präzisiert durch:

Es gibt $T'$ und $C'$, so daß: $B(T' \cup C') \neq 1$
& $B_{T \cup C}(E) \leq B(E)$ & $B_{T \cup C \cup T' \cup C'}(E) > B(E)$ & $B_{T' \cup C'}(E) \leq B(E)$.

Inhaltlich besagt dies: $T'$ und $C'$ werden in der ursprünglichen Situation nicht gewußt. Die in der Situation $K_{T \cup C}$ hinzutretenden allgemeinen und singulären Informationen liefern *keine* Erklärung von $E$, da sie den Glaubenswert von $E$ entweder unverändert lassen oder sogar herabdrücken. Die später entdeckten $T'$ und $C'$ liefern jedoch, *im Zusammenwirken mit der vorangehenden Zusatzinformation* $T \cup C$, eine Erklärung (vorletztes Konjunktionsglied). Daß es auf dieses Zusammenwirken wesentlich ankommt, wird durch das letzte Konjunktionsglied ausgedrückt: Die Entdeckung von $T' \cup C'$ *allein* hätte ebenfalls keine Erklärung geliefert.

Es dürfte klar sein, warum wir diese Begriffsbezeichnung unter metaphorisches Anführungszeichen gesetzt haben. Der vorliegende Begriff ist nämlich aus zwei Gründen unter keinen Erklärungsbegriff von Abschn. 3 formal subsumierbar: Erstens haben wir es hier nicht mit drei, sondern mit fünf verschiedenen Wissenssituationen zu tun. Zweitens ist es ein wesentlicher Bestandteil der vorliegenden Definition, daß weder relativ auf die drei Wissenssituationen $K$, $K_E$, $K_{T \cup C}$ noch relativ auf die drei Situationen $K$, $K_E$, $K_{T' \cup C'}$ eine Erklärung vorliegt. Ersteres soll die Tatsache ausdrücken, daß das epistemische Subjekt mit der Entdeckung von $T \cup C$ „ihm zunächst verdeckt bleibende Ursachen" aufgespürt hat; letzteres bringt zusammen mit dem vorletzten Konjunktionsglied zur Geltung, daß mit der Entdeckung von $T' \cup C'$ das epistemische Subjekt auch die positive Relevanz von $T \cup C$ für die Erklärung mitentdeckt.

(c) *„Scheinbare Erklärungen"*

Diesmal haben wir es mit vier Wissenssituationen $K$, $K_E$, $K_{T \cup C}$ und $K_{T \cup C \cup T' \cup C'}$ zu tun. Das Folgende könnte als Definiens für *„nachträgliche Entwertung einer prima-facie-Erklärung zu einer scheinbaren Erklärung"* angesehen werden:

Es gibt $T'$ und $C'$, so daß: $B(T' \cup C') \neq 1$
& $B(E) > B_{T \cup C}(E)$ & $B_{T \cup C \cup T' \cup C'}(E) \leq B(E)$.

Dadurch wird ausgedrückt, daß $T' \cup C'$ ursprünglich nicht gewußt wird und daß die zunächst hinzutretende Zusatzinformation $T \cup C$ eine Erklärung liefert. Durch die weitere Zusatzinformation $T' \cup C'$ wird dagegen diese prima-facie-Erklärung wieder entwertet, d. h. relativ auf die erste, zweite und vierte Wissenssituation liegt *keine* Erklärung vor.

(d) „Indirekte Erklärungen"

Abermals müssen vier Wissenssituationen unterschieden werden, nämlich $K$, $K_E$, $K_{T \cup C}$, $K_{T' \cup C'}$. Als (provisorische Definition von „*die durch* $T \cup C$ *gelieferte Erklärung erweist sich aufgrund von* $T' \cup C'$ *als eine indirekte Erklärung*") wählen wir:
Es gibt $T'$ und $C'$, so daß: $B(T' \cup C') \neq 1$
& $B_{T \cup C}(E) > B(E)$ & $B_{T' \cup C'}(E) > B(E)$
& $B_{T \cup C}(T' \cup C') > B(T' \cup C')$ & $B_{T \cup C \cup T' \cup C'}(E) \leq B_{T' \cup C'}(E)$.

In der ursprünglichen Situation sind $T'$ und $C'$ unsicher. Das hinzutretende $T \cup C$ liefert eine Erklärung von $E$; ebenso würde das Hinzutreten von $T'$ und $C'$ eine Erklärung liefern. $T \cup C$ macht aber bereits das $T' \cup C'$ allein wahrscheinlicher. (Vielleicht sollte man hier sogar die Sicherheit annehmen, d. h. $B_{T \cup C}(T' \cup C') = 1$ setzen.) Also erklärt $T \cup C$ in gewissem Sinn $E$ indirekt, nämlich *über* die Erklärung von $T' \cup C'$, welches seinerseits eine Erklärung von $E$ liefert: $T \cup C \rightarrow T' \cup C' \rightarrow E$. Das letzte Glied drückt aus, daß $T \cup C$ bei schon gegebenen $T'$ und $C'$ nichts mehr zur Erklärung von $E$ beiträgt.

Andere Rekonstruktionen wären ebenfalls denkbar. Darin müßte jedoch stets von dem Begriff der Reduzierung einer Wissenssituation um bestimmte, zunächst in ihr enthaltene Glaubensbestandteile Gebrauch gemacht werden (vgl. Kap. V, neuer Anhang II). Wegen des nicht unproblematischen Charakters dieses Begriffs wollen wir derartige Wege nicht weiter verfolgen.

## 5. Die Analyse der Hempelschen Mehrdeutigkeit durch J. A. Coffa. Eine kritische Betrachtung

1974 hat COFFA in einer tiefschürfenden Analyse die Natur der Hempelschen Schwierigkeit zu verdeutlichen versucht und im Anschluß daran eine Reihe von interessanten Fragen geknüpft. Wir befassen uns mit dieser Arbeit aus zwei Gründen. Erstens weil eine kritische Diskussion der Erörterungen von COFFA besonders geeignet ist, zusätzliche Klarheit darüber zu gewinnen, warum wir vom Hempelschen Vorgehen abweichen mußten. Und zweitens weil die Überlegungen von COFFA eine von unserer stark differierende, ja in gewissem Sinn diametral entgegengesetzte Kritik an HEMPEL nahelegten und uns die Auseinandersetzung mit COFFA eine ausgezeichnete Gelegenheit dafür gibt, zu begründen, warum der von COFFA vorgeschlagene Weg nicht zum Erfolg führt. Da vermutlich viele Philosophen, die sich mit dem Thema *probabilistische Erklärung* (oder, wie es häufig genannt wird: induktive Erklärung) befaßten, ähnliche Gedanken haben dürften wie COFFA, enthalten die folgenden Betrachtungen zugleich eine Kritik an diesen andersartigen Auffassungen.

COFFA beansprucht, vor allem zweierlei zu leisten: erstens zu zeigen, daß und in welchem Sinn HEMPELS Modell der IS-Erklärung (induktiv-statistischen Erklärung) von seinem Modell der DN-Erklärung (deduktiv-nomologischen Erklärung) *radikal abweicht*; zweitens zu begründen, warum man dem von HEMPEL eingeschlagenen Weg *nicht* folgen soll.

Im ersten Teil seiner Untersuchung bemüht sich COFFA um eine Lokalisierung des Hempelschen Problems. Er gelangt zu der Feststellung, daß dies viel schwieriger sei, als man prima facie annehmen möchte. Im Anschluß daran diskutiert er HEMPELS epistemisch relativierte Erklärungstheorie. Darin versucht er zu beweisen, daß HEMPELS Übergang zur Forderung nach epistemischer Relativierung grundlos war. Zum Schluß stellt er einige heuristische Überlegungen darüber an, wie eine zu HEMPELS Theorie alternative Theorie auszusehen hätte, die keinen Gebrauch von der Hempelschen Relativierungsforderung macht.

Beginnen wir mit COFFAS schematischer Skizze der Hempelschen Aporetik. (Sie wird zum Teil in stenographischer Kürze eine Wiederholung der in Kap. IX geschilderten Schwierigkeiten enthalten.) Vor der Hempelschen Beschäftigung mit dem Thema *Induktive Erklärung* herrschte die allgemeine Überzeugung vor, daß das induktive Erklärungsmodell eine im Grunde unproblematische Verallgemeinerung des deduktiven Modells darstellt. Daß dies nicht richtig sein kann, läßt sich leicht einsehen.

Die Grundform des DN-Modells hat die folgende einfache Gestalt:

(i) $$\frac{\bigwedge x(Fx \rightarrow Gx)}{Ga}$$

Das Explanandum „$Ga$" ist dabei eine logische Folge der Gesetzesaussage „$\bigwedge x(Fx \rightarrow Gx)$" sowie der Anfangs- und Randbedingungen, deren konjunktive Zusammenfassung durch „$Fa$" abgekürzt wird. Falls die Prämissen von (i) wahr sind, liegt eine *wahre DN-Erklärung* vor (einfachheitshalber auch DN-Erklärung genannt). Falls die Prämissen aufgrund der verfügbaren Daten gut bestätigt sind, handelt es sich um eine *gut bestätigte DN-Erklärung*; von guter Bestätigung kann nur relativ auf die verfügbaren Daten und damit relativ auf eine Wissenssituation gesprochen werden.

Wenn man von probabilistischen Erklärungen annimmt, daß sie eine Verallgemeinerung von Schema (i) darstellen, so scheint es nur zwei verallgemeinerungsfähige Merkmale dieses Modells zu geben, nämlich die gesetzesartige Verknüpfung der beiden Eigenschaften in der ersten Prämisse sowie die Verknüpfung von Prämissen und Conclusio des Argumentes. Beide Relationen werden zu Wahrscheinlichkeiten verallgemeinert, allerdings nicht zu Wahrscheinlichkeiten von derselben Sorte. Der in der ersten Prämisse behauptete deterministische Zusammenhang wird zu einer *statistischen Korrelation* abgeschwächt oder generalisiert (einfachheitshalber gewöhnlich in frequentistischer Sprechweise formuliert); und der deduktive Zusammenhang zwischen den Prämissen und der Conclusio von (i) wird zu einer *induktiven Verknüpfung* abgeschwächt oder generalisiert. So gelangt man auf ganz natürlichem Wege zu der Vermutung, daß die Grundform induktiver Erklärungen durch das folgende *naive Modell der induktiven Erklärung* adäquat wiederzugeben ist:

(ii)
$$\frac{p(G,F)=r \quad Fa}{Ga},$$

wobei noch der Bestätigungsgrad, formuliert in der Sprache der Carnapschen $c$-Funktionen, hinzutritt: $c(Ga, p(G,F) = r \land Fa)$. Aus Gründen der Einfachheit wird angenommen, daß dieser $c$-Wert ebenfalls gleich $r$ ist und daß $r$ nahe bei 1 liegt. Die erste Prämisse dieses Schlußschemas formuliert dabei wieder ein Naturgesetz.

Man kann die historische Vermutung aufstellen, daß vor HEMPEL zwar niemand eine solche präzise Formulierung versucht hatte, daß aber alle, die von induktiven, probabilistischen oder statistischen Erklärungen sprachen, etwas von dieser Art im Sinn hatten.

Nun aber kam die Beobachtung HEMPELS, welche den Glauben an die Funktionsfähigkeit des naiven Modells der induktiven Erklärung zerstörte. Selbst wenn alle Prämissen von (ii) wahr sind, kann es sich prinzipiell immer ereignen und wird sich häufig tatsächlich ereignen, daß für eine Eigenschaft $H$ sowohl die singuläre Aussage „$Ha$" als auch die statistische Gesetzesaussage „$p(\neg G, H) = s$" richtig sind, wobei auch diesmal die Zahl $s$ nahe bei 1 liegt. In diesem Fall ist außer (ii) auch das folgende Schema:

(iii)
$$\frac{p(\neg G, H) = s \quad Ha}{\neg Ga}$$

ein induktives Argument mit wahren Prämissen, worin die Conclusio mit hoher induktiver Wahrscheinlichkeit von den beiden Prämissen impliziert wird. (So wie im Fall (ii) wird auch hier angenommen, daß der entsprechende $c$-Wert mit $s$ identisch ist und nahe bei 1 liegt.)

Das Hempelsche Phänomen der Mehrdeutigkeit besteht gerade im Vorliegen zweier Argumente von der Gestalt (ii) und (iii). Dieses Mehrdeutigkeitsphänomen war nach HEMPELS Überzeugung eine in so hohem Maße unerwünschte Eigenschaft, daß er darin eine reductio ad absurdum des naiven Modells erblickte.

Um diese unerwünschte Eigenschaft genauer zu beschreiben, versuchen wir, auf der Grundlage der Andeutungen von Coffa, eine Präzisierung zu geben. Da wir es zunächst offenlassen wollen, ob ein Schema von der Art (ii) bzw. (iii) als Argument benützbar ist, sprechen wir vorläufig von induktiven prima-facie-Argumenten:

(1) Eine *induktive Inkonsistenz* ist ein Paar von induktiven prima-facie-Argumenten, die miteinander unverträgliche Konklusionen haben, wobei jede dieser Konklusionen relativ zu den Prämissen des betreffenden prima-facie-Argumentes eine hohe induktive Wahrscheinlichkeit besitzt.

(2) Wie die obigen Betrachtungen zeigen, gibt es *plausible Definitionen* von induktiven Erklärungen, die als Spezialfälle induktive Inkonsistenzen besitzen.

(3) Von allen Definitionen induktiver Erklärungen mit der Eigenschaft (2) soll gesagt werden, daß sie den *Mangel der Mehrdeutigkeit* aufweisen.

(4) *Wahre* induktive Erklärungen sind solche mit wahren Prämissen.

(5) Von Definitionen induktiver Erklärungen, die unter dem Mangel der Mehrdeutigkeit leiden und deren Einzelfälle wahre induktive Erklärungen sind, soll gesagt werden, daß sie unter *ontologischer Mehrdeutigkeit* leiden.

(6) Von Definitionen induktiver Erklärungen, die unter dem Mangel der Mehrdeutigkeit leiden, wobei die diese Mehrdeutigkeit erzeugenden Einzelfälle Prämissen besitzen, die zu einer bestimmten Wissenssituation gehören, soll gesagt werden, daß sie an *epistemischer Mehrdeutigkeit* leiden.

Die unerwünschte Eigenschaft, die dem naiven Modell der induktiven Erklärung zukommt, ist damit präzisiert: Es ist der Mangel der Mehrdeutigkeit, der in den beiden Varianten der ontologischen und der epistemischen Mehrdeutigkeit vorkommt.

Coffa trifft nun (a.a.O. S. 45) die folgende brutale Feststellung: Falls es Hempel wirklich um nichts weiter gegangen wäre als darum, eine Definition der induktiven Erklärung zu liefern, die nicht unter dem Mangel der Mehrdeutigkeit leidet, so hätte er *eine völlig triviale Lösung* wählen können: Gegeben eine beliebige Definition von induktiver Erklärung, hätte er bloß die Zusatzbedingung formulieren müssen, daß das Explanandum *wahr* sein müsse bzw. daß das Explanandum *gewußt* werde. Ersteres würde die ontologische, letzteres die epistemische Mehrdeutigkeit ausschließen. Diese Zusatzbedingung würde auch nicht in Widerspruch geraten mit irgendeiner anderen Forderung; im Gegenteil: sie stünde mit dem Hempelschen Grundgedanken in Einklang, daß man nur dasjenige erklären könne, *was der Fall ist,* bzw. nur das, von dem man *weiß, daß es der Fall ist.*

Rätselhafterweise, so COFFA, hat HEMPEL demgegenüber erstens geschlossen, daß sein Problem, nämlich die Behebung des Mangels der Mehrdeutigkeit, *keine einfache Lösung besitze*, und darüberhinaus zweitens sogar, daß für den Begriff der wahren induktiven Erklärungen *überhaupt keine Lösung existiere*. Die erste Schlußfolgerung HEMPELS erhält eine zusätzliche Illustration durch die Tatsache, daß er seinen Lösungsvorschlägen mehr oder weniger komplizierte Beweise hinzufügte, die zeigen sollten, daß sie nicht mit diesem Mangel behaftet seien. Die zweite Schlußfolgerung fand ihren Niederschlag in der radikalen These HEMPELS, daß der Begriff der wahren induktiven Erklärung sinnlos sei, da nur ein epistemisch relativierter Begriff der induktiven Erklärung definiert werden könne.

Das Mißverhältnis zwischen HEMPELS Zielsetzung und Problemlösung wird nach COFFA noch besonders unterstrichen durch die merkwürdige Tatsache, daß HEMPEL in seiner verbesserten 1968-er Fassung ausdrücklich fordert, *daß das Explanandum zur Wissenssituation gehört*. Hat HEMPEL nicht bemerkt, daß er mit dieser Annahme das ganze Problem vom Tisch fegt?

Wir wollen versuchen, diese Frage *genauer* zu beantworten. Es wird sich herausstellen, daß COFFA HEMPEL eine Problemformulierung unterstellt, die von HEMPELS wirklichem Problem verschieden ist. Daher gehen auch COFFAS folgende Überlegungen in eine ganz andere Richtung als diejenigen HEMPELS; es kommt sozusagen zu einem ungewollten Aneinandervorbeireden.

Um es knapp vorwegzunehmen: COFFA tritt an das Problem der induktiven Erklärung heran als an ein *Kausalproblem*; IS-Erklärungen sind für ihn spezielle Fälle von Ursachen liefernden Kausalerklärungen. Von da aus erscheint ihm HEMPELS Analyse rätselhaft, da durch selbsterzeugte Schwierigkeiten aufgebauscht. HEMPEL hingegen tritt an die Fragestellung unter dem Gesichtspunkt des *informativen* Erklärungsaspektes heran: Die Analyse korrekter probabilistischer Erklärungen ist für ihn im Prinzip dasselbe wie die Analyse jenes Typus von statistischem Schließen, den wir die probabilistische Einzelfallbegründung nannten.

Wenn man die Sachlage unter dem Aspekt des statistischen Schließens betrachtet, ist die Bezugnahme auf die ursprüngliche Wissenssituation *K, von der aus das künftige Eintreten des Ereignisses E probabilistisch beurteilt wird*, unvermeidlich. Daß HEMPEL an den Sachverhalt tatsächlich unter diesem Aspekt herantritt, läßt sich am besten anhand seiner Formulierung in der Arbeit von 1968 belegen. So etwa heißt es auf S. 116, allerdings zunächst unter Bezugnahme auf den DN-Fall, daß ein Argument das Explanandum-Phänomen dadurch erkläre, daß es zeige, warum dieses Phänomen aufgrund der angegebenen allgemeinen Gesetze *zu erwarten war*. Und einige Seiten später, nachdem der Begriff der IS-Erklärung in Umrissen skizziert worden ist, sagt HEMPEL in völliger Übereinstimmung mit dieser ersten Charakterisierung, daß auch eine Erklärung, die auf probabilistisch-statistischen Gesetzen beruht, zeige, warum ein bestimmtes Phänomen *in hohem Grade zu erwarten* war (a.a.O. S. 119[15]).

Ein „Kausalist" könnte einwenden, daß HEMPEL damit das Thema gewechselt habe. Denn mit dieser Art von Fragestellung sei das *Erklärungsproblem* umformuliert worden in ein Problem des *statistischen Schließens*. Unsere Position gegen diese Art von Einwand ist bereits klar beschrieben worden: Man kann diesen Einwand gelten lassen. Denn es ist im Prinzip ein sinnvoller terminologischer Beschluß, den Erklärungsbegriff auf den kausalen Fall zu beschränken. Allerdings gerät man dann in eine neuerliche terminologische Schwierigkeit, wenn man den Erklärungsfall im informativen Sinn, wie wir dies nannten, vom Begründungsfall i.e.S. – in welchem man noch gar nicht weiß, ob das zu Begründende überhaupt eintreffen wird oder nicht – abgrenzen soll.

Für uns sind es hauptsächlich wissenschaftsökonomische Zweckmäßigkeitsgründe, die uns veranlaßten, nicht dem Pfad der Kausalisten zu folgen. Würden wir dies tun, so müßten wir den informativen Aspekt *uno actu* mit dem kausalen behandeln und einer Lösung zuführen, was angesichts der außerordentlichen Schwierigkeit *beider* Teilaufgaben auf eine übermenschliche Aufgabe hinausliefe. Stattdessen entschließen wir uns zu einer Zweistufenanalyse und damit zu einer getrennten Behandlung des informativen und des kausalen Aspektes.

Isoliert man also zunächst den epistemisch-informativen Gesichtspunkt und vergißt damit vorläufig alle Fragen nach den „wahren Ursachen" oder „Realgründen", *so hat Hempel vollkommen Recht, die Frage als ein Problem des statistischen Schließens zu formulieren* (wobei wir davon absehen wollen, daß er nur den Falltyp *(3)* der hohen Wahrscheinlichkeit im Auge hat und die Falltypen *(1)* und *(2)* nicht berücksichtigt). Unter diesem Gesichtspunkt ist der Mangel der Mehrdeutigkeit ein echtes Problem, das eine nichttriviale positive Lösung verlangt. Der Unterschied zum Begründungsfall im engeren Sinn liegt nur darin, daß beim informativen Erklärungsfall fingiert werden muß, nicht die tatsächlich vorliegende Wissenssituation, die bereits das Wissen um $E$ enthält, bilde die Ausgangssituation, sondern diejenige, welche dieser Situation voranging und in der noch kein Wissen um $E$ vorlag. Nur so erhält man eine für das statistische Schließen charakteristische Ausgangssituation, wenn auch nur in Gestalt einer Als-Ob-Konstruktion.

Aber damit haben wir bereits vorgegriffen; denn, so lautet jetzt ein möglicher zweiter Einwand, wieso kann HEMPEL dann ausgerechnet in dieser Arbeit das Explanandum $E$ in die Wissenssituation, auf die er seinen

---

[15] Die genaue Formulierung, die HEMPEL hier gebraucht, lautet: „... an explanation exhibits the strong nomic expectability of a phenomenon ...". Dabei ist „explanation" im Sinn von „I – S explanation" zu verstehen; denn ab S. 116 unten ist nur mehr von Erklärungen mittels statistischer Gesetze die Rede.

Erklärungsbegriff relativiert, einbeziehen? Damit setzt er sich doch sofort dem Argument von COFFA aus, daß er dadurch, im Widerspruch zu seiner Intention, sein eigenes Problem im nachhinein negiere, indem er es einer trivialen Lösung unterwerfe! (Sobald $E$ gewußt wird, *verschwindet* die Mehrdeutigkeit.)

Darauf kann man nur mit einer sehr naheliegenden Vermutung antworten: Es ist das „Dilemma der korrekten Rekonstruktion der Wissenssituation", welches HEMPEL an dieser Stelle irregeleitet hat, oder besser, welches sein Schwanken in bezug auf die korrekte Rekonstruktion dieser Situation hervorrief. Hätte er $E$ nicht in das Gewußte einbezogen, so wäre er dem Einwand ausgesetzt gewesen, daß $E$ ja gar nicht richtig zu sein brauche, selbst wenn das durch $E$ beschriebene Ereignis mit hoher Wahrscheinlichkeit zu erwarten war. Und wie kann man von der Erklärung eines Phänomens sprechen, das gar nicht stattgefunden hat?

Es ist sehr wichtig, Umfang und Größe dieser Schwierigkeit richtig einzuschätzen. Sie bleibt, wie wir bereits wissen, auch dann bestehen, wenn man von der ursprünglichen Wissenssituation die epistemisch bereicherte unterscheidet, in der bereits das gesamte Explanans zur Verfügung steht. Auch da gilt bloß, daß der Rückgriff auf das Explanans günstigstenfalls das Eintreten des Explanandums wahrscheinlich macht, seine Verwirklichung jedoch keineswegs garantiert. Das Weiterbestehen dieses Problems trotz Unterscheidung zweier Wissenssituationen: der ursprünglichen und der epistemisch bereicherten, war ja auch der Grund für die in STEGMÜLLER, [Statistik] und [Two Successor Concepts], ausgesprochene Skepsis gegenüber dem Begriff der probabilistischen oder induktiv-statistischen Erklärung:

Es gibt keine andere Lösung als die: Man muß zwischen *drei* Wissenssituationen unterscheiden; der *ursprünglichen* Situation $K$, welche im Sinn des statistischen Schließens die erste Beurteilungsbasis für das Explanandum bildet (in technischer Sprechweise: Bestimmung des Wertes $B(E)$); der *epistemisch bereicherten* Situation $K_{T \cup C}$, welche die zweite Beurteilungsbasis liefert (technisch gesprochen: Bestimmung des Wertes $B_{T \cup C}(E)$); und schließlich der empirischen Erweiterung oder *Überraschungssituation* $K_E$, die das Wissen um die Richtigkeit von $E$ gewährleistet. Nur auf diese Weise ist es möglich, HEMPELs Problem als ein genuines Problem anzuerkennen, ferner nicht der Gefahr des Falschwerdens von $E$ ausgesetzt zu sein, und dabei zugleich den methodischen Kunstgriff zu vollziehen, die epistemische Informationsproblematik von der Kausalproblematik abzusondern.

Doch zurück zu COFFA! Der prognostische Aspekt der IS-Systematisierung im Hempelschen Sinn wird von ihm überhaupt nicht in Betracht gezogen, obwohl, wie die obigen Belegstellen zeigen, HEMPEL selbst diesen Aspekt ganz in den Vordergrund rückte. Damit fällt auch das statistische Schließen aus dem Umkreis der Erwägungen von COFFA heraus. Er ist völlig hypnotisiert vom kausalen Aspekt und wird in dieser seiner Einstellung vermutlich bestärkt durch den Beschluß HEMPELS, $E$ in die (einzige) Wissenssituation einzubeziehen und damit das Mehrdeutigkeitsproblem zu trivialisieren. Wie wir noch sehen werden, kommt COFFA im weiteren Verlauf dieser Gedankenlinie zu einem Resultat, welches unserem Vorgehen diametral entgegengesetzt ist: Während wir zu dem Ergebnis gelangten, daß die epistemische Relativierung bei HEMPEL eine im Prinzip korrekte Entscheidung darstellte und daß man nur noch weitere Differenzierungen vornehmen muß, in deren Verlauf das Hempelsche statische Bild durch eine dynamische Beschreibung mit Unterscheidung dreier Wissenssituationen zu ersetzen ist – während wir also die epistemische Relativierung und Pragmatisierung *weiterführen* –, glaubt COFFA, *daß die epistemische Relativierung als solche einen Irrweg darstelle und preiszugeben sei*, um auf diese Weise zu einem statistischen Analogon zum Begriff der wahren DN-Erklärung zu gelangen.

Zunächst jedoch zieht COFFA die folgende Zwischenbilanz (a.a.O. S. 146f.): Da diejenige Deutung, die durch HEMPELS Äußerungen nahegelegt wird und die in der Annahme besteht, HEMPELS Problem habe es mit den *Konklusionen* induktiver Erklärungen zu tun, es unmöglich macht, mit HEMPELS Lösungsvorschlag irgendeinen Sinn zu verbinden, muß eine andersartige Interpretation zugrunde gelegt werden. Nach dieser Neuinterpretation betrifft das Hempelsche Problem nicht die Schlußfolgerungen, sondern die *Prämissen* induktiver Erklärungen. Obwohl es sich dabei, wie COFFA einschränkend hinzufügt, nicht eigentlich um ein Problem handelt, welches Erklärungen betrifft, ist es doch eine in den früheren frequentistischen Theorien viel diskutierte Frage, nämlich das *Problem der Bezugsklasse*. Es ergab sich zwangsläufig, wenn im Rahmen dieser Theorien die Frage aufgeworfen wurde, was die Wahrscheinlichkeit eines Einzelereignisses sei. Die Schwierigkeit liegt darin, daß ein Einzelereignis verschiedenen Bezugsklassen zugeordnet werden kann und dadurch verschiedene Wahrscheinlichkeiten bekommt. Auf die Frage, ob man eine „natürliche" oder eine „adäquate" Bezugsklasse finden könne, geben Frequentisten gewöhnlich eine negative Antwort: Sie vertreten das Prinzip der „*Demokratie der Bezugsklassen*". Eine unmittelbare Folge davon ist, daß die Zuteilung von Wahrscheinlichkeiten zu Einzelereignissen für sinnlos erklärt wird.

Wir erwähnen zwei Stellungnahmen zu dieser Auffassung. Die erste ist die eines radikalen Subjektivisten oder Personalisten. Danach ist die eben geschilderte Sinnlosigkeitserklärung der Aussagen über die Wahrscheinlichkeit von Einzelereignissen *eine der schlimmsten Formen von gedanklicher Perversion, die im wissenschaftlichen Denken überhaupt möglich sind*. Nach personalistischer Auffassung bilden Fragen von der Art: „wie groß ist die Wahrscheinlichkeit dafür, daß es morgen regnen wird?" *den Ausgangspunkt* für eine philosophisch befriedigende Explikation des Wahrscheinlichkeitsbegriffs. Eine Theorie, welche zur Folge hat, daß dieser einzig vernünftige Ausgangspunkt aller probabilistischen Fragestellungen nachträglich für sinnlos erklärt wird, ist daher von vornherein indiskutabel. Dieser radikale Meinungsgegensatz soll hier nicht weiter verfolgt werden, da er unmittelbar in die wahrscheinlichkeitstheoretische Grundlagendiskussion hineinführt und damit von unserem gegenwärtigen Thema ablenken würde. (Für eine detailliertere Schilderung der Diskussion zwischen den subjektivistischen und objektivistischen Positionen vgl. Bd. IV dieser Reihe, 2. Halbband.)

Man braucht jedoch kein Subjektivist zu sein, um den folgenden zweiten Einwand vorzubringen: Wozu sollen nach der oben geschilderten radikalen frequentistischen Auffassung statistische Hypothesen überhaupt dienen? Sicherlich liegt eine bloße *Teil*beantwortung vor, wenn man darauf hinweist, daß statistische Informationen *als solche* die Grundlage für planendes Handeln bilden können (z. B. Vorsorgemaßnahmen aufgrund des Wissens darum, wie groß der Prozentsatz der Farbenblinden, der an Kropferkrankungen Leidenden, der Gehbehinderten ist etc.). Denn alle übrigen Anwendungen sind prognostischer oder erklärender Natur. Die von Kernphysikern, Hochenergiephysikern und Astrophysikern heute in zunehmendem Maße benützten statistischen Gesetze dienen fast ausschließlich der Voraussage neuartiger subatomarer und kosmischer Phänomene oder der erklärenden Deutung solcher Phänomene.

Diese Überlegungen ermöglichen es uns, zu der These von COFFA, wonach die Hempelsche Fragestellung in das alte frequentistische Problem der Wahl einer „geeigneten" Bezugsklasse einmünde, eine klare Stellung zu beziehen. Wir stehen vor dem folgenden radikalen Entweder-Oder:

(1) *Entweder* man akzeptiert tatsächlich bedingungslos „den Grundsatz der Bezugsklassendemokratie", wie COFFA dies nennt. Dann verschwindet das Hempelsche Problem ganz einfach dadurch, daß seine Voraussetzung negiert wird. Denn sofern man die Rede von der Wahrscheinlichkeit einzelner Ereignisse für sinnlos erklärt, deklariert man auch alle statistischen Erklärungen und Voraussagen im Hempelschen Sinn als sinnlos. Damit wird das Hempelsche Mehrdeutigkeitsproblem, welches die Existenz solcher Voraussagen und Erklärungen annimmt, gegenstandslos; es löst sich in Nichts auf.

(2) *Oder* man akzeptiert diesen Grundsatz nicht, sondern hält das Problem einer Wahl der geeigneten Bezugsklasse für sinnvoll und lösbar. Dann ist die von COFFA beobachtete Transformation des Hempelschen Problems von der Conclusio induktiver Erklärungen zu den Prämissen solcher Erklärungen nur eine scheinbare. Denn dieser Übergang enthält nichts anderes als *das Eingeständnis, daß man es mit einem Problem des statistischen Schließens zu tun hat!* Die miteinander unverträglichen Konklusionen, auf die uns HEMPEL aufmerksam macht, sind dann nichts anderes als ein Symptom dafür, daß wir nicht beliebige statistische Schlüsse mit wahren Prämissen akzeptieren dürfen, sondern daß unter diesen eine Auswahl zu treffen ist. Und das Reichenbachsche Prinzip: „Triff die Auswahl nach Maßgabe der schärfsten Information (bzw. enthalte dich des Urteils, solange du über eine solche Information nicht

verfügst)!" ist die plausibelste Lösung dieses Problems. Sie ist allerdings nur dann auch als Lösung des Problems probabilistischer *Erklärungen* anwendbar, wenn man sich auf den informativen Erklärungsbegriff beschränkt und damit einsieht, daß dessen Explikation in der früher geschilderten Weise auf ein Problem des korrekten statistischen Einzelfallschlusses zurückführbar ist.

Wir müssen noch etwas genauer auf COFFAS Kritik an der epistemischen Relativierung eingehen. COFFA scheint im wesentlichen zwei Einwendungen dagegen vorzubringen. (Die Diskussion eines möglichen dritten Einwandes soll auf die Anmerkung 2 am Ende des Abschnittes verschoben werden.) Im ersten Einwand wird behauptet, daß selbst dann, wenn man die Problemstellung in der von ihm formulierten Weise übernimmt, der Hempelsche Übergang von diesem Problem zu seiner These der epistemischen Relativität der induktiven Erklärung eine Argumentationslücke enthalte. Ja noch mehr, HEMPEL lasse es völlig im Dunkeln, wie er vom ersten zum zweiten gelange[16].

Dieser erste Einwand beruht auf einer falschen Voraussetzung. Von einem „Erschließen" des einen aus dem anderen kann im Sinn der Intention von HEMPEL überhaupt keine Rede sein. Eine genauere Hempel-Exegese mag vielleicht ergeben, daß eine derartige Wendung bei ihm irgendwo vorkommt oder daß im Leser zumindest gelegentlich der Eindruck entsteht, HEMPEL habe seine These aus den von ihm geschilderten Daten, einschließlich des Datums der Mehrdeutigkeit, durch einen logischen Schluß gewonnen. Solche Wendungen wörtlich zu nehmen, würde auf eine analoge Fehldeutung hinauslaufen wie z. B. diejenige Interpretation gewisser Äußerungen des Entdeckers der speziellen Relativitätstheorie, dergemäß EINSTEIN diese Theorie aus den ihm zur Verfügung stehenden Daten, einschließlich des Ausganges des Michelson-Versuchs, „erschlossen" habe. Im einen wie im anderen Fall handelt es sich nicht um eine logische Folgerung, sondern um eine *Hypothese,* die geeignet ist, eine Lösung vorher ungelöster Probleme zu liefern, und zu der nach Auffassung ihres Verfechters bislang keine brauchbare Alternativhypothese formuliert worden ist.

Schwerwiegender ist ein zweiter Einwand. Darin wird darauf hingewiesen, daß HEMPEL mit seiner Relativitätsthese die frühere empiristische Überzeugung, wonach das induktive Erklärungsmodell eine Verallgemeinerung des DN-Modells sei, zerstört. Es gibt ja nun im induktiven Fall kein Analogon mehr zum Begriff der wahren DN-Erklärung. Die folgende schematische Gegenüberstellung möge dies verdeutlichen:

---

[16] Vgl. etwa die Äußerung a.a.O. auf S. 151: „... HEMPEL has said next to nothing explicitly on the connection between ambiguity and epistemic relativity, and the little he has said does not carry much weight."

|      | DN-Erklärung | IS-Erklärung |
|------|--------------|--------------|
| wahr | gut bestätigt (epistemisch relativiert im Bestätigungssinn) | ——— epistemisch relativiert (aber *nicht* epistemisch relativiert im Bestätigungssinn) |

Die Asymmetrie zwischen den beiden Klassen kommt hier anschaulich zur Geltung. Nicht nur entspricht den wahren DN-Erklärungen im induktiv-statistischen Fall überhaupt nichts. Auch die beiden rechten Spalten sind miteinander unvergleichbar. Denn im DN-Fall handelt es sich um nichts anderes als um eine Abschwächung der metatheoretischen Annahmen über die Prämisse der Erklärung: Anstatt ihre Wahrheit vorauszusetzen, wird nur mehr angenommen, daß sie aufgrund der verfügbaren Daten gut bestätigt sind. Im IS-Fall dagegen betrifft die epistemische Relativierung bereits den Grundbegriff als solchen und hat mit dem Betsätigungsproblem überhaupt nichts zu tun. (Dies wird auch sofort daran erkenntlich, daß die für IS-Erklärungen benützten statistischen Hypothesen von vornherein als so gut bestätigt vorausgesetzt werden, daß sie zu einem Bestandteil der Wissenssituation geworden sind, auf die der Begriff der IS-Erklärung relativiert wird.)

Diese Beobachtung von COFFA ist durchaus zutreffend. Sie beinhaltet genau das, was wir oben *die Inkommensurabilität der beiden Hempelschen Erklärungsbegriffe* nannten. Jetzt können wir auch die frühere Ankündigung präzisieren, nach welcher wir den diametral entgegengesetzten Weg einschlagen werden wie COFFA. Während er diese unbefriedigende Situation nur dadurch für überwindbar hält, daß man auch für die Kategorie der IS-Erklärungen einen nicht epistemisch relativierten wahren Fall als den grundlegenden Fall einführt, m.a.W. daß man also die Rede von zutreffenden IS-Erklärungen präzisiert, schlagen wir vor, die Inkommensurabilität der beiden Hempelschen Erklärungsbegriffe dadurch zu beseitigen, daß auch der Begriff der DN-Erklärung als solcher epistemisch relativiert und also auch im ersten Fall die linke Spalte durch eine Leerstelle ersetzt wird.

COFFA würde dagegen vermutlich einwenden, daß die Existenz wahrer DN-Erklärungen doch ein Faktum sei und daß wir uns nicht einfach über dieses Faktum hinwegsetzen könnten. Unserer Auffassung nach ist dieses sogenannte Faktum nicht mehr als eine *illusionäre Hoffnung*. Tatsache ist, daß HEMPEL und OPPENHEIM einige allgemein akzeptierte Rahmenbedingungen für DN-Erklärungen formulierten und daß sie eine prima facie plausible Explikation dieses Begriffs für eine formale Modellsprache lieferten. Ebenso aber ist es eine Tatsache, daß dieser prima-facie-Eindruck täuschte, daß Einwendungen und Gegenbeispiele vorgebracht wurden, daß verbesserte Explikationsvorschläge abermals Gegenbeispielen und Einwendungen ausgesetzt waren und daß sich dieses Spiel immer und immer zu wiederholen scheint. Die Explikationsgläubigen unter denen, die sich an diesem Spiel beteiligten, waren der Überzeugung, daß es sich hierbei im Grunde nur um technische Detailfragen handele, „die irgendeinmal in der Zukunft schon eine befriedigende Antwort finden würden". Wir, die wir diesen Glauben verloren haben und nicht mehr auf eine solche Art von Zukunftshoffnung bauen können, akzeptieren daher auch nicht mehr die Voraussetzung, die COFFA seiner Analyse explizit zugrundelegt, nämlich die Annahme, daß es einen – mehr oder weniger einfach zu explizierenden – Begriff der wahren DN-Erklärung gibt.

(Diese skeptischen Bemerkungen schließen nicht die Behauptung ein, daß logische Kriterien uninteressant sind. Sie erfüllen auch im epistemisch-pragmatischen Rahmen eine Funktion. Nur ist diese zu der viel bescheideneren Rolle von Zusatzbedingungen abgesunken: Sie sollen, wie in Abschn. 1 (im Anschluß an eine Arbeit von GÄRDENFORS) gezeigt worden ist, dazu dienen, möglichst viele Fälle von Irrelevanz auszuschließen. Ihrer „Substanz nach" werden die informativen Erklärungsbegriffe dagegen unabhängig von solchen logischen Kriterien expliziert.)

Für eine gerechte Beurteilung aller kritischen Betrachtungen von COFFA darf man nicht übersehen, daß COFFA kein Analogon zu der von uns akzeptierten Abkoppelungsthese kennt, also dazu, daß wir aus Zweckmäßigkeitsgründen den informativen Aspekt vom kausalen Aspekt getrennt und uns im Rahmen der Erklärungsdiskussion allein auf den ersten Aspekt beschränkt haben. Versuchen wir nochmals, diese Zweckmäßigkeitsgründe kurz zusammenzufassen. Da es sich beide Male um die Bewältigung von Schwierigkeiten handelt, dürfte ein relativ summarischer Hinweis auf diese Schwierigkeiten genügen.

Für die Explikation der verschiedenen Arten von informativen Begründungs- und Erklärungsbegriffen mußte zunächst ein Bild von Wissenssituationen entworfen werden, welches auf einer *intensionalen* (Mögliche-Welten-)*Semantik* beruht. Ferner erwies es sich als notwendig, nicht nur mit *einer* Art von relativer Häufigkeit, sondern mit *zahlreichen*, im Normalfall sogar mit *unendlich vielen*, statistischen Wahrscheinlichkeiten zu arbeiten, je eine für jede mögliche Welt. Weiterhin mußte, um HEMPELS Idee der maximalen Bestimmtheit adäquat formulieren zu können, zu komplizierteren Wahrscheinlichkeitsverteilungen gegriffen werden, nämlich zu *Wahrscheinlichkeitsmischungen,* die den gewünschten Zusammenhang zwischen Überzeugungswerten und erwarteten Wahrscheinlichkeiten herzustellen gestatteten. Schließlich war die Dynamik von Wissenssituationen mit einzubeziehen und die gleichzeitige *Relativierung* der Begründungs- und Erklärungsbegriffe *auf verschiedene Wissenssituationen* zu präzisieren. Alles in allem war dies ein recht schwieriges Unterfangen – und dies bereits unter der vereinfachenden Annahme einer höchst primitiven Sprache mit nur einstelligen Prädikaten. Eine Verallgemeinerung der Ergebnisse auf Sprachen von hinreichendem Komplexitätsgrad, in denen sich heutige naturwissenschaftliche Theorien wiedergeben lassen, hätte die technischen Möglichkeiten dieses Bandes gesprengt.

Alle diese Probleme sind bei Beschränkung auf den informativen Aspekt zu bewältigen, bei dem von allen Kausalfragen abgesehen wird. Und dies bedeutet vor allem: Man macht sich bei all diesen Untersuchungen keine Gedanken darüber, ob die in Begründungen bzw. Erklärungen vorgebrachten Gründe reine „Vernunftgründe" oder darüber hinaus „Realgründe" oder „Ursachen" sind. Ein Eingehen auf *diese* Probleme verlangt im Sinn der Zweistufenanalyse, die Verfahren aufzugreifen, die in den neuen Anhängen von Kap. **VII** geschildert wurden. Wie die dort dargestellten Bemühungen um eine kausale Analyse stochastischer Prozesse durch SUPPES zeigten, ist eine derartige Arbeit ihrerseits äußerst anspruchsvoll, technisch höchst aufwendig und vielschichtig. Dabei erwiesen sich, wie wir uns erinnern, die ohnehin schon recht komplizierten Ansätze von SUPPES als zu begrenzt und verbesserungs- wie ergänzungsbedürftig.

Sicherlich muß am Ende beides wieder in Verbindung gebracht werden: Rekonstruktion von Begründungen einerseits und Kausalanalyse andererseits. Möglicherweise wird dann auch der Begriff der wahren Erklärung in neuer Form wiedererstehen: *als Erklärung im informativen Sinn, die überdies die wahren Ursachen liefert*. Darum haben wir oben, am Ende der kritischen Auseinandersetzung mit COFFA, auch die Einschränkung gemacht, daß es keinen *mehr oder weniger einfach zu explizierenden* Begriff der wahren (kausalen) Erklärung gibt. Als gemeinsames kombiniertes Ziel der auf zwei Stufen vollzogenen Analysen kann man einen solchen Begriff anvisieren; er wäre das Ergebnis einer Überlagerung zweier hyperkomplexer Begriffsfamilien. Die Verwirklichung unseres Zieles, Kausalanalyse und informative Erklärung, und damit den „objektiv-ontologischen" wie den „subjektiv-epistemischen" Aspekt, zusammenzubringen, dürfte auch COFFA zufriedenstellen. Eine *kausale Erklärung* ist nach ihm erst dann erfolgreich, wenn „ihre Prämissen bestimmte Eigentümlichkeiten der Welt identifizieren, die für das Vorkommen des Explanandum-Ereignisses verantwortlich sind."[17] Der Unterschied unserer Auffassungen schrumpft zusammen auf unterschiedliche Vorstellungen über die zweckmäßigste Methode der Explikation des Begriffs der kausalen Erklärung: Zweistufenanalyse statt einstufiger Analyse.

Wir haben oben dogmatisch behauptet, daß COFFA im letzten Teil seines Aufsatzes, wozu vor allem die beiden Abschnitte 4 und 5 auf S. 155—163 gehören, immer stärker den kausalen Gesichtspunkt in den Vordergrund

---

[17] "... its premises identify certain features of the world that are nomically responsible for the occurrence of the explanandum event."

rückt. Den Beweis dafür, gestützt auf detaillierte Textanalyse, sind wir schuldig geblieben. Der daran interessierte Leser kann ihn ohne Mühe selbst liefern. Wir beschränken uns darauf, zwei paradigmatische Beispiele aus dem „speculations" betitelten letzten Abschnitt anzuführen. Auf S. 161 schildert COFFA ein fiktives Beispiel von SCRIVEN: Eine Atombombe fällt auf eine Brücke und die Brücke wird zerstört. Die Ursache der Zerstörung ist jedoch nicht die Explosion der Atombombe, sondern die Tatsache, daß eine Sekunde vor der Bombenexplosion 1800 kg Dynamit, die unter dem Hauptbogen der Brücke angebracht waren, detonierten. Und auf S. 162 wird die Forderung erhoben, daß ein adäquates Erklärungsmodell statt auf Symptome auf erklärende Merkmale Bezug nehmen müsse.

Dies ist zweifellos richtig. Nach unserem methodischen Beschluß gehört beides zum Themenkreis *Kausalanalyse*. Im ersten Fall handelt es sich darum, daß ein Ereignis in seiner kausalen Relevanz für das Explanandum durch ein anderes vorangehendes Ereignis *kausal abgeschirmt* wird. (Das Beispiel hat übrigens dieselbe formale Struktur wie ein von HEMPEL stammendes Beispiel, das auf S. 332 von Band IV, 2. Halbband, geschildert ist: Ein Selbstmörder stürzt sich vom Dach eines Hochhauses in die Tiefe. Obwohl sein Tod bei Kenntnis dieser Umstände deterministisch vorausgesagt werden kann, ist es nicht der Aufprall auf dem betonierten Boden vor dem Haus, der den Tod tatsächlich verursacht. Vielmehr wird dieser Aufprall in seiner kausalen Relevanz durch eine andere Tatsache abgeschirmt: Jemand schießt durch ein offenes Fenster aus dem Haus; der Schuß trifft den Herabstürzenden ins Herz, was dessen augenblicklichen und damit vor dem Aufprall am Boden bereits eingetretenen Tod zur Folge hat.) Im zweiten Fall geht es darum, die *kausal relevanten Faktoren* von bloßen Symptomen und Indikatoren abzugrenzen. In beiden Fällen handelt es sich um Fragestellungen, die mit dem in den neuen Teilen von Kap. **VII** zur Verfügung gestellten Begriffsapparat in Angriff zu nehmen sind.

*Anmerkung 1.* COFFA führt a.a.O. auf S. 146 das Gegenbeispiel von R. GRANDY an, welches in diesem Band auf S. 853 geschildert ist, und erwähnt die danach von HEMPEL vorgeschlagene kompliziertere Bestimmung, die wir oben auf S. 854f. diskutierten.

Hierbei handelt es sich jedoch um eine überflüssige Komplikation. *Denn das Gegenbeispiel von Grandy ist falsch.* Leider ist mir dies erst bei Niederschrift des zweiten Halbbandes von Bd. IV aufgefallen. Daher findet sich dort auf S. 320f. nochmals eine Wiedergabe des Beispiels sowie die Begründung dafür, daß es inkorrekt ist. Wir fassen das Wesentliche kurz zusammen: GRANDY liefert zwei IS-Argumente, deren Prämissen nach Annahme alle richtig sind, die außerdem beide der ursprünglichen Fassung von HEMPELS Regel genügen und die dennoch einander widersprechende Konklusionen $Gb$ und $\neg Gb$ haben.

GRANDY sowie HEMPEL haben dabei übersehen, daß die Konklusion $Gb$ des ersten IS-Argumentes *eine logische Folgerung der singulären Prämissen der beiden Argumente allein* ist. Wegen der Voraussetzung der logischen Abgeschlossenheit der Klasse $A_t$ gehört $Gb$ daher bereits zu dem zur Zeit t verfügbaren Wissen und das erste IS-Argument zugunsten dieses Satzes ist überflüssig. Infolge der Konsistenzannahme kann $\neg Gb$

nicht in das Wissen einbezogen werden, weshalb man das zweite IS-Argument als unzulässig vernachlässigen darf.

Der Einwand von GRANDY braucht daher bei der Diskussion der Regel der maximalen Bestimmtheit nicht berücksichtigt zu werden.

*Anmerkung 2.* Auf S. 154 führt COFFA einen möglichen Grund dafür an, daß HEMPEL den Begriff der wahren induktiven Erklärung preisgibt. Es könnte nämlich prinzipiell der Fall sein, daß auf ontologischer Ebene ein Analogon zum Prinzip der maximalen Bestimmtheit deshalb nicht gelten kann, weil *jede* Bezugsklasse durch eine andere ausgeschlossen wird. Dies wäre der Fall, wenn folgendes gilt: Zu jeder Attribut- oder Explanandumklasse $G$ sowie zu jeder Bezugsklasse $F$ gibt es eine von $F$ sowie von $F \cap G$ verschiedene Teilklasse von $F$, zu der das Individuum der Erklärung gehört und relativ zu der die statistische Wahrscheinlichkeit („die relative Häufigkeit auf lange Sicht") der Explanandum-Eigenschaft $G$ *verschieden ist* von der, die sie relativ zu $F$ hat. Wir gelangen also zu einer unendlichen Folge von immer neuen Wahrscheinlichkeiten.

Bei epistemischer Relativierung kann dieser Fall nicht eintreten. Denn da *gibt es* eben eine *schärfste* Bezugsklasse $F$, von welcher der Erklärende weiß, daß das Individuum zu ihr gehört. Bei HEMPEL muß er dann relativ zu dieser Klasse die statistische Wahrscheinlichkeit der Explanandum-Eigenschaft ermitteln; vermag er dies nicht, so scheitert sein Erklärungsversuch am Dilemma der fehlenden statistischen Information, wie wir dies nannten. (Bei unserer, GÄRDENFORS folgender Rekonstruktion stößt der Erklärende übrigens nicht auf dieses Dilemma, da er nicht vor der Aufgabe steht, *eine ihm unbekannte statistische Wahrscheinlichkeit zu ermitteln,* sondern nur die Frage beantworten muß, *wie groß die von ihm zu erwartende Wahrscheinlichkeit der Explanandum-Eigenschaft relativ zu F ist.*)

Man kann die Hempelsche Forderung so liberalisieren, daß der von COFFA geschilderte Fall viel seltener wird. In dieser Liberalisierung werden kleine Oszillationen um die einmal gewonnene Wahrscheinlichkeit sowie eine Vergrößerung der Wahrscheinlichkeit unberücksichtigt gelassen. Die intuitive Motivation dafür lautet: Den Erklärenden braucht es nicht zu beunruhigen, wenn zusätzliche Informationen die für seinen „statistischen Schluß" benützte Wahrscheinlichkeit entweder nur geringfügig ändern oder diese Wahrscheinlichkeit sogar vergrößern. (In diese Richtung ging die Verallgemeinerung der Hempelschen Forderung in der Fassung, die ihr in Bd. IV/2 auf S. 324 gegeben worden ist.)

Überlegungen von dieser Art könnten aus folgendem Grund wichtig werden: COFFA setzt in seiner dritten Annahme für die Rekonstruktion des Hempelschen Argumentes zugunsten der epistemischen Relativierung a.a.O. auf S. 152 voraus, daß HEMPEL den Begriff der wahren IS-Erklärung verwirft, da er das Problem der *ontologischen* Mehrdeutigkeit, im Gegensatz zum Problem der epistemischen Mehrdeutigkeit, für unlösbar hält. Nach unserer weiter oben gegebenen Interpretation der Auffassung HEMPELS ist diese HEMPEL unterstellte Annahme zu stark. Gesteht man zu, daß HEMPEL gar nicht zugibt, die These von der epistemischen Relativität aus dem Mehrdeutigkeitsproblem logisch deduziert zu haben, sondern daß er diese These nur als einen hypothetischen Lösungsvorschlag formuliert, so schließt das Hempelsche Vorgehen nicht aus, daß es eine *andere* Methode als die der epistemischen Relativierung geben könnte, welche ebenfalls zum Ziele führt und über die Lösung des Problems der ontologischen Mehrdeutigkeit sogar den Begriff der wahren IS-Erklärung wieder einzuführen gestattet. Die Bemerkung über eine Liberalisierung der Hempelschen Forderung sollte nicht mehr leisten als einen möglichen Weg andeuten, auf dem sich diese weitergehende Hoffnung vielleicht realisieren läßt. Allerdings wäre damit der Boden der informativen Erklärungsbegriffe verlassen.

*Anmerkung 3.* Der letzte Satz der vorangehenden Anmerkung sollte klarstellen, daß diese nicht eine implizite Aufforderung zur Preisgabe der epistemischen Relativierung enthält. Denn wir bewegen uns hier ganz im Umkreis der informativen Erklärungsbegriffe. COFFA hingegen hält diese Beschränkung für fehlerhaft. Auf S. 156 betont er, daß nicht *Wissen,* sondern *Unkenntnis* das Prinzip der maximalen Bestimmtheit zu etwas macht, das wie eine brauchbare Forderung aussieht. Und er fügt hinzu, daß Erkenntnisfortschritt induktive Erklärungen zunehmend in Frage stellen kann und daß im Grenzfall, nämlich für Gott, überhaupt keine induktiven Erklärungen mehr bestehen. Letzteres empfindet er offenbar als paradox.

Von unserem Standpunkt aus müssen wir diese beiden Dinge scharf unterscheiden. *Zum ersten*: Im Rahmen der Hempelschen Rekonstruktion des Begriffs der Wissenssituation besteht tatsächlich die Gefahr, daß die Verschärfung des singulären Wissens frühere Erklärungen zunichte macht, ohne daß eine neue gegeben werden könnte, da das erforderliche Wissen um statistische Gesetzmäßigkeiten fehlt (vgl. dazu wieder das Dilemma der fehlenden statistischen Information.). Diese Gefahr verschwindet, wenn man den ehrgeizigen Anspruch fallen läßt, nur mit *gewußten* statistischen Wahrscheinlichkeiten zu operieren, und sich stattdessen, wie GÄRDENFORS, mit *erwarteten* Wahrscheinlichkeiten begnügt, die durch das Verfahren der Wahrscheinlichkeitsmischungen gewonnen werden. In der Terminologie von CARNAP formuliert: Wo das Wissen um die objektiven Wahrscheinlichkeiten fehlt, da kann und muß man sich eben mit *Schätzungen* dieser Wahrscheinlichkeiten begnügen! Damit ist *dieses* Problem gelöst.

*Zum zweiten*: Während es sich bei der ersten Frage um den Wandel im Bereich statistischer Begründungen und Erklärungen beim Erkenntnisfortschritt *endlicher Geister*, zu denen wir Menschen gehören, handelt, wird in der zweiten Frage der metaphysische Sprung zum allwissenden Geist unternommen. Hier ist die Auffassung von COFFA zutreffend; aber die Paradoxie ist, wie bereits in Abschn. 4 betont, nur eine scheinbare. Im gegenwärtigen Kontext erkennt man dies am besten, wenn man bedenkt, daß der *argumentative* Aspekt informativer Erklärungen ganz in den Themenkreis des statistischen Schließens hineinfällt. Der Laplacesche Dämon weiß in der Tat zu viel: *Er befindet sich nicht etwa in der unglücklichen Situation, in Ermangelung geeigneter Kenntnisse auf statistisches Schließen verzichten zu müssen. Er ist vielmehr in der glücklichen Lage, infolge überreicher Information keine statistischen Schlüsse zu benötigen.*

# 6. Die Familie der Erklärungsbegriffe. Zusammenfassung, Rückblick und Vorblick

Der Ausdruck „Erklärung" bezeichnet eine Begriffsfamilie im Wittgensteinschen Sinn. Dies bedeutet vor allem zweierlei: Erstens, daß es nicht sinnvoll ist zu fragen, welche Merkmale allen Erklärungsbegriffen gemeinsam sind; denn es handelt sich um so etwas wie eine Großfamilie mit einander überschneidenden und sich überlagernden Ähnlichkeiten. Zweitens, daß diese Familie offen ist, da sie durch paradigmatische Beispiele charakterisiert wird. (Für eine genauere Analyse dieses Aspektes des Paradigmenbegriffs vgl. Bd. II, 2. Halbband dieser Reihe.) Falls es sich als wünschenswert erweisen sollte, kann die Familie in der einen oder anderen Dimension vergrößert oder vervollständigt werden.

## (1) Pragmatisch-informative Erklärungsbegriffe

Im Vordergrund unseres Interesses steht diejenige *pragmatische Teilfamilie,* die aus den beiden Familien Hempelscher Erklärungen (DN-Fall und IS-Fall) hervorgegangen sind. Grundlegend für unser methodisches Vorgehen ist ein *praktischer Beschluß,* nämlich die Annahme der Abkoppelungsthese. Die in den beiden Anhängen von **VII** diskutierten neuen Untersuchungen zur Kausalität, die ihren Ausgangspunkt bei MACKIE und SUPPES fanden, erwiesen sich als höchst interessante, aber auch als sehr komplizierte Forschungsprogramme, die es als ratsam erscheinen lassen, alle Probleme der Kausalanalyse aus der Aufgabe, Erklärungsbegriffe zu explizieren, herauszunehmen und getrennt zu bearbeiten. Die Frage: „Wie wird im Rahmen der folgenden Explikation des Erklärungsbegriffs ... zwischen bloßen Gründen und echten Ursachen unterschieden?" kann dann nicht mehr auftreten. Und zwar nicht, weil sie uninteressant wäre; auch nicht, weil sie als gegenstandslos oder gar als sinnlos zu betrachten ist; sondern weil wir sie aus Zweckmäßigkeitsgründen einem eigenen wissenschaftstheoretischen Forschungsgebiet zuweisen, dem wir den Namen „*Kausalanalyse*" geben. Die für uns wichtigsten und im Vordergrund stehenden Erklärungsbegriffe werden als *informative Erklärungsbegriffe* bezeichnet.

Zu den Zweckmäßigkeitsgründen, die für die Abkoppelungsthese sprechen, gehört auch die Tatsache, daß selbst die von allen Kausalfragen befreiten, rein informativen Erklärungsbegriffe, die nach der pragmatischen Wende aus dem H-O-Schema hervorgehen, nämlich die Erklärungsbegriffe von BENGT HANSSON und P. GÄRDENFORS, wesentlich komplexer und daher viel mühevoller zu charakterisieren sind als alle in **X** erörterten Explikate. Wir erinnern kurz an die vier wichtigsten Gründe dafür, daß selbst bei Zugrundelegung möglichst einfacher Modellsprachen die Explikation informativer Erklärungsbegriffe schwieriger ist als zunächst zu erwarten war:

*Erstens* wird ein gegenüber seinen Vorgängern differenzierterer statischer Begriff der *Wissenssituation* benötigt, der aus epistemischen und nichtepistemischen Komponenten besteht. Zu den epistemischen Komponenten gehört die Menge der in dieser Situation für möglich gehaltenen Weltzustände sowie eine über Klassen von Weltzuständen laufende Glaubensfunktion (subjektive Wahrscheinlichkeit). Für jeden Weltzustand ist eine diesen interpretierende Tarski-Semantik einzuführen; und jedem Weltzustand ist auch genau eine objektive Wahrscheinlichkeitsfunktion zuzuordnen.

*Zweitens* genügt es nicht, sich auf statische Wissenssituationen zu beschränken, da verschiedene Formen der Wissensverschärfung in Betracht gezogen werden müssen. Das Modell der statischen Wissenssituation ist daher durch ein *dynamisches Modell der Wissensverschärfung* zu ergänzen. Zwei derartige Modelle erweisen sich als relevant: das mehr „passive" Modell der *Erweiterung* ursprünglichen Wissens $K$ um das empirische Wissen $E$ zu einem Wissen $K_E$; und das mehr „aktive" Modell der *Bereicherung* des ursprünglichen Wissens $K$ um theoretische Gesetzeserkenntnisse $T$ und singuläres Wissen $C$ zu einer Wissenssituation $K_{T \cup C}$.

*Drittens* muß das Hempelsche Mehrdeutigkeitsproblem mittels eines neuen Wahrscheinlichkeitsbegriffs gelöst werden, der sich aus den beiden Arten von Wahrscheinlichkeiten, den in den Weltzuständen oder „möglichen Welten" geltenden – häufig unendlich vielen – objektiven Wahrscheinlichkeiten und der einen Glaubenswahrscheinlichkeit, zusammensetzt. Diese Zusammensetzung erfolgt durch Bildung des *subjektiven Erwartungswertes der objektiven Wahrscheinlichkeit*. Das Ergebnis ist eine Wahrscheinlichkeit zweiter Ordnung, nämlich eine sog. *Wahrscheinlichkeitsmischung,* mit der eine Wahrscheinlichkeit erster Ordnung definierbar ist. Für die letztere gilt HEMPELS Regel der maximalen Bestimmtheit, jetzt aber formuliert *als eine Eigenschaft von Wissenssituationen*. Eine Wissenssituation $K$ von maximaler Bestimmtheit in bezug auf einen singulären Satz $Ga$ liegt genau dann vor, wenn in $K$ der subjektive Glaubens- oder Überzeugungswert von $Ga$ identisch ist mit der (subjektiv) erwarteten Wahrscheinlichkeit von $G$ relativ auf die schärfste, in $K$ verfügbare Information $F$ über das Individuum $a$.

*Viertens* sind die Begründungsbegriffe von den Erklärungsbegriffen zu unterscheiden, wobei in beiden Fällen *simultane Relativierungen auf mehrere Wissenssituationen* erfolgen müssen. Und zwar müssen Begründungen stets auf *zwei* Wissenssituationen relativiert werden: auf die ursprüngliche Wissenssituation $K$ sowie auf ihre epistemische Bereicherung $K_{T \cup C}$. Für Erklärungen ist sogar eine Relativierung auf *drei* Wissenssituationen erforderlich: auf die ursprüngliche Wissenssituation $K$, ferner auf deren epistemische Bereicherung $K_{T \cup C}$ und schließlich auch noch auf die „Überraschungssituation" $K_E$ (in der die Feststellung $E$ bezüglich $K$ einen gewissen Überraschungswert hat).

Beide Begriffe: Begründung und Erklärung, können auf drei Weisen eingeführt werden. Man kann unterscheiden zwischen dem (von HEMPEL bevorzugten) *epistemischen Idealsinn,* dem *starken probabilistischen Minimalsinn* (Erfüllung der Leibniz-Bedingung) und dem *epistemischen Minimalsinn.* Letzterer steht für uns im Vordergrund; er erst ermöglicht eine befriedigende Analyse des Scrivenschen Beispiels der progressiven Paralyse (anschaulich gesprochen „des Falles NIETZSCHE"). Und da dieser dritte Sinn im Vordergrund steht, ergibt sich auch keine Konfliktgefahr, wenn Erklärungsanalyse und Kausalanalyse wieder zusammengebracht werden sollen; denn in *beiden* Fällen wird nicht das *HP*-Kriterium (Kriterium der hohen Wahrscheinlichkeit), sondern nach *PR*-Kriterium (Kriterium der positiven Relevanz) zur Anwendung gebracht.

Vom Standpunkt des *Kausalisten* sind die Ergebnisse von pragmatischen Begründungs- und Erklärungsanalysen prinzipiell unbefriedigend. Deshalb verweisen wir ihn auf die in den rein informativen Aspekt der Erklärung nicht einbezogenen Resultate von Kausalanalysen (**VII**, *Neue Anhänge*).

Obzwar in der pragmatischen Teilfamilie das probabilistische Räsonieren ganz im Vordergrund steht und die Berufung auf strikte Gesetze nur einen idealen Grenzfall darstellt, werden jedoch im Normalfall zwei Aspekte des H-O-Schemas akzeptiert: die Benützung von Gesetzen (*nomologischer Gesichtspunkt*) sowie die Verwendung von Argumenten (*argumentativer Gesichtspunkt*).

### (2) Funktionales Erklären (nichtargumentativ-nomologisch)

W. SALMON hat versucht, für den statistischen Fall einen anderen Erklärungsbegriff einzuführen. Er behält dafür zwar den nomologischen Aspekt bei; denn statistische Erklärungen müssen sich auf *statistische Gesetzmäßigkeiten* stützen. Doch gibt er die argumentative Auffassung preis: Erklärungen dieser Art sind für ihn keine Argumente. SALMONS Betrachtungen sind ausführlich in Bd. IV, 2. Halbband, Teil IV, Abschn. 4, S. 330ff. diskutiert worden. (Die wesentlichen technischen Einzelheiten finden sich auf S. 345/346.) Es genügt daher, hier SALMONS Grundgedanken zu skizzieren und an einem Beispiel zu illustrieren.

Den pragmatischen Ausgangspunkt bildet für ihn eine Frage von der Art: „Warum ist dieses Ding, welches ein $F$ ist, auch ein $G$?" Gegeben sei ferner die statistische Ausgangsinformation, in welcher die Wahrscheinlichkeit $p(G,F)$ angegeben wird. Die Beantwortung der Frage erfolgt über eine „relevante Zerlegung" der Klasse $F$ in Teilklassen, ferner die Angabe statistischer Wahrscheinlichkeiten von $G$ relativ zu allen diesen Klassen (Verschärfung des statistisch-nomologischen Wissens) sowie die Angabe derjenigen Teilklasse, in die das betrachtete Individuum tatsächlich gehört (Verschärfung des individuellen Tatsachenwissens).

Hier kann sich nun etwas ereignen, was SALMON nicht hinreichend vorausbedacht zu haben scheint: Das Resultat der nach Formulierung der Frage angestellten Tatsachenuntersuchungen und statistischen Analysen kann statt einer positiven eine *negative statistische Relevanz* ergeben. Ein – merkwürdigerweise von SALMON selbst gegebenes – Beispiel ist folgendes: Ein Objekt $a$ gehöre zu einer Klasse $F$, von der zunächst nur bekannt ist, daß sie aus einer Mischung $F = U \cup P$ aus $^{238}$Uran- und $^{212}P_0$-Atomen besteht. Es sei beobachtet worden, daß $a$ nach 8 Stunden zerfallen ist. Die Ausgangswahrscheinlichkeit für diesen Zerfall sei $1/10$. Es soll die Frage beantwortet werden, *warum* dies so sei. Eine genauere Untersuchung lehre folgendes: (1) Die Halbwertzeit von $^{238}$Uran beträgt 4,5 Milliarden Jahre. (2) Die Halbwertzeit von $^{212}P_0$ beträgt den 16-millionsten Teil einer Sekunde. (3) Die Proportion der beiden Substanzen in der vorliegenden Mischung ist so und so groß. (4) Das fragliche Atom $a$ war ein Uran-Atom. Das Explanandum $E$ besteht in der Aussage: „$a$

ist innerhalb von 8 Stunden zerfallen". Die Antwort auf unsere Warum-Frage müßte daher lauten: „Weil *a* noch die zusätzliche Eigenschaft hat, ein $^{238}$Uran-Atom zu sein und diese Eigenschaft die ursprünglich angesetzte Wahrscheinlichkeit außerordentlich verringert (nämlich von 1/10 auf weniger als 1/(2 Milliarden)"(!). *Nun scheint es aber doch widersinnig zu sein, von einer Erklärung zu sprechen, wenn das Explanans die Wahrscheinlichkeit für das Explanandum verringert.*

Ist es trotzdem sinnvoll, die Rede von einer Erklärung aufrechtzuerhalten? Unsere Antwort lautet: „Ja. Aber um dies sinnvoll zu machen, muß man auf ein anderes Glied der Erklärungsfamilie zurückgreifen, nämlich auf diejenigen Fälle, in denen es darum geht, das (zunächst nicht oder nicht ganz verständliche) Funktionieren eines Mechanismus zu erklären". Wegen dieser Analogie zur Erklärung des Funktionierens von etwas kann man den Salmonschen Erklärungsbegriff auch als *funktionalistisch* bezeichnen. Das wesentlich Neue an diesem Erklärungsbegriff ist dies, daß nicht mehr von einem Ereignis als Explanandum gesprochen werden kann, das zu erklären ist. Daher ist es auch ganz irreführend, eine Erklärung in diesem neuen Sinn als die Beantwortung einer Warum-Frage zu deuten. Was wirklich (vom Fragenden) gewünscht und (vom Erklärenden) geleistet wird, ist folgendes: Der „Mechanismus" wird detaillierter beschrieben und zwar sowohl in bezug auf die Gesetzmäßigkeiten wie auch bezüglich der Zugehörigkeit des betrachteten Objektes zu einer Klasse. Das Ergebnis dieser detaillierteren Beschreibung ist eine genauere Kenntnis dessen, wie der statistische Mechanismus in der konkreten Situation funktioniert, sowie ein besseres Wissen um die Einzelheiten.

Von einer Erklärung dieser Art kann man sagen, *daß sie das statistische Situationsverständnis über eine statistische Tiefenanalyse erweitert.* Und sie tut dies auch dann, wenn, wie im Beispiel, keine Erklärung im informativen Sinn vorliegt. Selbst im epistemischen Minimalsinn von Abschn. 3 kann nur dann von einer Erklärung eines Ereignisses gesprochen werden, wenn sich der Überraschungswert dieses Ereignisses durch die Wissensbereicherung verringert, nicht jedoch, falls sich dieser Überraschungswert erhöht. Gerade das letztere ist im obigen Beispiel der Fall; und es *kann* immer der Fall sein, wenn man die Salmonsche Methode der Erklärung zugrunde legt.

Die Paradoxie verschwindet *als eine scheinbare* vollkommen, wenn man bedenkt, daß sich solche Dinge *in indeterministischen Systemen* immer ereignen können: Man beobachtet etwas, das einem aufgrund der zur Verfügung stehenden Information als überraschend erscheint. Daher geht man der Sache genauer nach und erfährt nach detaillierterer Kenntnis der einschlägigen statistischen Wahrscheinlichkeiten, *daß etwas noch viel überraschenderes passiert ist, als es zunächst den Anschein hatte.* Hier nach einer weiteren „Erklärung" zu suchen, ist sinnlos. Wo immer irreduzible statistische Gesetze am Werke sind, kann sich Unwahrscheinliches ereignen und wird sich, auf lange Sicht gesehen, auch immer wieder ereignen. Wer dies nicht verstehen kann *und deshalb* immer wieder auf die tatsächlichen Geschehnisse bezogene Warum-Fragen stellt, der dokumentiert nur, daß er die Natur indeterministischer Systeme und der sie beherrschenden Prinzipien nicht verstanden hat.

### (3) Verstehendes Erklären (argumentativ-nichtnomologisch)

Die in **VI**, *neuer Anhang*, behandelten Untersuchungen v. WRIGHTS betreffen wieder eine andere Teilfamilie von Erklärungen. Nach VON WRIGHTS Intention würden diese Erklärungen in formaler Hinsicht die *dualen Gegenstücke* zu den funktionalistischen Erklärungen SALMONS bilden. (Diese Intention ist in der Überschrift innerhalb der Klammer angedeutet.) Während sich Erklärungen nach SALMON auf (statistische) *Gesetze* stützen, aber *keine Argumente* sind, sollen nach VON WRIGHT intentionale Erklärungen dadurch charakterisiert sein, daß sie zwar *argumentativen Charakter* haben, sich jedoch *nicht* auf empirische Gesetzmäßigkeiten stützen.

Für uns hat diese einfache schematische Gegenüberstellung keine Gültigkeit, da wir den argumentativen Charakter der intentionalen Erklärung in Zweifel stellen: In unserer rationalen Rekonstruktion überlagern sich bei der Deutung gemäß VON WRIGHT verschiedene Weisen des erklärenden Verstehens, die einzeln und in ihrem Zusammenspiel *nicht* zu einem Argument zusammenzufügen sind. Eine erste Weise des erklärenden Verstehens ergibt sich, wenn ein menschliches Verhalten als ein Handeln bestimmter Art gedeutet wird. Da jedes Handeln intentional ist, Intentionalität aber auf eine Beschreibung relativiert werden muß, kommt es bei der ersten Weise verstehenden Erklärens nicht auf Argumente, sondern auf *logische und empirische Adäquatheitsbetrachtungen* an. „Erklärt" wird hier ähnlich wie im sprachlichen Fall die Bedeutung von etwas, allerdings nicht die Bedeutung einer sprachlichen Äußerung, sondern die Bedeutung einer Tätigkeit. Und das Ergebnis ist beide Male ein *Verstehen*, im einen Fall das Verstehen einer sprachlichen Wendung, im anderen das Verstehen einer Tätigkeit *als intentionales Handeln*.

Wichtiger ist die sich der ersten überlagernde zweite Form verstehenden Erklärens, die in einer *hypothetischen Begründung* besteht. Hier steht diejenige Teilfamilie von „Erklären" im Vordergrund, von der wir im Alltag Gebrauch machen, wenn wir unser Handeln durch Berufung auf unsere Verpflichtungen, Präferenzen, sozialen Rollen, Einstellungen zum Leben, politische und religiöse Weltanschauungen erklären bzw. begründen. Eine *hypothetische* Begründung gibt ein anderer dann, wenn er „sich in meine Lage versetzt", um angeben zu können, *welche Begründung (Erklärung) ich geben würde, falls er mich darum fragte*. Will er sich von der hypothetischen Komponente weitgehend befreien, so muß er mich direkt befragen. Der Historiker dagegen steht immer in einer kontrafaktischen Situation, da er die historische Persönlichkeit nicht mehr direkt zu befragen vermag. Sein verstehendes Erklären ist daher irreduzibel hypothetisch.

(In [Gegenwartsphilosophie II] habe ich bei der Darstellung der philosophischen Position v. WRIGHTS insofern eine durch den dortigen äußeren Rahmen aufgezwungene Vereinfachung vorgenommen, als ich diesen Begriff des Erklärens auf den des moralischen Rechtfertigens zurückführte. Moralische Rechtfertigungen bilden jedoch *nicht das Paradigma* für den vorliegenden Fall, sondern vielmehr nur einen bestimmten *Grenzfall*. Der allgemeinere Fall ist die Rechtfertigung mittels moralischer *sowie nichtmoralischer* Normen und Werte, die der Handelnde akzeptiert hat. Entsprechend ist der hypothetische Fall zu verallgemeinern.)

Während der nichtargumentative Aspekt *prima facie* die statistische Erklärung nach SALMON von dem verstehenden Erklären nach v. WRIGHT zu trennen schien, erweist sich somit in nachhinein dieser Aspekt als ein Bindeglied zwischen den beiden scheinbar so verschiedenartigen Konzeptionen. Die Gemeinsamkeit ist so groß, daß wir das durch v. WRIGT anvisierte globale Erklären als etwas interpretieren können, das zu einem *funktionalen Gesamtverständnis* führt. Im historischen Fall sind darin als Erklärungskomponenten in der Regel auch *intentionalistische Erklärungen zweiter und höherer Stufe* enthalten, da das individuelle Handeln eingebettet bleibt in verschiedene Formen kollektiven Handelns.

### (4) Theoretisches Erklären

Auf das Problem der Erklärung von Gesetzen und Theorien werden wir im letzten Unterabschnitt zu sprechen kommen. Ein interessantes Zwischengebilde ist in [II/2] auf S. 113 betrachtet worden. Es handelt sich dabei einerseits nicht *um diesen Fall der Erklärung einer ganzen Theorie* durch eine zweite, andererseits aber auch nicht um die Erklärung *eines einzelnen Faktums* mittels einer Theorie oder eines Gesetzes. Vielmehr geht es dort um eine Präzisierung derjenigen Wendung, die besagt, *daß eine Theorie die Klasse aller empirischen Phänomene innerhalb einer intendierten Anwendung dieser Theorie erklärt*. Die dort gegebene Explikation kann nicht mit wenigen Worten und ohne Verwendung des dabei benützten Begriffsapparates erläutert werden. Wir beschränken uns daher darauf, den Sachverhalt an einem Beispiel zu illustrieren, nämlich mittels der klassischen Partikelmechanik in der Newtonschen Fassung. Eine intendierte Anwendung der Theorie von NEWTON ist das Planetensystem (unter Einschluß von gewissen Kometen). Die „zu erklärenden Phänomene" bilden diesmal empirische Systeme, welche die Merkmale einer Partikelkinematik besitzen. Die einzelnen Elemente eines solchen Systems werden als Partikel aufgefaßt, deren Verhalten mit Hilfe von Funktionen beschreibbar ist, die nicht von der Theorie abhängen. Die vier dafür benützten nichttheoretischen Funktionen sind: Ort, Zeit, Geschwindigkeit, Beschleunigung. Die Bewegungsvorgänge dieser empirischen Systeme werden dadurch *erklärt*, daß man die zum System gehörenden Elemente mit zwei theoretischen (genauer: theorienabhängig meßbaren) Funktionen, genannt *Masse* und *Kraft*, ausstattet und zwar auf solche Weise, daß die derart theoretisch ergänzten empirischen Systeme zu Modellen der Theorie, also der Newtonschen Partikelmechanik, werden.

Ein solchermaßen konzipierter Erklärungsbegriff hat nur mehr eine geringe Ähnlichkeit mit den Gliedern der von uns untersuchten Begriffsfamilie. Man wird daher vermuten dürfen, daß der Begriff der Erklärung von Theorien noch stärker von unserer Teilfamilie abweicht. Die folgende Einführung in den „non-statement view" wird dies bestätigen. Zugleich soll dort das begriffliche Instrumentarium geschildert werden, das für ein genaueres Verständnis des eben skizzierten Beispiels von theoretischer Erklärung benötigt wird.

### (5) Reduktive Erklärung oder Erklärung von Theorien. Intuitiver Vorblick auf das strukturalistische Theorienkonzept

*(A) Theorien als mathematische Strukturen und der Begriff*
  *„theoretisch in bezug auf eine Theorie T".*
*Die Ramsey-Lösung des Problems der theoretischen Terme*

Abschließend soll auf relativ knappem Raum das Thema „Erklärung von Gesetzen und Theorien" angeschnitten werden. Wir haben wiederholt Skepsis gegenüber denjenigen Autoren geäußert, die der Auffassung sind, diese Erklärungsform müsse nach demselben Schema behandelt werden wie die Erklärung von Einzeltatsachen. Die Skepsis ist jetzt näher zu begründen. Vor allem soll gezeigt werden, wie *andersartig* die Problemstellungen werden, wenn man sich diesem Thema zuwendet.

Um die sich hier ergebenden Fragen und Lösungsmöglichkeiten auch nur andeutungsweise beschreiben zu können, müssen wir eine inhaltliche Charakterisierung des auf SNEED zurückgehenden strukturalistischen Theorienkonzeptes geben. Wir werden uns dabei auf eine möglichst intuitive Skizze beschränken; die erforderlichen technischen Einzelheiten findet der Leser im zweiten Halbband von Bd. II dieser Reihe, im folgenden mit [II/2] zitiert. Verschiedene inzwischen vorgenommene Verbesserungen und Weiterentwicklungen sind in [Strukturalist View] dargestellt. Die neue Auffassung von Theorien ist auf eine Reihe von Verständnisschwierigkeiten gestoßen. Diese dürften hauptsächlich zwei Ursachen haben: erstens die zum Teil recht erhebliche Abweichung von herkömmlichen Denkweisen und zweitens die relativ große Zahl neuer Ideen, die zudem in komplizierter Weise ineinandergreifen. Wir werden uns darum bemühen, die Neuerungen schrittweise anzuführen und sie durch Plausibilitätsbetrachtungen zu stützen.

Die beiden wichtigsten Neuerungen betreffen den Begriff der Theoretizität sowie den Begriff der Theorie. In bezug auf beide Begriffe war die Wissenschaftsphilosophie vorwiegend *linguistisch* orientiert. Zunächst einige Bemerkungen zum Thema *Theoretizität*. Die logischen Empiristen vertraten die Auffassung, daß es eine *theorienneutrale Beobachtungssprache* gäbe. Nach der älteren Auffassung sollte es möglich sein, alle wissenschaftlichen Begriffe mittels einiger weniger Begriffe dieser Sprache explizit zu definieren. Dieses Reduktionsprogramm erwies sich jedoch als undurchführbar. Also gelangten die Empiristen, allen voran CARNAP und HEMPEL, zu der Einsicht, daß es in jeder entwickelten Wissenschaft, insbesondere in der Physik, theoretische Begriffe gibt, die sich nicht auf das Beobachtbare zurückführen lassen. Die theoretischen Begriffe sind nur *teilweise empirisch definierbar*, und zwar durch diejenigen Sätze einer Theorie, welche theoretische Begriffe und Beobachtungsbegriffe miteinander verknüpfen, nämlich die sog. *Korrespondenzregeln*. Nur vermittels dieser Regeln wird die sich über der Beobachtungssprache erhebende theoretische Sprache einer Wissenschaft teilweise empirisch gedeutet. Für eine detaillierte Schilderung, einschließlich der technischen Aspekte, vgl. [II/1].

Obwohl eine Reihe von Argumenten zugunsten der Benutzung theoretischer Begriffe vorgebracht worden sind – deren Leistung bei der Vereinfachung in der Formulierung der Theorie, deren systematisierender Effekt aufgrund der Schaffung neuer Verknüpfungen zwischen beobachtbaren Größen oder deren heuristischer Wert bei der Suche nach neuen Anwendungen der Theorie –, ist diese Zweiteilung nicht unangefochten geblieben. Nach einigen Philosophen, wie HANSSON, TOULMIN, KUHN sowie FEYERABEND, ist diese Zweiteilung unhaltbar, da sie auf der Annahme einer theorienneutralen Beobachtungssprache basiert. Eine solche Sprache gäbe es jedoch nicht; denn Theorien schaffen ihre eigenen Tatsachen und bestimmen die gemachten Beobachtungen: Beobachtungen sind selbst „theoriendurchtränkt".

Eine vielleicht noch schärfere Kritik hat H. PUTMAN vorgebracht. Wenn man, so argumentiert er, „theoretisch" als „nicht beobachtbar" definiert, so bleibt die Frage vollkommen offen, ob die theoretischen Begriffe in wissenschaftlichen Theorien eine spezielle Funktion haben. Es sei bislang nicht geklärt worden, in welchem Sinn ein theoretischer Term von der wissenschaftlichen Theorie komme.

Auf genau diese Frage hat SNEED eine konstruktive Antwort gegeben (und hat sich dabei, nebenher bemerkt, vollkommen freigeschwommen von der vorherrschenden Denkweise, wonach die Wissenschaftssprache aus den beiden Stufen: Beobachtungssprache und theoretische Sprache, bestehe). Um zu einem prinzipiellen Verständnis seines Theoretizitätsbegriffs zu gelangen, ist es erforderlich, seine Auffassung über die Natur einer Theorie kennenzulernen.

Es ist zu einer beinahe selbstverständlichen Tradition geworden, unter einer Theorie ein System von Sätzen zu verstehen. Nach SNEED hingegen ist eine Theorie eine mathematische Struktur, gewissermaßen eine *mathematische Gußform*, die man auf empirische Phänomene anzuwenden versuchen kann. (Das Wort „empirisch" wird hier nicht in einem technischen, sondern im rein intuitiven Sinn verwendet.) Eine ähnliche Auffassung hatte vorher bereits SUPPES vertreten. Es sei, so argumentierte SUPPES, ein hoffnungsloses Unterfangen, physikalische Theorien als Systeme von Sätzen in formalisierten Sprachen zu behandeln; denn unsere Fähigkeiten im Umgang mit solchen Sprachen seien sehr begrenzt und sicherlich nicht ausreichend, um darin den Gehalt einer wirklichen physikalischen Theorie zu reproduzieren. SUPPES schlug vor, für die Charakterisierung von Theorien statt formalisierter Sprachen die informelle Mengenlehre zu benützen und Theorien durch Einführung mengentheoretischer Prädikate zu axiomatisieren. In der Mathematik ist dies heute weitgehend üblich. So etwa werden die Gruppentheorie oder die Theorie der Vektorräume in der Weise axiomatisiert, daß man geeignete mengentheoretische Prädikate einführt, nämlich „ist eine Gruppe" und „ist ein Vektorraum". Warum also sollte man dieses Verfahren nicht auch in der Physik anwenden?

SNEED übernimmt diesen Gedanken. Damit wird auch das axiomatische Ideal übernommen. Wegen SNEEDS vorwiegenden Interesses an physikalischen Theorien werden die physikalischen Merkmale auf *quantitative* Eigenschaften beschränkt. (Die Übertragung auf den qualitativen Fall bereitet keine Schwierigkeiten.) Während es SUPPES nur darum ging, „wirkliche" physikalische Theorien einer präzisen axiomatischen Behandlung zugänglich zu machen, tritt für SNEED ein zusätzliches Motiv für die Deutung physikalischer Theorien als mathematischer Strukturen hinzu: Wenn man den dabei benützten Begriff der mathematischen Struktur geeignet erweitert und ergänzt, stellt sich heraus, daß wichtige wissenschaftstheoretische Fragen beantwortet werden können, die sich im Rahmen der herkömmlichen Denkweise einer befriedigenden Lösung hartnäckig widersetzten. (Das Verhältnis zwischen den Auffassungen von SUPPES und SNEED wird etwas genauer beschrieben in [Structuralist View].) Die traditionelle Auffassung von Theorien werde *Aussagenkonzept* (englisch: „statement view") genannt. Das Sneedsche Konzept werde als *die strukturalistische Auffassung von Theorien* bezeichnet.

Die Idee der Theorie als einer Struktur sei an einem einfachen Beispiel erläutert[18]. Es handelt sich um eine sehr elementare physikalische Theorie,

---

[18] In [II/2] wird, ähnlich wie in SNEEDS [Mathematical Physics], mit einer abstrakten Miniaturtheorie gearbeitet. Dafür wird auf S. 62f. von [II/2] eine inhaltliche Deutung gegeben, die einen Spezialfall der archimedischen Statik bildet. GÄRDENFORS hat die letztere inzwischen für den Zweck einer anschaulichen Erläuterung der Theorie von SNEED benützt.

nämlich die *archimedische Statik* oder die archimedische Gleichgewichtstheorie. Die empirischen Anwendungen dieser Theorie bestehen aus Systemen von Objekten, die sich um einen Drehpunkt im Gleichgewicht befinden. Beispiele: eine gleicharmige Balkenwaage, bei der auf einer Waagschale Gewichte und auf der anderen Waagschale Äpfel liegen; eine Wippschaukel, auf deren beiden Seiten sich mindestens je ein Kind befindet; eine Laufgewichtswaage (Hebelwaage mit Laufgewichtseinrichtung), auf deren Waagschale ein Stück Gold liegt, während das Laufgewicht in bestimmtem Abstand vom Drehpunkt eingerastet ist.

Diese Gleichgewichtssysteme besitzen die folgende gemeinsame mathematische Struktur: Erstens haben wir es stets mit einer Menge von Gegenständen $a_1, \ldots, a_n$ zu tun, die sich im Gleichgewicht befinden. Diese Menge bildet den Individuenbereich der Anwendung. Zweitens gibt es zwei Größen $d$ und $g$, welche den $n$ Gegenständen numerische Werte zuordnen. Dabei mißt die Größe $d$ die Distanz der Objekte vom Drehpunkt, während $g$ ihr Gewicht angibt. Die zwei Größen genügen den beiden folgenden Axiomen: (a) Für alle Gegenstände $a_i$ des Bereiches gilt: $g(a_i) > 0$, d. h. die Gewichte sind stets positiv. (b) Die Summe der Produkte $g(a_i) \cdot d(a_i)$ der Gegenstände, welche sich auf der einen Seite des Drehpunktes befinden, ist dieselbe wie die entsprechende Summe für die Gegenstände auf der anderen Seite. Dieses zweite Axiom (b) wird auch *die goldene Regel der Statik* genannt.

Man kann diese Theorie so formulieren, daß sie das (mengentheoretische) Prädikat „ist eine archimedische Statik" beschreibt. Dieses Prädikat nennen wir „$S$" und sprechen auch von der Theorie $S$. Diejenigen Theorien, die von größerem physikalischen Interesse sind als die vorliegende, besitzen eine wesentlich komplizierte mathematische Struktur; daher ist auch das eine solche Struktur beschreibende Prädikat entsprechend komplexer. Wir brauchen hier auf solche schwierigeren Fälle nicht einzugehen, da sich alles, worauf es für ein prinzipielles Verständnis ankommt, an unserem Beispiel erläutern läßt. Gelegentlich werden wir allerdings über nicht näher spezifizierte Theorien sprechen; eine solche Theorie soll dann mit $T$ bezeichnet werden.

Wir fragen nun: Wie kann man eine derartige Theorie dafür verwenden, um empirische Aussagen zu formulieren? Wir betrachten eine empirische Aussage von einfachster Gestalt. Sie besagt, daß eine bestimmte Menge empirischer Gegenstände (ein bestimmtes empirisches Phänomen) der Theorie genügt oder, anders ausgedrückt, die Bedingungen erfüllt, welche in der Beschreibung der Theorie enthalten sind. Falls die Aussage zutrifft, sagen wir, daß das empirische Phänomen ein *Modell* der Theorie ist. In unserem Beispiel wird die mathematische Struktur, aus der die Theorie besteht, durch das Prädikat „ist eine archimedische Statik" ausgedrückt. Ein Beispiel für eine empirische Aussage von einfachster Gestalt, die sich mittels dieser Theorie formulieren läßt, wäre somit etwa die folgende:

Diese Kinderwippschaukel ist ein Modell von $S$
(oder: ... ist ein Modell der archimedischen Statik)

Die allgemeine Form einer elementaren empirischen Behauptung einer Theorie ist somit:

(1) *e ist ein Modell von T.*

Wenn man eine empirische Struktur entdeckt hat, die Modell einer Theorie ist, so sagen wir, daß man eine *erfolgreiche Anwendung* der Theorie gefunden habe.

Man kann sich überlegen, welche Minimalbedingungen erfüllt sein müssen, damit man in bezug auf eine empirische Struktur sinnvoll fragen kann, ob sie das Modell einer Theorie bildet. Zu diesen Minimalbedingungen gehört jedenfalls, daß die Größenwerte, die man den Objekten zuschreibt, von der richtigen Art sind. Empirische Strukturen, welche diese Minimalbedingung erfüllen, sollen *mögliche Modelle* der Theorie heißen. Im Fall unserer speziellen Theorie $S$ ist ein mögliches Modell eine Menge von Gegenständen, über die man in der Weise reden kann, daß man ihnen Gewichte und Abstände von einem bestimmten Punkt zuordnet.

Wie bereits diese Andeutung zeigt, ist die Menge der möglichen Modelle recht groß. Nicht jedes mögliche Modell ist als eine Anwendung der Theorie vorgesehen. Ihre *intendierten Anwendungen* bilden, wie nicht anders zu erwarten, nur eine kleine Teilmenge davon. Es sind dies diejenigen empirischen Strukturen, von denen die Theorie handeln soll. Im Fall der archimedischen Statik kann man die Menge der intendierten Anwendungen ganz grob als diejenigen empirischen Systeme von Gegenständen charakterisieren, die sich um einen Drehpunkt im Gleichgewichtszustand befinden. Da auch bezüglich des Begriffs der intendierten Anwendung eine Neuerung vorgenommen wird, soll dieser Begriff im Augenblick nicht weiter erörtert werden; wir kommen weiter unten auf ihn zurück. Zwecks Vermeidung eines Mißverständnisses sei hier nur folgendes festgehalten: Es wäre falsch, verschiedene intendierte Anwendungen als *getrennte* Bereiche aufzufassen. Es ist vielmehr für jede Theorie charakteristisch, daß sich ihre intendierten Anwendungen überschneiden. Dies bedeutet, daß spezielle, zu den Bereichen dieser Anwendungen gehörende Objekte in verschiedenen Anwendungen der Theorie vorkommen können. Wir werden sehen, daß ein großer Teil der außerordentlichen systematischen Leistungsfähigkeit theoretischer Größen darauf beruht, daß ein und demselben Objekt, welches in verschiedenen Anwendungen vorkommt, in allen diesen Anwendungen derselbe Wert der theoretischen Größe zugeschrieben wird.

Diesen *theoretischen Größen* wenden wir uns jetzt genauer zu. Dazu machen wir die folgende Unterscheidung: Für bestimmte Größen lassen sich die Werte bestimmen, ohne daß dabei die Theorie selbst vorausgesetzt wird. Im Fall unserer Miniaturtheorie S ist dies der *Abstand*. So kann man z. B. den Abstand eines Apfels auf der Balkenwaage vom Drehpunkt oder den Abstand eines Kindes von der in der Mitte befindlichen Stütze der Wippschaukel bestimmen. In bezug auf das *Gewicht* liegen die Dinge komplizierter. Zur Bestimmung des Gewichtes $g(x)$ eines Gegenstandes $x$ in einer Anwendung der Theorie S benötigen wir eine Methode, um $x$ zu wiegen. Wir machen nun die folgende Annahme: Die einzigen bekannten Methoden zum Wiegen von Dingen seien Balkenwaagen und Laufgewichtswaagen. Dies hat die folgende bedeutsame Konsequenz: *Wir können x nicht wiegen, ohne dabei die Theorie S selbst vorauszusetzen*. Diese eben beschriebene Tatsache ist nach SNEED das auszeichnende Merkmal theoretischer Größen.

Theoretische Größen werden also nicht den beobachtbaren Größen als die nichtbeobachtbaren gegenübergestellt, sondern werden positiv ausgezeichnet als diejenigen Größen, *welche die Gültigkeit eben der Theorie voraussetzen, in der sie vorkommen*. Alle übrigen Größen werden nichttheoretisch genannt.

SNEEDs Begriff der Theoretizität scheint die unmittelbare Konsequenz zu haben, daß wir uns in eine *Zirkularität* verstricken. In bezug auf unsere Theorie S läßt sich diese wie folgt formulieren: Wir können das Gewicht eines Objektes nicht bestimmen, solange wir nicht bereits erfolgreiche Anwendungen der Theorie S (nämlich mindestens eine erfolgreiche Anwendung) gefunden haben. Andererseits aber können wir nicht entscheiden, ob wir auf eine erfolgreiche Anwendung der Theorie S gestoßen sind, solange wir nicht das Gewicht der in dieser Anwendung vorkommenden Gegenstände bestimmen können. Aus dieser Zirkularität, welche SNEED *das Problem der theoretischen Terme* nennt, muß ein Ausweg gefunden werden.

Die soeben gegebene Definition von „theoretisch" ist nur vorläufig, da unbefriedigend. Es könnte ja der Fall sein, daß es zwar *bei bestimmten Anwendungen* der Theorie nie möglich ist, den Wert der Größe zu ermitteln, ohne die Theorie selbst vorauszusetzen, daß eine solche „theorienunabhängige" Ermittlung aber in anderen Anwendungen gelingt. Damit eine Größe mit Recht als theoretisch in bezug auf eine Theorie T bezeichnet werden kann, ist es erforderlich, daß man Werte dieser Größe *niemals* bestimmen kann, ohne die Theorie anzuwenden. Genauer: Eine Größe $\varphi$ wird *theoretisch in bezug auf die Theorie T*, kurz: *T-theoretisch*, genannt genau dann, wenn es in sämtlichen Anwendungen von T unmöglich ist, die Werte $\varphi(x_i)$ für alle in dieser Anwendung vorkommenden Objekte $x_i$ zu bestimmen, ohne bereits eine erfolgreiche Anwendung der Theorie T vorauszusetzen. Von einer solchen bezüglich T theoretischen Größe können wir mit Recht sagen, daß ihre Werte *in wesentlich T-abhängiger Weise gemessen* werden.

Der geschilderten Zirkularität kann man entgehen, wenn es gelingt, geeignete neue Methoden zur Bestimmung der Größe $\varphi$ zu finden. „Geeignet" heißt dabei: Diese neue Methode setzt nicht mehr die Theorie voraus. In diesem Moment hört die Größe $\varphi$ auf, theoretisch in bezug auf die Theorie zu sein. Für das Beispiel unserer elementaren Theorie $S$ ließe sich eine solche Möglichkeit leicht angeben: Wenn man außer den beiden erwähnten Arten von Waagen auch Federwaagen als Instrumente zur Bestimmung von Gewichten zuläßt, dann ist das Gewicht nicht mehr eine theoretische Größe in bezug auf $S$; denn das korrekte Funktionieren von Federwaagen setzt nicht erfolgreiche Anwendungen der archimedischen Statik voraus. Bei umfassenden physikalischen Theorien bleibt dieser Ausweg allerdings oft verschlossen. Nach SNEED z. B. sind in der klassischen Partikelmechanik (in Newtonscher Fassung) die Ortsfunktion und die Zeit, und damit auch Geschwindigkeit und Beschleunigung, nichttheoretisch, während *Masse* und *Kraft* in dieser Theorie theoretische Größen sind. *Alle* bekannten Methoden der Massenbestimmung z. B. setzen die Gültigkeit des Fundamentalgesetzes der Theorie, nämlich des zweiten Gesetzes von NEWTON, voraus. (Tatsächlich liegen die Dinge noch mehr im Argen, da die bekannten Methoden der Massenbestimmung außer dem genannten Gesetz sogar noch mindestens ein *spezielles* Kraftgesetz als gültig voraussetzen, wie z. B. das actio-reactio-Prinzip oder das Gesetz von HOOKE.)

Es dürfte ersichtlich geworden sein, daß SNEEDS Kriterium für Theoretizität eine Antwort auf PUTNAMS Herausforderung liefert: Die relativ auf eine Theorie $T$ theoretischen Größen „kommen von der Theorie $T$" genau dadurch, daß sie und nur sie in wesentlich $T$-abhängiger Weise gemessen werden.

Ebenso wird der entscheidende Unterschied gegenüber dem Vorgehen der logischen Empiristen deutlich. Deren linguistische Methode findet ihren Niederschlag darin, daß sie die Grenzlinie zwischen dem Beobachtbaren und dem Theoretischen bereits auf der sprachlichen Stufe, also *vor* der Formulierung von Theorien in der Sprache, ziehen. Für SNEED ist die Wissenschaftssprache für diese Unterscheidung ohne jede Relevanz. Erst *nachdem* die Theorie formuliert worden ist, kann man zwischen den theoretischen und den nichttheoretischen Größen unterscheiden. Wegen der Theorienrelativität kann sich dabei ein Unterschied ergeben, je nach dem, *welche* Theorie man dabei im Auge hat. Denn ein und dieselbe Größe kann $T_1$-theoretisch, hingegen nichttheoretisch bezüglich einer von $T_1$ verschiedenen Theorie $T_2$ sein. Als Beispiel erwähnt SNEED den Begriff *Druck*: er ist theoretisch in bezug auf die Mechanik, hingegen nicht-theoretisch in bezug auf die phänomenologische Thermodynamik.

Doch nun zurück zum Problem der theoretischen Terme (Begriffe)! Wegen der eben geschilderten Zirkularität können die elementaren empirischen Behauptungen, die sich mit einer Theorie formulieren lassen, *nicht* die Form (i) haben. Denn wollten wir in dem von uns gewählten Beispiel behaupten, daß eine bestimmte intendierte Anwendung $a$ der theoretischen Struktur, nämlich der archimedischen Statik, genügt, d. h. also, wollten wir die Behauptung aufstellen: „$a$ ist ein $S$", so würden wir sofort in das folgende

Dilemma geraten, welches diese Behauptung als eine empirische Behauptung ausschließt: Wir können nicht feststellen, ob $a$ wirklich der theoretischen Struktur $S$ genügt, ohne die in $a$ vorkommenden Gegenstände gewogen zu haben. Auf der anderen Seite können wir, da *Gewicht* eine $S$-theoretische Größe ist, diese Gegenstände nicht wiegen, ohne bereits zu wissen, daß es gewisse Anwendungen gibt, die der theoretischen Struktur $S$ genügen.

Zur Lösung dieser Schwierigkeit greift SNEED auf die sog. *Ramsey-Satz-Methode* zurück, welche die einzige heute bekannte Lösungsmethode darstellt. Grob gesprochen, besteht diese Methode darin, daß die theoretischen Größen nicht explizit angegeben, sondern „existenziell wegquantifiziert" werden, d. h. durch Variable ersetzt und dann mittels Existenzquantoren gebunden werden (eine genaue Beschreibung des Begriffs des Ramsey-Satzes findet sich in [II/1]; die verschiedenen, zur Lösung des gegenwärtigen Problems benötigten Varianten von Ramsey-Sätzen, abgestuft nach Stärkegraden, sind ausführlich in [II/2] dargestellt.) Für ein genaueres Verständnis dieser Methode ist es erforderlich, den neuen Begriff des *partiellen Modells* einer Theorie einzuführen. Der Grundgedanke ist folgender: Da es die theoretischen Größen sind, die uns Schwierigkeiten bereiten, lassen wir sie für einen Augenblick gänzlich außer Betracht. Statt zu fragen, ob eine empirische Struktur $e$ eine theoretische Struktur $T$ erfüllt, fragen wir vielmehr: Genügt die empirische Struktur $e'$, *soweit sie lediglich mittels nichttheoretischer Größen beschrieben wird* (also unter Abstraktion von den theoretischen Größen), den Bedingungen der betrachteten Theorie $T$? Was diese Frage bedeutet, erkennt man am besten, wenn man annimmt, sie müsse negativ beantwortet werden. Dann gibt es nämlich keine Möglichkeit, theoretische Größen zu $e'$ so hinzuzufügen, daß die derart ergänzte empirische Struktur ein Modell unserer Theorie wird. Im bejahenden Fall hingegen können wir sagen, daß $e'$ *teilweise* oder *partiell* im Einklang mit der Theorie steht. Allgemein gesprochen: Wenn wir bei der Beschreibung einer empirischen Struktur die theoretischen Größen außer Betracht lassen, so gewinnen wir ein *partielles Modell* (genauer: ein partielles mögliches Modell). In unserem elementaren Beispiel hätten wir etwa folgendes partielle Modell der Theorie $S$: Eine Beschreibung der Anzahl der Kinder auf jeder Seite einer Wippschaukel, zusammen mit einer Angabe ihrer Entfernungen vom Drehpunkt, dem Stützpunkt der Schaukel; die Gewichte der Kinder werden dagegen in dieses partielle Modell nicht eingeschlossen (im Fall der klassischen Partikelmechanik bestünde ein partielles Modell aus einem System herumschwirrender Partikel mit bekannten Orten, Geschwindigkeiten und Beschleunigungen; dagegen wären diese Partikel nicht bereits als mit Massen und Kräften ausgestattet zu denken.)

Wenn man zu einem partiellen Modell theoretische Größen von der Art, wie sie die Theorie fordert, hinzufügt, so gewinnen wir ein mögliches Modell der Theorie. Von diesem möglichen Modell sagen wir, *daß es durch eine theoretische Ergänzung aus einem partiellen Modell hervorgegangen ist*. Zu beachten ist dabei, daß es passieren kann, zu einem gegebenen partiellen Modell verschiedene Werte von theoretischen Größen *erfolgreich* hinzuzufügen. Damit ist gemeint: Ein und dasselbe partielle Modell kann in der Regel auf verschiedene Weisen theoretische Ergänzungen erfahren, die alle voneinander verschieden sind und die trotzdem ohne Ausnahme die theoretische Struktur erfüllen.

Jetzt kommt der entscheidende Schritt: Wir bewältigen das Problem der theoretischen Terme in der Weise, daß wir für empirische Aussagen von einfachster Gestalt nicht die obige Form (i) wählen, sondern die folgende schwächere Form (ii), die bloß auf partielle Modelle Bezug nimmt:

(ii)  *Das partielle Modell a besitzt eine theoretische Ergänzung e, die ein Modell von T ist.*

Die Abschwächung von (ii) gegenüber (i) besteht darin, daß (ii) die in (i) enthaltene explizite Bezugnahme auf theoretische Terme vermieden wird. (ii) besagt ja lediglich, daß es möglich sei, Werte der $T$-theoretischen Größen zu finden, deren Hinzufügung zum gegebenen partiellen Modell $a$ dieses in ein vollständiges Modell von $T$ verwandelt. Es wird nicht verlangt, daß ein Verfahren bekannt sei, um diese Werte zu finden; insbesondere brauchen wir nicht imstande zu sein, durch eine Messung der theoretischen Größen diese Werte zu ermitteln. (Um Fehldeutungen auszuschließen, sei ausdrücklich darauf hingewiesen, daß ein partielles Modell wesentlich mehr enthält als der Objektbereich; das partielle Modell ist *der durch die nichttheoretischen Funktionen beschriebene* Objektbereich.)

Da die Aussage (ii) nur von einem partiellen Modell handelt, in dem keine theoretischen Größen vorkommen, tritt die Gefahr der Zirkularität, von der (i) bedroht ist, nicht auf. Während das Problem der theoretischen Terme es unmöglich macht, (i) als elementare empirische Behauptung einer Theorie aufzufassen, können wir (ii) als die elementarste Form einer empirischen Aussage, die man mittels der Theorie $T$ formulieren kann, wählen.

Die Abstraktheit des Satzes (ii) könnte Zweifel darüber aufkommen lassen, ob es sich hierbei wirklich um eine *empirische* Aussage handelt. Wir wollen uns daher kurz mit der Frage des empirischen Gehaltes von Sätzen dieser Form befassen und dies zugleich zum Anlaß nehmen, um einige prinzipielle Fragen über empirische Nachprüfbarkeit im strukturalistischen Rahmen zu erörtern.

Greifen wir zur Erläuterung noch einmal auf den interessanten Fall der klassischen Partikelmechanik in der ihr von NEWTON gegebenen Fassung zurück. Das partielle Modell, an dem wir interessiert sind, sei ein Teil des Planetensystems, bestehend aus der Sonne, den Planeten und ihren Monden, wobei deren Bewegungen mittels der beiden nichttheoretischen Begriffe des Ortes und der Zeit beschrieben werden. In diesem Fall würde der Satz (ii) besagen, daß das fragliche partielle Modell zu einem Modell der Newtonschen Mechanik ergänzbar ist. Und dies wiederum heißt, daß es möglich sei, in das eben charakterisierte partielle Modell Werte für die Massen der darin vorkommenden Himmelskörper sowie Kräfte, welche diese Körper beeinflussen – im vorliegenden Fall bloß Gravitationskräfte – hinzuzufügen, so daß die um diese Massen- und Kraftwerte ergänzte empirische Struktur die Prinzipien von NEWTON erfüllt.

Sobald es geglückt ist, derartige Ergänzungen vorzunehmen, ist die Aussage (ii) für den speziellen Fall, in dem $a$, $e$ und $T$ die eben angegebenen Bedeutungen besitzen, *empirisch verifiziert*. Kann sie auch empirisch widerlegt werden? Streng genommen ist sie im allgemeinen wegen des darin vorkommenden Existenzquantors nicht widerlegbar. Sollte es daher Wissenschaftlern nicht gelingen, die für die Verifikation von (ii) erforderliche Ergänzung vorzunehmen, so ist dieses Versagen zweifach interpretierbar: *entweder* daß es tatsächlich keine solche Ergänzungen gibt *oder* daß diese Ergänzungen zwar denkmöglich sind, aber daß die rechnerischen Fähigkeiten der Wissenschaftler bislang nicht ausreichten, um sie erfolgreich vorzunehmen. Sollte es allerdings gelingen, einen *Beweis* dafür zu erbringen, daß die Ergänzung nicht möglich ist, so kann (ii) als widerlegt angesehen werden.

Falls eine große Zahl von Wissenschaftlern bei dem Versuch scheiterte, geeignete theoretische Ergänzungen vorzunehmen oder wenn der eben erwähnte Nichtexistenzbeweis erbracht worden sein sollte, so wird man (ii) fallen lassen. Rein logisch gesehen gibt es dann verschiedene Ausweichmöglichkeiten. Die schärfste Reaktion bestünde darin, den Gedanken preiszugeben, die „Newtonsche Mechanik" genannte mathematische Struktur als auf das Planetensystem anwendbar zu betrachten. Hand in Hand damit ginge die Suche nach einer andersartigen besseren Struktur. T. S. KUHN dürfte mit der Annahme recht haben, daß die Wissenschaftler sich zu einer derartigen Reaktion erst dann entschließen werden, wenn bereits ein Ersatzkandidat – in unserem Fall für die Newtonsche Mechanik – bereitsteht, um für die Lösung dieser Aufgabe, die mit der alten theoretischen Struktur nicht gelang, einzuspringen.

Eine zweite Möglichkeit bestünde darin, zu erklären, daß das Planetensystem keine intendierte Anwendung der Newtonschen Mechanik bildet. Auf diese Möglichkeit werden wir nochmals genauer zurückkommen, wenn wir uns den neuen Aspekten zuwenden, die im strukturalistischen Rahmen mit dem Begriff der intendierten Anwendung verknüpft sind.

Nicht zu übersehen ist schließlich ein dritter Ausweg aus der Schwierigkeit. (Für eine genauere Erörterung vgl. [II/2], S. 40 und S. 215; dort wird der Sachverhalt zugleich mit einer kritischen Diskussion eines imaginären Beispiels von I. LAKATOS verknüpft.) Man kann den Grund für das Versagen von *a* verlegen und zwar in der Weise, daß man behauptet, die Beschreibung des partiellen Modells (in unserem Falle also des Sonnensystems) sei nicht zutreffend gewesen. Der wichtigste und wohl auch interessanteste derartige Fall liegt dann vor, wenn ein bestimmtes reales Objekt der empirischen Anwendung übersehen worden und daher nicht in die Beschreibung des partiellen Modells einbezogen worden ist. In unserem Beispiel würde es sich um folgendes handeln: Wenn man einen weiteren Planeten in das Sonnensystem einbezieht, also das partielle Modell um ihn erweitert, dann kann man Massen und Kräfte angeben, so daß das dadurch ergänzte neue partielle Modell die Gesetze von NEWTON erfüllt. Falls das fragliche Objekt noch nicht beobachtet worden ist, könnte man dies als eine theoretische Entdeckung des Objektes bezeichnen. Diese Strategie ist tatsächlich bei der Entdeckung des Planeten Neptun befolgt worden: Man behielt die theoretische Struktur bei und ebenso die intendierte Anwendung, d. h. man entschied sich für keine der beiden vorher beschriebenen Alternativen; vielmehr benützte man die Theorie für die Vorhersage der Existenz eines bislang unbekannten Planeten. Selbstverständlich wird man an dieser dritten Strategie nur dann festhalten können, wenn es schließlich gelingt, den fraglichen Planeten auch beobachtungsmäßig zu ermitteln (das Wort „beobachtungsmäßig" natürlich in dem weiten Sinn gebraucht, in dem es in der Astronomie Anwendung findet). Im Fall des Planeten Neptun ist dies geglückt. Immerhin ist es doch interessant, festzuhalten, *daß seine theoretische Entdeckung seiner empirischen Entdeckung vorangegangen ist*. (Im Fall des Planeten Merkur, dessen Umlaufbahn ebenfalls nicht mit der durch die Theorie NEWTONS vorausgesagten übereinstimmt, versuchte man etwas ähnliches und nannte den hypothetisch geforderten, zwischen Sonne und Merkur liegenden Planeten Vulkan. Dieser zweite Versuch, die beschriebene dritte Strategie zu wählen, schlug jedoch fehl. Die groteske Umlaufbahn des Merkur konnte erst durch die allgemeine Relativitätstheorie von EINSTEIN erklärt werden.)

Bei der Schilderung der drei Alternativen sind wir davon ausgegangen, daß der Wissenschaftler bei dem Versuch, eine empirisch fundierte Aussage von der Gestalt (ii) zu formulieren, auf Schwierigkeiten stößt. Kann man aber, so wollen wir jetzt fragen, nicht noch eine Stufe tiefer gehen und bestimmte fundamentale Bestandteile der „Theorie" genannten Struktur selbst einer empirischen Prüfung unterziehen? In der Tat gibt es solche Bestandteile, die sich als Sätze formulieren lassen. Im Fall der elementaren Theorie $S$, die wir eingangs beschrieben haben und für Illustrationszwecke benützten, nämlich der archimedischen Statik, war dies die goldene Regel der Statik. Im Fall der klassischen Partikelmechanik $NP$ wäre dieses fundamentale Prinzip identisch mit dem zweiten Gesetz von NEWTON, in alltagssprachlicher Abkürzung oft mit „Kraft ist gleich Masse mal Beschleunigung" wiedergegeben. Ist es denkbar, daß dieses Gesetz, für sich genommen, empirisch widerlegt würde? Die Antwort ergibt sich sofort, wenn wir uns daran erinnern, daß zwei der

Schlüsselbegriffe, die in diesem Gesetz vorkommen, theoretisch bezüglich dieser Theorie $NP$ sind. Sie lautet ganz eindeutig: Nein. Für eine Widerlegung dieses Gesetzes müßte man, *unabhängig von* jeder Anwendung und damit auch *vor* der Untersuchung irgendeiner Anwendung der fraglichen Theorie, die Massen von Körpern und die auf sie einwirkenden Kräfte bestimmen können, um im nachhinein festzustellen, ob diese Größen zusammen das zweite Newtonsche Gesetz erfüllen. Wegen der Theoretizität der Kraft- und Massenfunktion, d. h. wegen der Tatsache, daß sie in wesentlich $NP$-abhängiger Weise gemessen werden, ist ein derartiges Verfahren jedoch undurchführbar. Das zweite Gesetz von NEWTON ist daher nicht falsifizierbar.

Diese letzte Betrachtung sowie die vorangehenden Überlegungen über die möglichen Reaktionen auf Schwierigkeiten bei der Verifikation von (ii) zeigen, daß sowohl die in der Popper-Schule wie auch die im logischen Empirismus vorherrschenden Ideen über empirische Nachprüfung und Falsifikation einer grundlegenden Revision bedürftig sind. Allgemein kann man sagen: *Empirische Widerlegungen spielen in den modernen Naturwissenschaften eine weitaus geringere Rolle als in den herkömmlichen wissenschaftstheoretischen Analysen angenommen wird.* Wir werden noch weitere Gründe zur Stützung dieser eben ausgesprochenen These vorbringen.

Wenn man Theorien nicht mit Sätzen von der Gestalt (ii) identifiziert – und es wäre, wie wir noch deutlicher sehen werden, nicht sehr sinnvoll, eine derartige Identifizierung vorzunehmen –, sondern sie so, wie früher beschrieben, als mathematische Strukturen deutet, die der Formulierung empirischer Behauptungen dienen, dann liegt es nahe, Theorien als *Instrumente* zu bezeichnen. Dieser Wortgebrauch hat bei einigen Lesern zu dem Mißverständnis geführt, als laufe das strukturalistische Theorienkonzept darauf hinaus, einen sog. instrumentalistischen Standpunkt einzunehmen[19]. Wenn etwas als Instrumentalismus bezeichnet wird, so liefert diese Prädizierung bloß ein inhaltsloses Bild, solange nicht die Frage beantwortet ist: „Instrument *wofür?*" Und hier gibt der sog. Instrumentalismus eine vollkommen andersartige Antwort als der Strukturalismus. Das instrumentalistische Konzept wird sorgfältig und ausführlich beschrieben in I. SCHEFFLER, [Anatomy], S. 185 ff. Der instrumentalistische Wissenschaftsphilosoph vertritt danach eine fiktionalistische Auffassung in bezug auf den ganzen, die Beschreibung der Beobachtungsebene überschreitenden Überbau. Insbesondere sind die Sätze der Theorie keine für sich sinnvollen Aussagen und können daher auch nicht mit irgendwelchen Behauptungen oder Überzeugungen verknüpft werden.

---

[19] Diese Form von Mißverständnis findet sich z. B. in dem Buch von CLARK GLYMOUR, [Theory], auf S. 104. Die Tatsache, daß ein bekannter Autor diesem Irrtum erlegen ist, bildete das Hauptmotiv für die Einschiebung dieses Absatzes im obigen Text.

Vielmehr handelt es sich bei diesem theoretischen Überbau nur um eine *zweckmäßige Maschinerie,* zweckmäßig allein im Hinblick auf ihre prognostische Leistungsfähigkeit. Sinnvolle wissenschaftliche Aussagen können nach Ansicht des Instrumentalisten auf theoretischer Ebene überhaupt nicht formuliert werden; solche Aussagen treten nur auf der empirischen Ebene auf. Ganz anders liegen die Dinge, wenn man das strukturalistische Theorienkonzept zugrunde legt. Theorien qua mathematische Strukturen können hier zwar als Instrumente gedeutet werden, aber nur *als Instrumente zur Formulierung echter empirischer Aussagen,* nämlich für die Formulierung von Aussagen der Gestalt (ii) oder komplizierterer Aussagen, wie sie in den folgenden Überlegungen noch auftreten werden. Die Methode des Strukturalismus besteht ja nicht darin, die herkömmlichen Vorstellungen über empirische Hypothesen instrumentalistisch oder fiktionalistisch umzudeuten, sondern zusätzlich dem diesen Hypothesen zugrunde liegenden mathematischen Apparat seine Aufmerksamkeit zu widmen und ihn gründlicher zu untersuchen als dies bisher geschehen ist. Daraus ergibt sich dann unmittelbar ein Zwang zur sprachlichen Differenzierung, z. B. zur scharfen Unterscheidung zwischen *Theorien* und *empirischen Behauptungen von Theorien.*

Sollte ein Leser durch diese Gegenkritik nicht überzeugt worden sein, so möge er sich die Situation anhand der Verträglichkeit oder Nichtverträglichkeit mit einem realistischen Weltkonzept überlegen. Zum Thema „Realismus" sind in den letzten Jahren einige wichtige und interessante Beiträge erschienen, auf die wir hier nicht eingehen können. Viele werden z. B. der Auffassung von H. PUTNAM beipflichten, daß der sog. metaphysische Realismus, welcher DIE WELT als eine sprach- und theorienunabhängige Entität konzipiert, keine philosophisch sinnvolle Position darstellt, daß aber der davon scharf abzugrenzende interne Realismus eine präzisierbare und annehmbare philosophische Auffassung beinhaltet. (Für eine kurze Schilderung der Auffassung von PUTNAM vgl. STEGMÜLLER, *Hauptströmungen der Gegenwartsphilosophie,* Bd. II, Kap. III, insbes. S. 446 ff.) Sei dem wie auch immer – wir wollen hier bloß voraussetzen, daß der Realismus als eine philosophisch sinnvolle Auffassung beschreibbar ist, ohne daß wir zugleich unterstellen, daß diese Auffassung auch zutreffend ist. Dann steht eines außer Frage: Der Instrumentalismus im Sinn des Fiktionalismus gemäß SCHEFFLER ist sicherlich mit *keiner* Variante des Realismus vereinbar; der „Instrumentalismus" im Sinn der strukturalistischen Theoriendeutung hingegen ist mit *jeder* philosophisch vertretbaren Version des Realismus verträglich.

Bisher haben wir von den Neuerungen, die der Strukturalismus im Gefolge hat, nur zwei behandelt: Theorien als mathematische Strukturen besonderer Art und theoretische Größen. Wegen des engen Zusammenhanges zwischen beiden Entitäten war es nicht möglich, diese beiden Dinge vollkommen unabhängig voneinander zu diskutieren.

## (B) Constraints

Wir wenden uns jetzt einer dritten Besonderheit zu, den sog. *Constraints*[20]. Wie wir erkennen werden, ist es diesen Constraints zu verdanken, daß der empirische Gehalt einer Theorie nicht total, in voneinander unabhängige empirische Aussagen zerfällt. Greifen wir dazu wieder auf die Aussage (ii) zurück: Wenn wir statt $a$ ein anderes, ebenfalls zu den intendierten Anwendungen gehörendes Modell $a'$ betrachten, so kann es uns auch für dieses glücken, eine theoretische Ergänzung $e'$ zu finden, die Modell von $T$ ist, d. h. wir erhielten eine Aussage (ii'). (ii) und (ii') stünden – abgesehen davon, daß sie dasselbe Prädikat benützen – beziehungslos nebeneinander. Analoges würde für jedes weitere partielle Modell $a''$, $a'''$, ... gelten, das sich in geeigneter Weise ergänzen ließe. Jede neue empirische Behauptung würde zwar nach demselben Schema entstehen wie die vorangehende, wäre jedoch mit keiner dieser vorangehenden Aussagen verknüpft.

Wir müssen jetzt die Tatsache berücksichtigen, daß *ein und dasselbe* Objekt gleichzeitig in *verschiedenen* intendierten Anwendungen vorkommen kann. Zu den intendierten astronomischen Anwendungen der Newtonschen Mechanik gehört z. B. nicht nur das Planetensystem als Ganzes, sondern auch das spezielle System: Erde – Mond, oder das andere spezielle System: Jupiter – Jupitermonde. Sowohl die Erde als auch der Planet Jupiter kommen also jeweils in mindestens *zwei* intendierten Anwendungen vor.

Um uns zu überlegen, welche Konsequenzen dieser Umstand für den strukturalistischen Ansatz hat, greifen wir wieder auf unsere primitive Theorie $S$, die archimedische Statik, zurück. Die spezielle Anwendung von $S$ bestehe aus einer Waage im Gleichgewichtszustand, wobei sich auf der einen Waagschale eine größere sowie eine etwas kleinere Orange und auf der anderen Waagschale zwei verschieden große Zitronen befinden. Wir betrachten jetzt eine zweite Anwendung. In ihr befinde sich nur mehr die größere Orange auf der einen und die größere Zitrone auf der anderen Waagschale. In dieser zweiten Anwendung senke sich die Schale mit der Orange, woraus wir entnehmen, daß die größere Orange schwerer ist als die größere Zitrone. Darüber hinaus werden wir aber den folgenden Schluß ziehen: „Da in der ersten Anwendung ein Gleichgewicht bestand, ist die kleinere der beiden Zitronen schwerer als die kleinere der beiden Orangen". Dieser Schluß *erscheint* uns als selbstverständlich. Er ist es aber keineswegs. Ja, wir können noch mehr sagen: Sofern wir uns allein auf Aussagen von der Gestalt (ii) stützen, läßt sich dieser Schluß überhaupt nicht rechtfertigen. Wir können ihn erst dann ziehen, wenn wir die folgende, scheinbar triviale, in der Tat jedoch

---

[20] In [II/2] hatte ich dafür die deutsche Übersetzung „Nebenbedingungen" vorgeschlagen. Diese Terminologie scheint sich nicht einzubürgern, weshalb ich den Sneedschen Ausdruck als technischen Term in die deutsche Sprache übernehme.

äußerst wichtige zusätzliche Annahme machen: *Das Gewicht eines Gegenstandes bleibt bei verschiedenen Anwendungen der Theorie S dasselbe*. (Im astronomischen Beispielsfall würde es sich darum handeln, daß man der Erde als Glied des Sonnensystems sowie als Glied des Systems Erde—Mond dieselbe Masse zuschreibt und daß man analog mit dem Planeten Jupiter verfährt.)

Wir haben angenommen, daß das Gewicht $g$ eine in bezug auf die Theorie $S$ theoretische Größe ist. Die eben beschriebene Bedingung, daß das Gewicht eines Gegenstandes in allen verschiedenen Anwendungen, in denen der Gegenstand vorkommt, dasselbe bleibt, läßt sich als ein Constraint formulieren, der dem theoretischen Gewichtsmaß auferlegt ist. Wir wollen die Idee skizzieren. (Für eine genauere Fassung vgl. [II/2], S. 82ff.; die präzise Definition findet sich auf S. 84.) Die Gewichtsfunktion in der $i$-ten Anwendung sei $g_i$, die in der $j$-ten Anwendung $g_j$; $x$ sei ein Gegenstand, der in beiden Anwendungen vorkommt. Dann lautet unser Constraint einfach: $g_i(x)=g_j(x)$, d. h. $x$ hat in beiden Anwendungen dasselbe Gewicht. Eine Größe, die diesen Constraint erfüllt, heißt *konservative Größe*. (In unserem Beispiel aus der Himmelsmechanik war die Masse eine solche konservative Größe.)

Ein anderer wichtiger Constraint, der ebenfalls auf das Gewichtsmaß zutrifft, ist folgender: Angenommen, ein Objekt $x$ sei aus zwei Teilobjekten $x_1$ und $x_2$ zusammengesetzt; $x_1$ und $x_2$ können in zwei verschiedenen Anwendungen vorkommen (und diese beiden Anwendungen können ihrerseits sogar wieder verschieden sein von der, in welcher wir das „komplexe" Objekt $x$ betrachten). Dann gilt: Das Gewicht von $x$ ist gleich der Summe der Gewichte von $x_1$ und $x_2$. Eine Größe, welche diesen Constraint erfüllt, wird *extensive Größe* genannt. (Die Masse ist auch eine extensive Größe.)

Eine Wendung, wie die Aussage „die Masse ist eine extensive Größe" klingt so, als drücke sie ein Naturgesetz aus. Tatsächlich jedoch handelt es sich nicht um ein Gesetz, sondern um einen Constraint. Der Unterschied zwischen beiden tritt klar zutage, wenn man alles in der mengentheoretischen Sprache ausdrückt. Sofern man von einem Objekt behauptet, daß die Theorie oder ein Gesetz auf es zutreffe, so sagt man, daß dieses Objekt ein Modell der Theorie bzw. des Gesetzes ist. Ein Constraint betrifft dagegen niemals einzelne mögliche Modelle, sondern nur *Mengen von* solchen. Am besten erkennt man dies bei negativer Formulierung: Was ein einzelner Constraint ausschließt oder verbietet, sind nicht einzelne mögliche Modelle, sondern Kombinationen (Mengen) von solchen. Ganz allgemein könnte man sagen: Der kategoriale Unterschied zwischen Gesetzen und Constraints spiegelt sich bei mengentheoretischer Darstellung in der Weise wider, daß Constraints eine Stufe höher liegen als Gesetze. Während Gesetze als Mengen von möglichen Modellen repräsentierbar sind, bilden Constraints Klassen von Mengen möglicher Modelle.

Mit Hilfe des Begriffs des Constraints kann man wesentlich stärkere empirische Aussagen formulieren als die Aussage (ii). Eine solche Aussage ist in dem Sinn wesentlich stärker als (ii), daß sie über sämtliche Anwendungen eine zusammenfassende Behauptung aufstellt, die nicht in Einzelaussagen aufgesplittert werden kann. Sie hat folgende Gestalt:

(iii) *Jedes partielle Modell, das eine intendierte Anwendung der Theorie bildet, besitzt eine theoretische Ergänzung, die ein Modell von T ist, und die Menge aller dieser theoretischen Ergänzungen erfüllt die den theoretischen Größen auferlegten Constraints.*

(In [II/2] entsprechen dieser Aussage die beiden Varianten von verallgemeinerten Ramsey-Sätzen auf S. 85.)

Wir wollen die außerordentliche Leistungsfähigkeit empirischer Behauptungen, welche durch die Hinzunahme von Constraints zustande kommt, am einfachen Modellbeispiel unserer Theorie $S$ erläutern. Dabei benützen wir als einzigen Constraint nur den denkbar einfachsten Fall, nämlich das Postulat, daß das Gewicht eine konservative Größe ist. Es geht uns um eine Begründung der folgenden Behauptung: Zum Unterschied von (ii) kann eine Aussage von der Gestalt (iii) *für Voraussagezwecke* benützt werden. (iii) gestattet es uns nämlich, die Werte theoretischer Größen *in einer neuen intendierten Anwendung* aus den uns bereits bekannten Werten in anderen Anwendungen zu erschließen.

Zum Nachweis betrachten wir drei Anwendungen der archimedischen Statik. In allen drei Anwendungen handelt es sich um ein und dieselbe Kinderschaukel; doch die darauf sitzenden Kinder seien nicht immer dieselben. In der ersten Anwendung enthalte der Bereich (außer der Schaukel) die beiden Kinder $x$ und $y$, in der zweiten Anwendung die Kinder $x$ und $z$ und in der dritten Anwendung die Kinder $y$ und $z$. Wir nehmen an, daß wir die Abstände der Kinder vom Stützpunkt in den ersten beiden Anwendungen gemessen haben (was ja, laut Voraussetzung, theorienunabhängig geschehen kann). Alle drei Anwendungen seien Modelle von $S$, d. h. die Schaukel befinde sich in allen drei Fällen im Gleichgewicht. Wir wenden nun die goldene Regel der Statik an, also das zweite Axiom in der Definition von $S$. Es gibt dann drei Gewichtsmaße $g_1$, $g_2$ und $g_3$, so daß die folgenden Gleichungen gelten (wir müssen hier berücksichtigen, *welche* Kinder in *welchen* Anwendungen beteiligt sind, sowie daß es sich um Gleichgewichtszustände, also um $S$-Modelle handelt):

$$d_1(x) \cdot g_1(x) = d_1(y) \cdot g_1(y)$$
$$d_2(x) \cdot g_2(x) = d_2(z) \cdot g_2(z)$$
$$d_3(y) \cdot g_3(y) = d_3(z) \cdot g_3(z)$$

Jetzt führen wir die zusätzliche Annahme ein, daß das Gewicht eine konservative Größe ist; wir machen also Gebrauch von unserem Constraint.

Dann erhalten wir die drei Zusatzbedingungen:

$$g_1(x) = g_2(x)$$
$$g_1(y) = g_3(y)$$
$$g_2(z) = g_3(z)$$

Die erste Gleichung besagt z. B., daß das Kind $x$ in der ersten Anwendung (wo es zusammen mit $y$ schaukelt) dasselbe Gewicht hat wie in der zweiten Anwendung (wo es zusammen mit $z$ schaukelt) etc. Wenn man diese drei Folgerungen unseres Constraints oben einsetzt, so erhält man nach elementaren Umformungen:

$$\frac{d_3(y)}{d_3(z)} = \frac{d_1(y) \cdot d_2(x)}{d_1(x) \cdot d_2(z)}$$

Nun haben wir vorausgesetzt, daß die auf der rechten Seite stehenden Abstände, die ja nur die erste sowie die zweite Anwendung betreffen, vorher gemessen worden sind. Falls wir annehmen, daß außerdem noch $d_3(z)$ empirisch ermittelt wird, *können wir den Abstand $d_3(y)$*, also den Abstand des Kindes $y$ in der dritten Anwendung vom Stützpunkt der Schaukel, *voraussagen*. Eine solche Voraussage wäre unmöglich gewesen, sofern uns nur eine Aussage von der Gestalt (ii) zur Verfügung gestanden wäre. Man beachte auch folgendes: Obwohl der Constraint die theoretische Größe betrifft – denn das *Gewicht* wurde ja als konservative Größe vorausgesetzt –, betrifft die Voraussage den Wert einer *nichttheoretischen* Größe. Es ist daher berechtigt, von einer *empirischen* Leistungsfähigkeit des Constraints der Konservativität zu sprechen.

Wir haben ausdrücklich hervorgehoben, daß im strukturalistischen Rahmen Theorien nicht mit Satzmengen identifiziert werden, sondern daß hier scharf unterschieden wird zwischen einer Theorie $T$ als mathematischer Struktur und den mittels $T$ formulierbaren empirischen Behauptungen. Zunächst sah es so aus, als sei diese Beziehung ein-mehrdeutig, d. h. der *einen* Theorie entsprechen *viele* empirische Aussagen (i) oder (ii), wobei die Anzahl der empirischen Aussagen von der Zahl der intendierten Anwendungen abhängt. Diese Sichtweise hat sich, nachdem der Begriff des Constraint eingeführt worden und die empirischen Behauptungen von $T$ die Gestalt (iii) angenommen haben, radikal geändert. Die Constraints stellen mehr oder weniger starke und strenge Querverbindungen zwischen diesen einzelnen Anwendungen her; und der sich zunächst in bezug auf die einzelnen Anwendungen aufzusplittern drohende empirische Gehalt der Theorie $T$ wird jetzt *durch eine einzige Aussage* von der Gestalt (iii) wiedergegeben. Wir dürfen also nicht nur den bestimmten Artikel verwenden, wenn wir von *dem* empirischen Gehalt von $T$ sprechen, sondern können darüber hinaus von dem *einen Satz* sprechen, der diesen Gehalt ausdrückt. (Später werden wir diesen Satz die *Theorienproposition* und zwar genauer: *die Theorienproposition im schwachen Sinn,* nennen.) Diese eindeutige Zuordnung wird auch im folgenden beibehalten bleiben, wo die gewissermaßen noch „nackte" Theorie durch hinzukommende spezielle Gesetze theoretisch bereichert werden wird. Das Verhältnis zwischen dem strukturalistischen Vorgehen und dem Aussagenkonzept kann dann deutlicher charakterisiert werden, nämlich: *Gemeinsam* ist beiden Auffassungen, daß der empirische Gehalt von Theorien durch satzartige Gebilde wiedergegeben wird. Der *Unterschied* besteht hauptsächlich in zweierlei: *Erstens* wird innerhalb des strukturalistischen Rahmens und nur in ihm der satzartigen Reproduktion des empirischen Gehaltes eine mathematische Struktur vorangestellt. *Zweitens* wird nach strukturalistischer Auffassung der empirische Gehalt einer Theorie durch einen einzigen unzerlegbaren Satz ausgedrückt, während dieser Gehalt innerhalb des Aussagenkonzeptes durch eine Satzklasse beschrieben wird. Der Grund für diesen Unterschied liegt darin, daß das Zirkularitätsproblem der $T$-theoretischen Größen zwingend eine Lösung erheischt und daß bislang keine andere Lösung als die Ramsey-Lösung bekannt geworden ist. Gemäß dieser Lösung aber *muß* der empirische Gehalt von $T$ durch eine mit einem Existenzquantor beginnende Aussage wiedergegeben werden, in der davon gesprochen wird, daß *es* für die zu den intendierten Anwendungen gehörenden partiellen Modelle von $T$ theoretische Ergänzungen *gibt*, die in ihrer Gesamtheit die den theoretischen Größen auferlegten Constraints erfüllen.

Man kann sich noch die Frage stellen, in welcher Weise sich durch (iii) der Bestätigungsaspekt geändert hat. Der folgende Punkt ist hier vielleicht der wichtigste; er soll am Beispiel der Extensivität erläutert werden: Daß das Gewicht in der Theorie $S$, also in der archimedischen Statik (bzw. die Masse in der Theorie NEWTONS), eine extensive Größe ist, bildet *nicht* ein *empirisches Faktum*, welches irgendwie unabhängig entdeckt oder empirisch erhärtet worden ist, um *nachträglich* in der geschilderten Weise in die Theorie hineingetragen zu werden. Vielmehr wird von der Theorie über ihre empirische Behauptung (iii) *gefordert*, daß es in allen ihren Anwendungen ein extensives Gewichtsmaß bzw. eine extensive Massengröße gibt, die als theoretischer Constraint in diese empirische Behauptung Eingang findet. Die *empirische Bestätigung* dieser Forderung erfolgt dadurch, daß es gelingt, eine derartige extensive Größe zu kontruieren, mit deren Hilfe sich eine korrekte Aussage (iii) bilden läßt. Und wenn dies den Forschern nicht gelingt, sie jedoch darin Erfolg haben, eine die übrigen Forderungen (einschließlich evtl. vorliegender anderer Constraints) erfüllende Aussage (iii) zu formulieren? Nun, dann wird man vermutlich sagen: Es ist zwar geglückt, eine empirische Aussage zu formulieren; aber von der ersten theoretischen Größe hat es keinen Sinn mehr, zu sagen, daß sie das *Gewicht* der Objekte messe. Analog würde man im Newtonschen Fall eine an die Stelle der Masse tretende nichtextensive Größe nicht mehr „Masse" nennen. Und da das Vorkommen von Massen für diese Theorie charakteristisch ist, wäre es auch nicht mehr gerechtfertigt, von der *Theorie Newtons* zu reden. Man müßte also sagen: „Wir haben zwar eine empirische Aussage von der Gestalt (iii) gefunden. Aber diese Aussage drückt nicht mehr den empirischen Gehalt der Newtonschen Theorie aus, sondern den einer anderen Theorie. Und zwar ist es deshalb eine andere Theorie, weil in (iii) von einer extensiven Massenfunktion nicht mehr die Rede ist."

Damit haben wir auch die dritte Besonderheit des strukturalistischen Programms, die Constraints und ihre Rolle bei der Formulierung empirischer Behauptungen, hinreichend beschrieben („hinreichend" natürlich nicht in einem absoluten Sinn, sondern nur in bezug auf das im gegenwärtigen Kontext angestrebte Verständnis dieses Programms.) Wir wenden uns jetzt der vierten Besonderheit zu, nämlich den *speziellen Gesetzen*, von denen man in üblicher Redeweise sagt, „daß sie in einer Theorie vorkommen". Wir müssen dem die einschränkende Bemerkung vorausschicken, daß ein volles Verständnis der Spezialgesetze erst nach Erörterung des fünften Punktes, nämlich der intendierten Anwendungen, gewonnen sein wird. Vorläufig müssen wir uns auf das beschränken, was man den mathematischen Aspekt der Gesetze nennen könnte (und was wir übrigens auch bezüglich des Begriffs der Theorie bisher stets getan haben); den Anwendungsaspekt werden wir zunächst nur nebenher erwähnen.

*(C) Spezialgesetze, intendierte Anwendungen und paradigmatische Beispiele*

Die Benützung von Constraints bildet nur *eine* Möglichkeit, den empirischen Gehalt einer Theorie, welcher in der der Theorie zugeordneten empirischen Behauptung seinen Niederschlag findet, zu verstärken. Die Hinzufügung von speziellen Gesetzen zu den in der Theorie enthaltenen Grundannahmen bildet eine *zweite* Möglichkeit. In allen praktisch interessanten Fällen wird von beiden Möglichkeiten ein ergiebiger Gebrauch gemacht. An denjenigen Stellen, wo wir auf das Planetensystem oder Teilsysteme davon als Anwendungen der Newtonschen Theorie zu sprechen kamen, hatten wir bereits stillschweigend angenommen, daß die Theorie *in bezug auf diese spezielle Anwendung* durch ein Spezialgesetz ergänzt worden ist. Es wurde dort nämlich vorausgesetzt, daß die Bewegungen der Gegenstände des Anwendungsbereichs nur durch *Gravitationskräfte* bestimmt sind. Diese Kräfte genügen einem speziellen Gesetz, genannt *Gravitationsgesetz*, das man in intuitiver Sprechweise etwa so ausdrücken kann: Kräfte dieser Art wirken zwischen zwei gegebenen Objekten nur entlang einer geraden Verbindungslinie der beiden Objekte; und die Stärke dieser Kräfte ist umgekehrt proportional dem Quadrat der Entfernung zwischen diesen Objekten.

Andere intendierte Anwendungen derselben Theorie befassen sich z. B. mit Federn, die auf Objekte Kräfte ausüben. Sie genügen als speziellem Gesetz dem *Gesetz von Hooke*, wonach diese Kräfte der Abweichung der Feder von ihrer Normallänge proportional sind.

Es ist nicht schwierig, zu erkennen, wie man solche speziellen Gesetze in Weiterführung der bisher benützten Methode einzuführen hat. Derartige Gesetze sollen ja mehr – „mehr" im Sinn von „Schärferes" – besagen als die reine Theorie als solche. Da wir die Theorie durch ein mengentheoretisches Prädikat wiedergeben, welches eine mathematische Struktur designiert, ist es naheliegend, jedes *Spezialgesetz* mittels einer Verschärfung eben dieses die Theorie designierenden Prädikates wiederzugeben. Das Designat eines solchen verschärften Prädikates ist dann eine komplexere oder reichere mathematische Struktur als die ursprüngliche. Wenn man sich, wie wir dies tun, auf den rein extensionalen Standpunkt stellt, wird durch ein Spezialgesetz aus der Menge der die Theorie erfüllenden Modelle eine echte Teilmenge ausgesondert. Daß ein partielles Modell, welches zur intendierten Anwendung der Theorie und außerdem zur intendierten Anwendung des Gesetzes gehört, dieses Gesetz erfüllt, besagt dann, daß es für dieses partielle Modell theoretische Ergänzungen gibt, welche – abgesehen davon, daß sie die Constraints erfüllen – Elemente der fraglichen Teilmenge sind. Wir begnügen uns mit dieser Feststellung und schreiben diese etwas kompliziertere Verschärfung von (ii), die zugleich eine Verschärfung von (iii) ist, nicht mehr an. Der an den Details interessierte Leser findet sie in [II/2] auf S. 98, 99 u. 102. In der dort formulierten letzten Fassung wird die Tatsache berücksichtigt, daß sich die angedeuteten Komplikationen in der Regel auf speziellerer Ebene wiederholen: Einerseits haben Spezialgesetze ihrerseits häufig wiederum Spezialisierungen; und zum anderen gibt es neben den allgemeinen auch spezielle Constraints, die sich auf diejenigen Teilmodelle erstrecken, welche aus theoretischen Ergänzungen spezieller Gesetze bestehen. Diese schärfste Aussage, die für eine bestimmte Zeit den empirischen Gehalt einer Theorie ausdrückt, werden wir von nun an als die *Theorienproposition* (im starken Sinn) bezeichnen.

Von Naturforschern hört man oft Äußerungen von der Art, daß eine Theorie *nur einen Rahmen* bilde, den auszufüllen Aufgabe künftiger Forschung sei. Wir können eine ebenso zwanglose wie überzeugende Deutung dieser Intuition geben: Die mathematische Grundstruktur, welche wir „Theorie" nennen, ist in der Tat in dem Sinn bloß ein „auszufüllender Rahmen", als die Theorie erst dann von wirklichem Interesse wird, wenn sie durch eine Fülle von Spezialgesetzen, gegebenenfalls unter Hinzutreten von speziellen Constraints, zu einem möglichst umfassenden Netz ausgebaut worden ist, dessen empirischer Gehalt gegenüber dem in (iii) ausgedrückten Ansatz eine ganz wesentliche Verschärfung darstellt.

Innerhalb des strukturalistischen Konzeptes gibt es prinzipiell zwei Verfahren zur Behandlung spezieller Gesetze. Da zur vollständigen Charakterisierung eines derartigen Gesetzes die genaue Angabe der intendierten

Anwendungen gehört, in denen das Gesetz gelten soll, verschieben wir diesen Punkt auf später und wenden uns zuvor dem fünften Novum zu, nämlich der Behandlung der intendierten Anwendungen einer Theorie.

Wir wissen bereits, daß *intendierte Anwendungen* partielle Modelle sein müssen. Die Umkehrung gilt natürlich nicht: Zahllose Partialmodelle werden aus dem Bereich der intendierten Anwendungen ausgeschlossen. So etwa wird man nicht jede Menge sich bewegender Körper, denen man zu einer Zeit einen Ort, eine Geschwindigkeit und eine Beschleunigung zuschreiben kann, als intendierte Anwendung der Theorie NEWTONS ansehen, z. B. nicht ein Rudel Löwen in einer afrikanischen Wüste. Wie aber soll diejenige Teilmenge $I$ von partiellen Modellen, die wir zu den intendierten Anwendungen der Theorie rechnen wollen, ausgesondert werden?

Was sich den Logikern unter den Wissenschaftsphilosophen zunächst anbot, ist folgender Vorschlag: Die Glieder der Menge $I$ intendierter Anwendungen sind dadurch auszuzeichnen, daß sie alle bestimmte Merkmale bzw. Merkmalskombinationen besitzen, die den nicht zu $I$ gehörenden partiellen Modellen fehlen. Aber was sollten dies für Merkmale sein? Im Fall der Theorie NEWTONS müßten wir gemeinsame Eigenschaften der Umlaufbahnen der Planeten und Kometen, der Pendelbewegungen, der Gezeiten, des berühmten vom Baum fallenden Apfels finden, die z. B. nicht auch auf das erwähnte Rudel Löwen zutreffen. Es besteht kaum eine Chance für die Hoffnung, daß man solche Merkmale finden könnte.

Aber selbst wenn es uns mit einigem Geschick gelingen sollte, derartige Merkmale anzugeben, wäre eine Auszeichnung von $I$ mittels dieser Merkmale gar nicht wünschenswert. Angenommen nämlich, es sollte sich herausstellen, daß ein zu $I$ gehörendes partielles Modell *zusammen mit den bereits akteptierten Anwendungen* die Theorienproposition nicht erfüllt, also den Anlaß für ein Versagen der Theorienproposition liefert. In der Terminologie von KUHN hätten wir es mit einer „widerspenstigen" Anwendung zu tun, die er eine Anomalie nennt. Und eine oder einige wenige Anomalien sind nach ihm nicht ausreichend für eine Theorienverwerfung. Wenn wir jedoch so vorgegangen wären, wie es soeben geschildert wurde, hätten wir gar keine andere Wahl als zu sagen, daß die Theorienproposition und damit die Theorie falsifiziert worden sei. Nach POPPER und seinen Schülern wäre dies vermutlich auch die richtige Reaktion. Wir sagen ausdrücklich „vermutlich"; denn weder POPPER selbst noch einer seiner Schüler haben ausdrücklich die Frage erörtert, wie man entscheiden soll, was zum Anwendungsbereich einer Theorie gehört. GÄRDENFORS dürfte recht haben mit der Vermutung, daß nach POPPER der Anwendungsbereich einer Theorie implizit mit der Formulierung der Theorie gegeben ist. Doch dies ist sicherlich nicht der Fall und die eben geschilderte Reaktion wäre in den meisten Fällen völlig unangemessen. (Für eine genauere Erörterung vgl. [II/2], S. 198—202.)

SNEEDS Vorschlag geht in eine ganz andere Richtung. Sie dürfte nicht nur viel adäquater sein als die angedeuteten anderen Verfahren. Sie ist auch deswegen interessant, weil darin Wittgensteinsche Ideen aufgegriffen werden und dadurch außerdem ein wichtiger Aspekt der wissenschaftsphilosophischen Ideen von KUHN geklärt wird. Schematisch kann man in diesem Vorschlag zwei Bestandteile unterscheiden: Der erste Bestandteil beinhaltet, daß die Menge der intendierten Anwendungen einer Theorie hauptsächlich durch *paradigmatische Beispiele* festgelegt wird. Diese Beispiele werden in Lehrbüchern angegeben, zum Teil innerhalb von Übungsaufgaben, mit deren Hilfe man lernen soll, „wie die Theorie funktioniert und wie man mit ihr arbeitet". Die Menge $I_0$ der paradigmatischen Beispiele ist jedoch nur eine Teilmenge von $I$. Diese letztere Menge wird, und dies ist der zweite Bestandteil, am besten als eine *offene Menge* aufgefaßt, von der nur verlangt wird, daß sie $I_0$ als Teilmenge enthält und daß die in ihr enthaltenen, aber nicht zu $I_0$ gehörenden Elemente mit den paradigmatischen Beispielen eine „hinreichende Ähnlichkeit" besitzt. In der Sprechweise von WITTGENSTEIN könnte man sagen, daß zwischen den verschiedenen Elementen von $I$ eine *Familienähnlichkeit* besteht.

Legt man dieses Konzept von intendierter Anwendung zugrunde, so gelangt man bei Vorliegen „widerspenstiger Anwendungen" zu einer radikal anderen Lösung als POPPER: Solche Fälle werden aus $I$ eliminiert; es wird also gesagt, daß sie gar keine intendierten Anwendungen der Theorie sind. Logisch betrachtet, läuft dieses Verfahren darauf hinaus, *daß man in Zweifelsfällen die Theorie selbst darüber entscheiden läßt, was zur Menge I ihrer intendierten Anwendungen gehört und was nicht*: Gelingt es, ein derartiges partielles Modell $a$ mit geeigneten theoretischen Größen auszustatten, so daß man ein vollständiges Modell erhält, welches die angegebenen Constraints erfüllt, so gehört $a$ zu $I$; ansonsten wird es aus $I$ herausgenommen. In [II/2] wurde dies die auf $I$ bezogene *Regel der Autodetermination* genannt. (Für Details vgl. S. 139 und S. 225f. von [II/2]). Diese Methode, wonach die mathematische Struktur einer Theorie selbst darüber entscheidet, ob eine denkmögliche Anwendung auch eine intendierte Anwendung ist, gibt einer von HANSSON, KUHN, FEYERABEND und anderen vertretenen These, die von vielen als gänzlich paradox empfunden worden ist, einen durchaus vernünftigen und vertretbaren Sinn, nämlich der These: „*Theorien bestimmen ihre eigenen Fakten!*" Es muß allerdings sofort hinzugefügt werden, daß im Rahmen des Strukturalismus diese These keineswegs uneingeschränkt gilt. Das geschilderte Verfahren ist nur auf jene Randfälle der Theorie anzuwenden, bei denen es nicht von vornherein klar ist, ob sie den paradigmatischen Beispielen hinreichend ähnlich sind.

Immerhin zeigt diese Überlegung, daß es so etwas wie *eine zweite Art von Immunität einer Theorie gegen potentielle empirische Widerlegung* gibt. Als historisches Beispiel diene wieder die Theorie NEWTONS. Unter den paradigmatischen Beispielen intendierter Anwendungen seiner Theorie hatte NEWTON angeführt: die Bewegungen der Planeten und Kometen; die Gezeiten; den freien Fall von Körpern in der Nähe der Erdoberfläche; die Pendelbewegungen. Die optischen Phänomene hatte er nicht dazu gerechnet, jedoch die starke Vermutung geäußert, daß auch diese mit fortschreitender Weiterentwicklung seiner Theorie in die intendierten Anwendungen seiner Theorie einbezogen werden könnten. Diese Hoffnung erfüllte sich nicht. Nachdem sich jedoch die Wellentheorie des Lichtes von MAXWELL durchgesetzt hatte, sagte kein Physiker: „Die Theorie NEWTONS ist damit falsifiziert". Vielmehr beschränkte man sich allgemein auf die wesentlich bescheidenere Feststellung, daß die optischen Phänomene keine Anwendungen von NEWTONS Theorie bilden, ganz im Einklang mit der Autodeterminationsregel.

*(D) Netze von Theorie-Elementen*

Wenn immer wir von einer Theorie $T$ sprachen, verstanden wir darunter eine mathematische Struktur von der geschilderten Beschaffenheit. Dies entspricht nicht ganz der Terminologie von SNEED und auch nicht der in den anderen Publikationen über das strukturalistische Konzept. In der Tat sollte im gegenwärtigen Kontext unter einer Theorie stets eine *empirisch interpretierte* Theorie verstanden werden. Dementsprechend ändern wir jetzt, nachdem wir genauer über die empirische Anwendung gesprochen haben, die Terminologie. Eine Theorie $T$ soll aus zwei Gliedern bestehen: Das erste Glied bildet die mathematische Struktur, welche wir bislang „Theorie" nannten. Sie werde in „*Kern der Theorie*" umgetauft und allgemein mit $K$ bezeichnet. Das zweite Glied besteht aus der Menge $I$ der intendierten Anwendungen, wobei $I$ in der geschilderten Weise als offene, die Menge der paradigmatischen Beispiele $I_0$ als Teilmenge enthaltende Menge aufgefaßt wird. Der Kern besteht seinerseits aus vier Komponenten: (1) der Menge partieller Modelle, (2) der Menge möglicher Modelle, (3) der Menge von Modellen, (4) der Menge von Constraints. Die beiden Glieder $K$ und $I$ hängen durch die Forderung zusammen, daß die Elemente von $I$ partielle Modelle sind[21]. Formal kann die Theorie $T$ als das geordnete Paar $\langle K,I \rangle$ eingeführt werden.

---

[21] Es hat sich als zweckmäßig erwiesen, in Abweichung von dieser Darstellung $I$ als Teilmenge *der Potenzmenge* der Menge aller partiellen Modelle aufzufassen. Danach bilden z. B. alle Gezeiten eine Anwendung der Theorie, die Menge der Pendelbewegungen eine andere. In unserem eingangs gewählten elementaren Beispiel würden danach die drei erwähnten Fälle einer Kinderwippschaukel, die mit jeweils zwei Kindern besetzt ist, nicht drei Anwendungen der archimedischen Statik bilden, sondern drei Einzelfälle *einer* Anwendung dieser Theorie.
Da wir im gegenwärtigen Zusammenhang von solchen technischen Spitzfindigkeiten abstrahieren können, behandeln wir im Text $I$ weiterhin als aus partiellen Modellen bestehend.

Wir deuteten oben an, daß es zwei Methoden für die Behandlung spezieller Gesetze im strukturalistischen Rahmen gibt. In der ursprünglichen Fassung wurden die speziellen Gesetze zum *erweiterten Kern* zusammengefaßt. Diese Darstellungsweise eignet sich vorzüglich dafür, den Wandel einer Theorie im Verlauf der Zeit darzustellen. Während der eigentliche Kern einer Theorie gleich bleibt – so lange wenigstens, als die Theorie akzeptiert ist und nicht durch eine andere verdrängt wird –, ändert sich vieles im Bereich der Spezialgesetze (und der speziellen Constraints) im Verlauf der Zeit, was sich in der ständigen Änderung des erweiterten Kerns niederschlägt. Diese Darstellungsweise ist jedoch relativ kompliziert. Denn die genaue Einführung des Begriffs des erweiterten Kerns ist ziemlich umständlich, was wiederum z. B. darauf beruht, daß jedes spezielle Gesetz seinerseits eine intendierte Anwendung besitzt, die dabei genau zu berücksichtigen ist. (Vgl. dazu [II/2], S. 130f., wo noch diese ursprüngliche Methode zur Anwendung gelangte.)

Inzwischen hat sich ein anderes Verfahren, das auf einen Vorschlag von WOLFGANG BALZER zurückgeht, als einfacher und zweckmäßiger erwiesen. Danach wird jedes spezielle Gesetz nach demselben Muster behandelt wie die Theorie selbst, also gleichsam als eine Minitheorie gedeutet. Dies soll auch terminologisch zum Ausdruck kommen. Als allgemeine Bezeichnung für alles, was wir bisher „Theorie" nannten, sowie für alle speziellen Gesetze wählen wir den Ausdruck „Theorie-Element". Speziellere Gesetze gehen aus allgemeineren durch die Operation der *Spezialisierung* hervor. Die Theorie $T$ im bisherigen Sinn bildet das grundlegende Element, bei dem alle Spezialisierungen ihren Ausgang nehmen. Wir nennen es daher auch das *Basiselement* oder kurz: die *Basis* mit dem *Basiskern* als erstem Glied. Die eine Hälfte der Spezialisierungen betrifft die Kerne (Kernspezialisierung). Dabei können die Komponenten (1) und (2), also die partiellen Modelle sowie die möglichen Modelle, jeweils unverändert übernommen werden. Die eigentliche Spezialisierung setzt bei den Komponenten (3) und (4) ein: Die Menge der Modelle sowie die Menge der Constraints wird auf eine Teilmenge eingeschränkt. Die andere Hälfte der Spezialisierung setzt bei den intendierten Anwendungen ein: Die intendierte Anwendung eines Theorie-Elementes, das aus einem anderen durch Spezialisierung hervorgeht, bildet eine Teilmenge der Menge der intendierten Anwendungen des letzteren. Eine andersartige Bereicherung der Basis einer Theorie besteht darin, daß man neue intendierte Anwendungen findet, sei es für die Basis selbst, sei es für eines der durch Spezialisierung hinzugefügten Gesetze. Wir nennen diese Operation *Anwendungserweiterung*.

Was wir früher den erweiterten Kern nannten, wird jetzt in Einzelheiten zerlegt und bildet ein ganzes Netz von Kernelementen. Durch Hinzunahme der jeweiligen intendierten Anwendungen entsteht so ein *Netz von Theorie-Elementen*. Diese Konstruktion eines Netzes ist nicht nur für *statische* Studien, etwa für die Analyse intra- und intertheoretischer Relationen, hilfreich und nützlich. Sie vermittelt uns zugleich einen sowohl präzisen als auch anschaulichen Zugang zum Thema „Theoriendynamik". Das Hinzutreten eines Spezialgesetzes wie die Hinzufügung neuer Anwendungen kann man nämlich als Einfügung neuer Theorie-Elemente in ein gegebenes Netz ansehen, wobei das jeweilige neue Element entweder durch Spezialisierung oder durch Anwendungserweiterung aus einem bereits im alten Netz vorkommenden Theorie-Element hervorgegangen ist. Wir sprechen in solchen Fällen auch von einer *Verfeinerung* des gegebenen Netzes.

Zwecks besseren Verständnisses unterscheiden wir zwischen zwei Begriffen von „Theorie". Eine *Theorie im schwachen Sinn* ist genau das, was wir bislang mit einer Theorie identifizierten, also das Basiselement in der neuen Terminologie. Ihr ist eindeutig als empirischer Gehalt die *Theorienproposition im schwachen Sinn* zugeordnet. Die *Theorie im starken Sinn* umfaßt dagegen all das, „was eine Theorie zu einem bestimmten Zeitpunkt beinhaltet", nämlich das Basiselement zusammen mit dem ganzen Netz der übrigen, letzten Endes aus dem Basiselement durch Spezialisierungen hervorgegangenen Theorie-Elemente. Auch dieses Netz legt eindeutig eine empirische Aussage fest, die alles beinhaltet, „was die Theorie zu diesem Zeitpunkt zu sagen hat"; es ist *die Theorienproposition im starken Sinn*. (In der ursprünglichen Sprechweise handelt es sich dabei um diejenige empirische Behauptung, die einem vorgegebenen erweiterten Kern zugeordnet ist.) Die starke Theorienproposition beinhaltet in einem einzigen Satz, daß die Menge *I* der intendierten Anwendungen sowie alle Teilmengen davon, die im Netz jeweils als Zweitglieder vorkommen, die strukturellen Forderungen erfüllen, die im Kernnetz festgehalten sind.

Die soeben getroffene Unterscheidung macht es möglich, von einer sich im Verlauf der Zeit wandelnden Theorie zu sprechen: Als *Kriterium für die Identität einer Theorie* wählen wir deren Basiselement (mit der später erwähnten Verbesserung durch MOULINES). Der *empirische Gehalt* einer Theorie zu einem Zeitpunkt wird dagegen am jeweiligen Netz über dieser Basis bzw. an der diesem Netz zugeordneten starken Theorienproposition festgenagelt.

*(E) Rekonstruktion des Begriffs der normalen Wissenschaft im Sinn von Kuhn. Die beiden epistemischen Grundreaktionen*

Der Begriff des Theoriennetzes bildet ein vorzügliches analytisches Hilfsmittel zur Rekonstruktion derjenigen wissenschaftlichen Tätigkeiten, die T. S. KUHN unter dem Titel „*Normale Wissenschaft*" zusammengefaßt hat. Was während einer Periode der normalen Wissenschaft *gleich bleibt,* ist dasjenige fundamentale Theorie-Element, welches wir die *Basis* des Netzes nannten. Dazu gehört auf der theoretischen Seite das Kernelement (ursprünglich „Kern der Theorie" genannt) und auf der empirischen Seite die Menge der paradigmatischen Beispiele. Dem ersteren entspricht bei KUHN die „*disziplinäre Matrix*" und dem letzteren *die Menge der „Exemplare"*. Diese beiden

Entitäten werden in den späteren Veröffentlichungen von KUHN als die wichtigsten Bestandteile eines Paradigmas angesehen.

Was sich hingegen während einer Periode der normalen Wissenschaft laufend *ändert,* sind vor allem die speziellen Gesetze und die intendierten Anwendungen. Änderungen der ersten Art liegen dann vor, wenn man neue theoretische Einsichten über bereits vorhandene Anwendungen gewinnt, Änderungen der zweiten Art dann, wenn es gelingt, die bereits verfügbaren theoretischen Erkenntnisse auf neue Anwendungsbereiche auszudehnen. Beides wird im Sneedschen Begriffsrahmen so ausgedrückt, daß im Verlauf der normalen Wissenschaft ständige Verfeinerungen des Netzes, von dem ursprünglich vielleicht nur das Basiselement vorhanden war, stattfinden. Dementsprechend wird die starke Theorienproposition laufend gehaltvoller und inhaltsreicher.

So stellt sich der Verlauf zumindest dann dar, wenn er den Vorstellungen und Hoffnungen der Wissenschaftler entspricht. Die normalwissenschaftliche Entwicklung braucht jedoch nicht unbedingt fortschrittlich in diesem Sinn zu sein. Es kann sich – prinzipiell immer wieder – als notwendig erweisen, versuchte Netzverfeinerungen zurückzunehmen, weil die dem verfeinerten Netz korrespondierende starke Theorienproposition *falsch* ist. Die Frage, wie Wissenschaftler auf eine solche Situation *tatsächlich* reagieren, stellen wir vorläufig zurück zugunsten der fundamentaleren Frage, wie sie, vom logischen Standpunkt aus, reagieren *können.* Prinzipiell gibt es zwei Möglichkeiten, die wir als die beiden denkbaren epistemischen Grundreaktionen der Wissenschaftler bezeichnen.

Die *erste* mögliche *epistemische Grundreaktion* ist die radikalere. Sie besteht in der *Verwerfung des gesamten Netzes, einschließlich der Basis.* Hier haben wir es, in der Terminologie von KUHN, nicht mehr mit der normalen Wissenschaft, sondern mit einer wissenschaftlichen Revolution zu tun. Zu einer solchen Radikallösung werden sich Wissenschaftler immer erst dann entschließen, wenn mindestens zwei Bedingungen erfüllt sind: Erstens wenn Schwierigkeiten nicht nur in bezug auf *ein* spezielles Gesetz oder auf *eine* intendierte Anwendung auftreten, sondern „wenn es bereits an vielen Stellen des Netzes zu kriseln begonnen hat". Zweitens wenn bereits ein alternativer Gegenkandidat für die Basis der alten Theorie verfügbar ist, der dort Erfolge verspricht, wo die alte Theorie versagte.

Die *zweite epistemische Grundreaktion* ist die des normalen Wissenschaftlers. Er beschränkt sich darauf, bestimmte spezielle Gesetze aus dem Theoriennetz *preiszugeben* oder *gewisse partielle Modelle aus den intendierten Anwendungen zu entfernen.* Dies ist die Einstellung, die man im wissenschaftlichen Alltag antrifft: Es wird nicht die Theorie als ganzes verworfen; vielmehr werden nur an denjenigen Stellen des Theoriennetzes, an denen Schwierigkeiten aufgetreten sind, Modifikationen vorgenommen.

KUHN schildert die normale Wissenschaft als eine Tätigkeit des „Rätsellösens". Dabei legt er das Schwergewicht auf zwei Aspekte, nämlich zum einen auf Tätigkeiten von der Art der Verbesserung der Bestimmung grundlegender Konstanten, und zum anderen auf Ausarbeitung der Erklärungen von Phänomenen, für die es vorher keine oder nur unzulängliche Erklärungen gab. In dieser Beschreibungsweise liegt eine gewisse Einseitigkeit. Sie ist vermutlich dafür verantwortlich, daß POPPER und verschiedene seiner Nachfolger die normalwissenschaftlichen Tätigkeiten als engstirnig, starr, ja sogar als irrational bezeichneten. Denn der für sie so wichtige Aspekt der kritischen Prüfung von hypothetischen Vermutungen scheint hier keine Rolle zu spielen. In der Sneedschen Rekonstruktion der normalen Wissenschaft aber wird gerade diesem Aspekt ausdrücklich Rechnung getragen: Zu den wichtigsten Aktivitäten der normalen Wissenschaftler gehört es, ständig *neue Gesetze vorzuschlagen,* zu versuchen, sie *empirisch zu stützen* und, wenn dies nicht gelingt, sie wieder *zu verwerfen.* Insofern spielt SNEEDS neuer begrifflicher Rahmen zugleich die Rolle eines Vermittlers zwischen den scheinbar so gegensätzlichen Auffassungen von POPPER und KUHN.

Diese Feststellung muß man allerdings mit einigen Qualifikationen versehen, die wieder mehr für die Auffassung von KUHN sprechen. Wir deuten einige davon an. Zunächst ist zu beachten, daß all das, was über paradigmatische Beispiele, die prinzipielle Offenheit der Menge der intendierten Anwendungen und die Regel der Autodetermination gesagt wurde, sich auch auf der Ebene der speziellen Gesetze wiederholen kann. Wenn wir den logisch möglichen Fall eines reichen Theoriennetzes betrachten, das so geartet ist, daß die Menge der intendierten Anwendungen ausnahmslos durch die Autodeterminationsregel festgelegt ist, so würden wir sagen müssen, daß die empirische Falsifizierbarkeit für *alle* im Netz vorkommenden Gesetze nur eine gedankliche, jedoch keine praktische Möglichkeit darstelle.

Ferner ergibt sich hier etwas, das man als eine dritte Form von Immunität der Theorie gegen empirische Widerlegung bezeichnen könnte. Aufgrund der bisherigen Überlegungen können wir sagen, daß man zur Auszeichnung einer Theorie *als dieser,* zum Unterschied von einer anderen, ihr Basiselement wählen wird. An der Peripherie der Forschung, wozu auch die speziellen Gesetze gehören, finden täglich Änderungen statt; und man wird diesen Prozeß des ständigen Wandels nicht als ständigen Übergang zu immer neuen Theorien interpretieren wollen. So. z. B. sagen wir, daß die Newtonsche Theorie über 200 Jahre die physikalische Szenerie beherrschte, obwohl im Rahmen dieser Theorie ständig neue Kräfte und Gesetze entdeckt worden sind. Wenn dem aber so ist, müssen wir auch die Konsequenz ziehen, daß die Widerlegung von Spezialgesetzen die Theorie selbst nicht berührt. Eine Theorie ist nicht widerlegbar über die Verwerfung des auf der Grundlage ihres Basiselementes errichteten Netzes. Denn noch so viele gescheiterte Versuche, ein Theoriennetz erfolgreich zu verfeinern, liefern keinen Beweis dafür, daß es nicht verfeinert werden könnte, sofern den Wissenschaftlern ausreichende Kenntnisse und mathematische Fertigkeiten zur Verfügung stünden. Im normalwissenschaftlichen Alltag herrscht jedenfalls die Einstellung vor, für Schwierigkeiten, die bei Prüfungen auftreten, nicht die Basis und damit nicht die Theorie (in der Terminologie KUHNS: nicht das Paradigma) verantwortlich zu machen. Von da aus wird auch das von KUHN gebrauchte Bild verständlich, daß in der normalen Wissenschaft der Forscher, welcher für sein Versagen die Theorie verantwortlich macht, dem schlechten Zimmermann gleiche, der seinem Werkzeug die Schuld gibt.

Die gegen SNEED in der Literatur bislang vorgebrachten Einwendungen beruhten fast ausnahmslos auf Fehldeutungen, meist sogar sehr elementarer Natur. Sobald diese einmal ausgeräumt sind, ist nicht einzusehen, warum nicht sowohl logische Empiristen als auch kritische Rationalisten das Theorienkonzept von SNEED übernehmen sollten. An *einer* Stelle wollen allerdings die Vertreter dieser beiden anderen Gruppen darüber hinausgehen: Sie werden nach einem *scharfen Kriterium* dafür fragen, wann die erste und wann die zweite mögliche Grundreaktion angemessen ist, wann es also bei auftretenden Schwierigkeiten eine korrekte Entscheidung ist, trotzdem im Rahmen der alten Theorie weiterzuarbeiten, und wann, die alte Theorie preiszugeben und nach einer neuen Ausschau zu halten. In dieser Hinsicht sind sich KUHN und SNEED einig, daß es kein derartiges Kriterium gibt (und daß die Suche nach einem solchen eine überflüssige intellektuelle Energieverschwendung darstellen würde). Vieles von dem, was KUHN über die Phase des Überganges bei wissenschaftlichen Revolutionen sagt, wird nur von dieser Einsicht her verständlich. Gerät eine Theorie dadurch in eine Krise, daß spezielle Gesetze dieser Theorie, die sich prima facie gut zu bewähren scheinen, einer genaueren Prüfung doch nicht standhalten, daß sich gewisse projektierte Erklärungsleistungen als unzulänglich erweisen und daß bestimmte partielle Modelle aus intendierten Anwendungen entfernt werden müssen, so stellt sich zwar – u. U. fast zwangsläufig – die Frage, ob man trotz all dieser Rückschläge im alten Rahmen weiterarbeiten solle. Doch die Antwort wird weder durch Logik noch durch Erfahrung geliefert, sondern stützt sich allein *auf physikalische Intuitionen, die in einer solchen Phase bekanntlich zu divergieren beginnen*. Die „Traditionalisten" sind noch immer davon überzeugt, daß sich die Schwierigkeiten auf der Grundlage der alten Basis werden beheben lassen. Und obwohl sie sich dabei auf vergangene Erfolge stützen, können sie im Grunde für ihre Haltung nichts anderes vorbringen als *die Hoffnung* auf künftige Erfolgswiederholung. Diese Hoffnung aber haben die „wissenschaftlichen Revolutionäre" schon aufgegeben. Die „außerordentliche Forschung", wie KUHN ihre wissenschaftliche Tätigkeit bezeichnet, besteht in Sneedscher Formulierung darin, ein neuartiges Kernelement und damit eine neue Basis zu schaffen, über der ein völlig neuartiges Theoriennetz zu konstruieren ist. Auch diese Neuerer können zunächst noch keine Argumente zugunsten ihrer Tätigkeit vorbringen, es sei denn, gewisse spezielle Teilerfolge, die sie bereits erzielten. Aber im Grunde wird auch ihre Tätigkeit von einer *Erfolgshoffnung* getragen, die durch eine sich wandelnde physikalische Intuition motiviert wird, die für die neue und gegen die alte Basis spricht. Welche der mit den beiden Fundamentalreaktionen verbundenen Hoffnungen sich realisieren wird, ist a priori nicht zu sagen. Rein logisch gesehen, können sich sogar beide erfüllen oder beide nicht, d. h. beide Gruppen könnten recht haben oder beide unrecht. Angesichts dieser Sachlage ist es nicht verwunderlich, daß in revolutionären Übergangszeiten *persuasive Argumente*, die wie Überredungen und Propaganda aussehen, die Überhand gewinnen, da es zunächst einmal darauf ankommt, Forscher zu gewinnen, die bereit sind, ihre Intuition und geistige Energie auf den neuen Entwurf einzustellen.

Wegen des fehlenden Entscheidungskriteriums zwischen den beiden epistemischen Grundreaktionen kann man jedenfalls *an dieser Stelle* KUHN *nicht* den Vorwurf des Irrationalismus machen. Wenn die Rede vom Kuhnschen Irrationalismus überhaupt einen Sinn haben soll, so muß er ganz woanders lokalisiert werden. Dieser Frage wenden wir uns jetzt zu. Sie hängt unmittelbar mit der *Inkommensurabilitätsthese* von KUHN zusammen. Wir werden daher methodisch folgendermaßen vorgehen: Zunächst versuchen wir, uns Klarheit zu verschaffen über den Begriff der Inkommensurabilität bei KUHN. Es wird sich dabei als zweckmäßig erweisen, drei Arten von Inkommensurabilität zu unterscheiden. Dann wenden wir uns der eben erwähnten These zu, versuchen ihren Inhalt zu klären und dann zu erläutern, warum sie eine außerordentliche Schwierigkeit für die Wissenschaftstheorie erzeugt (und daher mit Recht für eine große Herausforderung an die systematisch arbeitende Wissenschaftstheorie gehalten wurde). Schließlich soll angedeutet werden, wie diese Schwierigkeit innerhalb des strukturalistischen Konzeptes angegangen wird.

*(F) Wissenschaftliche Revolutionen (Theorienverdrängungen) und Inkommensurabilität. Das Inkommensurabilitätsproblem*

Wir gehen davon aus, daß eine wissenschaftliche Revolution stattgefunden hat, in deren Verlauf eine alte Theorie, z. B. die Theorie NEWTONS, durch eine neue verdrängt worden ist, etwa durch die Theorie EINSTEINS. KUHN weist darauf hin, daß die angeblichen „Ableitungen" der Gesetze NEWTONS als Spezialfälle der Gesetze EINSTEINS fehlerhaft sind. Und zwar sind sie einfach deshalb fehlerhaft, weil zwar das *Wort* „Masse" in beiden Theorien vorkommt, dieses Wort jedoch jedesmal etwas anderes bedeutet: In NEWTONS Theorie ist die Masse eine konservative Größe, die nichts mit Energie zu tun hat. In der speziellen Relativitätstheorie ist sie durch die Masse-Energie-Gleichung in Energie überführbar. Dies ist *die erste Art von Inkommensurabilität*, wie wir es nennen wollen: Die *theoretischen Begriffe* von verdrängter und verdrängender Theorie sind voneinander verschieden, selbst dann, wenn sie – aus welchen historischen Gründen immer – dieselben Bezeichnungen haben sollten. Es ist dies ein sehr starkes Argument, das z. B. auch CARNAP akzeptiert hätte. Denn die Bedeutungen theoretischer Begriffe sind auch für ihn, wenigstens zum Teil, durch die theoretischen Gesetze festgelegt, in denen sie vorkommen. Das Sneedsche Theoretizitätskriterium verschärft diese Inkommensurabilität erster Art in gewissem Sinn, weil hier ja die Relativität der fraglichen Begriffe auf die jeweilige Theorie ausdrücklich den Status des Begriffs als eines theoretischen ausmacht.

Aus dieser Inkommensurabilität der theoretischen Begriffe folgt eine *zweite Art von Inkommensurabilität*, nämlich die Inkommensurabilität der *Sprachen*, in der die beiden Theorien formuliert sind: Da die theoretischen Begriffe die Bedeutungen grundlegender Ausdrücke der Wissenschaftssprachen ausmachen, haben die Worte und Sätze der beiden Theorien verschiedene Bedeutungen. Von da aus ergibt sich sofort die *dritte Art von Inkommensurabilität*, nämlich die der beiden *Theorien* selbst. Da die Sätze der alten und die der neuen Theorie in bedeutungsverschiedenen Sprachen formuliert sind, ist es unmöglich, die Sätze der einen Theorie aus denen der anderen herzuleiten. Diese dritte Form, die Inkommensurabilität der Theorien, ist die für KUHN entscheidende. Daher soll die Inkommensurabilitätsthese von KUHN mit der Behauptung identifiziert werden, daß im Fall eines Theorienwandels diese eben beschriebene dritte Art von Inkommensurabilität vorliegt. Die so interpretierte These ist es auch, auf die allein sich der *Irrationalismusvorwurf* gegen KUHN stützen kann.

Die gegen KUHN gerichtete kritische Überlegung verläuft etwa folgendermaßen: Die dritte Art von Inkommensurabilität macht die beiden Theorien miteinander *unvergleichbar*. Dann aber gibt es auch keine Möglichkeit mehr, eine Begründung dafür zu liefern, daß die neue Theorie gegenüber der alten *einen Fortschritt* bedeutet. Denn für die Begründung einer Aussage von der Gestalt „$T_2$ ist fortschrittlich gegenüber $T_1$" ist ein Vergleich von $T_1$ mit $T_2$ eine notwendige Minimalbedingung. (Zur Diskussion über die Inkommensurabilität von Theorien vgl. auch [Structuralist View], § 11.)

Falls sich der Fortschrittsbegriff bei wissenschaftlichen Revolutionen nicht anwenden läßt, scheint jede Möglichkeit zusammenzubrechen, die Wissenschaft als ein *rationales* Unternehmen zu charakterisieren. Von den anderen, *arationalen* kulturellen Gebilden und Prozessen soll die Wissenschaft und nur sie dadurch ausgezeichnet sein, daß es in ihr Fortschritt gibt. Wir sprechen sowohl im wissenschaftlichen wie im nichtwissenschaftlichen Alltag völlig unbedenklich vom wissenschaftlichen Fortschritt und nicht bloß vom *Wandel der Wissenschaft* im Verlauf der Zeit. Gerade das letztere aber müßten wir nach der Meinung von KUHNS Kritikern tun, wenn wir seine Inkommensurabilitätsthesen ernst nehmen. Und daher schließen sie: *Der "Wechsel des Paradigmas"*, wie KUHN die revolutionäre Verdrängung einer Theorie durch eine andere bezeichnet, *ist ein vollkommen irrationaler Vorgang*.

Bevor wir zur Beschreibung dessen übergehen, wie sich die Situation innerhalb des strukturalistischen Rahmens darstellt, muß auf den folgenden Punkt aufmerksam gemacht werden: Es ist den Kritikern KUHNS vorbehalten geblieben, den Schluß von der Inkommensurabilität zweier Theorien zur Unvergleichbarkeit dieser Theorien zu ziehen. KUHN selbst hat, im Gegensatz etwa zu P. FEYERABEND, diesen Schritt niemals vollzogen. (Die gegenteilige Annahme ist für deutsche Leser von KUHNS Schriften dadurch begünstigt worden, daß gelegentlich der englische Ausdruck „incommensurable" inkorrekt durch „unvergleichbar" übersetzt worden ist. Daß dies nicht KUHNS Intention entspricht, weiß ich nicht nur infolge der schriftlichen Äußerungen KUHNS, sondern auch aufgrund seiner mündlichen Bemerkungen anläßlich des Symposions 1975 in London/Ontario. KUHN betonte, daß es ihm, zum Unterschied von FEYERABEND, ganz fern liege, die Unvergleichbarkeit inkommensurabler Theorien zu behaupten.)

Mit dem Ausdruck „*Inkommensurabilitätsproblem*" soll die Frage bezeichnet werden, wie man die Inkommensurabilitätsthese KUHNS mit klaren und inhaltlich vernünftigen Vorstellungen von wissenschaftlicher Rationalität und wissenschaftlichem Fortschritt verbinden kann. Hier wird sich eine deutliche Überlegenheit der strukturalistischen Deutung von Theorien gegenüber dem Aussagenkonzept ergeben. Denn es ist nicht zu erkennen, wie man im Rahmen dieses letzteren Konzeptes eine Lösung herbeiführen sollte: Theorien sind hier Satzklassen, so daß der Vergleich von Theorien auf dem Vergleich, und dies bedeutet genauer: auf Ableitungsverhältnissen, zwischen Sätzen beruhen muß. Wenn somit die benützten Sprachen verschieden und keine Übersetzungsregeln verfügbar sind, *so scheint der Übergang von der Inkommensurabilität zur Unvergleichbarkeit unausweichlich zu sein und damit auch der Schluß, daß das Inkommensurabilitätsproblem unlösbar ist*. Für FEYERABEND *ist* das Problem auch unlösbar, wehalb ja bei ihm von Unvergleichbarkeit die Rede ist. Er spricht daher konsequenterweise auch nur von *Theorienwandel*, wo andere von Fortschritten in der Theorienbildung sprechen. Damit stellt sich allerdings für FEYERABEND das grundlegende Problem, mit welchem Recht wir die Wissenschaften als ein rationales Unterfangen betrachten.

Es ist ein Vorzug der vorsichtigeren Haltung KUHNS, den Schritt von der Inkommensurabilität zur Unvergleichbarkeit nicht gemacht zu haben. Damit hat er sich die Möglichkeit offen gelassen, eine positive Lösung des Inkommensurabilitätsproblems zu finden. In der Tat ist zwar innerhalb des Aussagenkonzeptes der Übergang von der Inkommensurabilität zur Unvergleichbarkeit fast zwangsläufig, nicht jedoch bei der strukturalistischen Betrachtungsweise.

(G) *Reduktive Erklärung oder Erklärung von Theorien als Lösung des Inkommensurabilitätsproblems*

Damit kommen wir zum wichtigsten Punkt dieses Unterabschnittes, der im Grunde den einzigen Anlaß für seine Niederschrift gebildet hat: *Die Erklärung von Theorien*. Allerdings werden wir diesmal statt des Wortes „Erklärung" gewöhnlich den Ausdruck „Reduktion" verwenden, um bereits auf umgangssprachlicher Ebene keinen Zweifel darüber zu lassen, daß es sich hierbei um andersartige Probleme handelt als diejenigen, die innerhalb der „üblichen" Erklärungsproblematik diskutiert werden.

Angenommen, es sei möglich, einen Begriff der Reduktion einer Theorie auf eine andere einzuführen, der die folgenden beiden Bedingungen erfüllt: (1) Dieser Begriff ist auf die Fälle revolutionärer Theorienverdrängungen in der Weise anwendbar, daß sich die verdrängte alte Theorie als reduzierbar auf die überlegene neue Theorie erweist; (2) Die Reduktionsrelation besteht auch dann, wenn die drei oben geschilderten Formen von Kuhnscher Inkommensurabilität vorliegen. Dann hätten wir *eine positive Lösung des Inkommensurabilitätsproblems* gefunden, für die innerhalb des Aussagenkonzeptes kaum eine Chance bestand. Man könnte dann einerseits KUHN zugestehen, daß die von ihm festgestellten Inkommensurabilitäten zwischen zwei Theorien $T_2$ und $T_1$ bestehen, daß aber trotzdem die *asymmetrische* Relation des wissenschaftlichen Fortschrittes, sprachlich reproduzierbar durch „$T_2$ *ist fortschrittlich gegenüber* $T_1$*, aber nicht umgekehrt* $T_1$ *fortschrittlich gegenüber* $T_2$", zwischen den beiden Theorien vorliegt. Diese Reduktionsrelation müßte so eingeführt werden, daß sich der von KUHNS Kritikern vollzogene Schluß von der Inkommensurabilität zur Unvergleichbarkeit der beiden Theorien als fehlerhaft erweist. Das Ergebnis könnte man dann in dem Schlagwort festhalten: „*Wissenschaftlicher Fortschritt und damit Erkenntniswachstum und Rationalität bei revolutionärer Theorienverdrängung trotz Inkommensurabilität von verdrängender und verdrängter Theorie*". Dies hätte den weiteren Nebeneffekt, daß der Irrationalismusvorwurf gegen KUHN als unbegründet zurückgewiesen werden müßte.

Zugleich wäre damit eine gewisse Befreiung von dem in der heutigen Wissenschaftsphilosophie vorherrschenden *Lingualismus* vollzogen. Den Anhaltspunkt für die Konstruktion der Schwierigkeiten bildete ja das *sprachphilosophische* Problem der Verschiedenartigkeit zweier Wissenschaftssprachen. Gelänge es trotzdem, die Schwierigkeiten zu überwinden, so wäre damit an einem konkreten Beispiel gezeigt, daß der strukturalistische Ansatz hinreichend sprachunabhängig ist, um mit sprachlich verwurzelten Problemen fertig zu werden, für die auf linguistischer Ebene keine Lösung in Sicht ist.

Vorausgeschickt sei, daß die genaue Behandlung der Reduktionsproblematik innerhalb des Sneedschen Rahmens außerordentlich schwierig und technisch kompliziert ist. Wir müssen uns daher mit einer intuitiven Skizze begnügen, in der noch mehr als bisher von starken Vereinfachungen

Gebrauch gemacht wird. $T_2$ sei eine Theorie, auf welche sich die Theorie $T_1$ als reduzierbar erweisen soll. Die beiden Leitideen für die Explikation dieses Begriffs sind die folgenden: Erstens entsprechen alle möglichen Anwendungen, d. h. alle partiellen Modelle, von $T_1$ möglichen Anwendungen von $T_2$. Zweitens ist all das, was $T_1$ über eine mögliche Anwendung „aussagt", eine Folge dessen, was $T_2$ über die dieser Anwendung entsprechende Anwendung – also über ein partielles Modell von $T_2$! – besagt[22].

Was den ersten Punkt betrifft, so ist genauer zu beschreiben, wie die möglichen Anwendungen oder partiellen Modelle der beiden Theorien einander *entsprechen*. SNEED greift hier auf eine Idee von E. W. ADAMS zurück. Danach ist es eine notwendige Bedingung für die Reduzierbarkeit von $T_1$ auf $T_2$, daß $T_2$ *schärfere Unterscheidungen* vorzunehmen gestattet als $T_1$. Die zu reduzierende Theorie $T_1$ liefert sozusagen eine unvollständigere Weltbeschreibung als die reduzierende Theorie $T_2$. Die $T_1$-Beschreibungen partieller Modelle sind, so könnte man sagen, gröber als die $T_2$-Beschreibungen. Als Standardbeispiel kann ein revolutionärer Wandel dienen, der allerdings von anderer Art ist als die bisher betrachteten, nämlich die Reduktion der phänomenologischen Thermodynamik auf die statistische Mechanik. Die Andersartigkeit liegt darin, daß hier keine Theorienverdrängung stattfand. Der trotzdem revolutionäre Aspekt dieses Vorganges ist darin begründet, daß dabei eine ganze Disziplin der klassischen Physik von einer anderen „aufgesaugt" worden ist. Die erwähnte Entsprechung zwischen partiellen Modellen ist in diesem Fall nicht bloß ein-mehrdeutig, sondern sogar ein-unendlichdeutig; denn ein und demselben Zustand eines Gases in der Betrachtungsweise der phänomenologischen Thermodynamik entsprechen unendlich viele Konstellationen der mit kinetischer Energie ausgestatteten Gasmoleküle. Ähnliche Situationen treten in anderen Disziplinen auf: Wenn z. B. die Mendelsche Vererbungslehre auf eine molekularbiologische Genetik zurückgeführt wird, so verbindet sich damit die Überzeugung, daß die letztere eine viel genauere Realitätsbeschreibung liefert als die erstere.

Wenn wir oben sagten, daß die $T_1$-Beschreibungen von Anwendungen gröber sind als die $T_2$-Beschreibungen, so ist dies zwar anschaulich, aber unpräzise. Genau genommen handelt es sich ja nicht um Beschreibungen derselben Entitäten, sondern *verschiedener*, nämlich einerseits der partiellen Modelle von $T_1$, andererseits der partiellen Modelle von $T_2$. Die zu Beginn des vorigen Absatzes erwähnte Entsprechung zwischen beiden ist durch eine diese zwei Mengen partieller Modelle einander zuordnende Relation zu beschreiben, von der SNEED, wie durch die eben gegebenen Beispiele erläutert, folgendes annimmt: Jedem partiellen Modell von $T_1$ entsprechen mehrere, evtl. sogar

---

[22] Die Ausdrücke „aussagen", „folgen" etc. werden hier nur metaphorisch gebraucht; bei genauer Formulierung müßten sie durch präzise Aussagen über Strukturklassen ersetzt werden.

Die Familie der Erklärungsbegriffe 1067

unendlich viele, partielle Modelle von $T_2$. Dagegen läßt sich zu jedem partiellen Modell von $T_2$ höchstens ein partielles Modell von $T_1$ angeben. (In technischer Sprechweise findet dies seinen Niederschlag in der Forderung, daß die Umkehrung der Entsprechungsrelation eine Funktion sein muß.) Diese Entsprechung zwischen zwei partiellen Modellen werde *empirische Reduktionsrelation* genannt.

Nun zur zweiten, oben erwähnten Leitidee! Es geht hier darum, den Gedanken zu präzisieren, daß alles, was die zu reduzierende Theorie über ihre Anwendungen aussagt, aus dem folgt, was die reduzierende Theorie über die jenen Anwendungen entsprechenden Anwendungen behauptet. SNEED konstruiert zu diesem Zweck eine zweite Reduktionsrelation als eine Relation zwischen *Theoriennetzen* (in der ursprünglichen Fassung: als eine Relation zwischen erweiterten Kernen). Da es auch hier wieder nur auf ein prinzipielles Verständnis ankommt, gehen wir zurück auf die Theorie-Elemente, welche Glieder der beiden Netze sind, und schildern als wesentlichen Zwischenschritt das Verfahren der Reduktion zwischen zwei Theorie-Elementen, die zu einander entsprechenden Netzen zweier Theorien gehören. (Die Übertragung der Idee auf die ganzen Netze von Theorie-Elementen bereitet zwar gewisse technische, aber keine prinzipiellen Schwierigkeiten mehr.)

Zunächst erinnern wir daran, daß jedes Theorie-Element dieselbe formale Struktur hat wie diejenige Entität, die wir ursprünglich „Theorie" nannten, und daß sie daher eine bestimmte schwache Theorienproposition eindeutig festlegt. (Eine starke Theorienproposition ist erst einem ganzen Netz zugeordnet.) Und zwar besagt diese Theorienproposition, daß die im Theorie-Element vorkommende Menge der intendierten Anwendungen durch die im Kernglied dieses Elementes enthaltenen theoretischen Größen so ergänzt werden kann, daß daraus volle, die Constraints des Theorie-Elementes erfüllende Modelle werden. Damit dürfte bereits klar geworden sein, daß die gesuchte zweite Reduktionsrelation gegenüber der empirischen *auch* einen Zusammenhang zwischen *intendierten* (und nicht bloß denkmöglichen) Anwendungen herstellen muß. Dies kann man sich etwa so vorstellen: Es sei $T'$ ein Theorie-Element aus dem zur ersten Theorie $T_1$ gehörigen Netz $N_1$ und $T''$ ein Theorie-Element aus dem zu $T_2$ gehörigen Netz $N_2$. Der Menge der in $T'$ vorkommenden intendierten Anwendungen $I'$ entspricht aufgrund der empirischen Reduktionsrelation eine Menge möglicher Anwendungen von $T''$. Die eben ausgesprochene Erwartung geht dahin, daß diese letzte Menge ebenfalls eine Menge *intendierter* Anwendungen $I''$ ist, diesmal natürlich nicht von $T'$, sondern von $T''$. Die (auf Theorie-Elemente beschränkte) zweite Leitidee beinhaltet dann die folgende Feststellung: Die auf $I'$ bezogene, durch $T'$ eindeutig festgelegte Theorienproposition kann gefolgert werden aus der auf $I''$ bezogenen, durch $T''$ eindeutig festgelegten Theorienproposition. Dies ist die Präzisierung des Gedankens, daß $T'$ genau das über die zu den intendierten Anwendungen gehörenden partiellen Modelle „aussagt", was $T''$ über die entsprechenden partiellen Modelle „aussagt"[23].

All das ist zwar notwendig, aber nicht hinreichend für eine befriedigende Reduktionsrelation zwischen Theorie-Elementen und schließlich zwischen Netzen. Es ist bislang noch nichts darüber ausgesagt worden, wie die für Ergänzungen von Anwendungen benötigten theoretischen Größen in beiden Theorien einander entsprechen sollen. Um auch die Beziehung zwischen theoretischen Größen mit zu erfassen, muß eine Zusatzbedingung hinzugefügt werden, die den potentiellen Modellen, also den theoretischen Ergänzungen partieller Modelle, auferlegt ist, in der also nicht bloß über die partiellen Modelle selbst gesprochen wird. Wie sich zeigt, läßt sich auch diese Aufgabe bewältigen. (Für Details vgl. [II/2], S. 148ff. sowie BALZER und SNEED [Net Structures I], S. 202ff., und [Net Structures II], S. 174ff.)

Weitere Verallgemeinerungen werden durch die bisherigen Überlegungen nahegelegt:

(1) *Kernreduktion;* Der Basiskern einer Theorie läßt sich auf den Basiskern einer zweiten Theorie reduzieren, wenn jedes Netz über dem Basiskern der ersten Theorie auf ein geeignetes Netz über dem Basiskern der zweiten Theorie reduzierbar ist.

(2) *Theorienreduktion;* $T_1$ ist reduzierbar auf $T_2$, wenn erstens der Basiskern von $T_1$ auf den Basiskern von $T_2$ reduzierbar ist und zweitens jede intendierte Anwendung von $T_1$ aufgrund der empirischen Reduktionsrelation einer oder mehreren intendierten Anwendungen von $T_2$ entspricht.

Wir haben die vorangehende Darstellung nur bis zu dem Genauigkeitsgrad durchgeführt, der erforderlich ist, um einzusehen, *daß auf dem von Sneed eingeschlagenen Wege die Inkommensurabilitätsklippe vollkommen umschifft und somit das Inkommensurabilitätsproblem gelöst wird.* Der Grund dafür ist leicht einsehbar: An keiner einzigen Stelle wird an die angebliche Ableitbarkeit von Sätzen einer Theorie aus denen einer anderen appelliert. Auch keine andere Art von „Relation zwischen den Sätzen der beiden Theorien" wird benützt. Entscheidend ist dabei die zweite obige Leitidee, wonach von der reduzierenden

---

[23] Beim Gebrauch der metaphorischen Wendung, daß das eine Theorie-Element „dasselbe aussagt" wie das andere, darf wieder nicht übersehen werden, daß dasjenige, *worüber* in beiden Fällen gesprochen wird, *niemals dasselbe ist*, sondern daß die empirischen Objekte der entsprechenden Theoriepropositionen stets nur in derjenigen mathematischen Entsprechung zueinander stehen, die wir die empirische Reduktionsrelation nannten. Es ist dies ein ganz charakteristischer Unterschied gegenüber der herkömmlichen Denkweise. Während im Rahmen des Aussagenkonzeptes stets ausdrücklich oder stillschweigend vorausgesetzt wird, daß einander ablösende Theorien „von demselben handeln" oder „über dasselbe sprechen", beziehen sich innerhalb des strukturalistischen Konzeptes einander ablösende Theorien *niemals* „auf dieselben Dinge". Hierin liegt der tiefere Grund dafür, daß im zweiten Konzept das Inkommensurabilitätsproblem lösbar ist, während das erste Konzept daran scheitert.

Theorie *nicht* verlangt wird, daß sie über *ein und dieselbe* gegebene Anwendung dasselbe besagt wie die reduzierte Theorie, sondern nur, daß dasjenige, was die reduzierte Theorie über eine *ihrer* Anwendungen sagt, (im präzisierten Sinn) „dasselbe" ist wie dasjenige, was die reduzierende Theorie über jede der jener Anwendung der ersten Theorie *entsprechende Anwendung* aussagt.

*(H) Rationalität und revolutionärerer Fortschritt;*
*Die Verträglichkeit von radikalem Paradigmenwechsel*
*und Erkenntniswachstum*

*Wie stark* die Leistungsfähigkeit des Sneedschen Rahmens bei der Vermeidung der Inkommensurabilitätsklippe ist, kann man sich anhand einer Verschärfung dieses Resultates klarmachen. Dabei beginnen wir mit einem potentiellen Einwand gegen unser methodisches Vorgehen. Den Ansatz für die Formulierung der Inkommensurabilitätsaussagen bildete die Bedeutungsverschiedenheit der theoretischen Begriffe in verschiedenen Theorien. KUHN vertritt, so könnte eingewendet werden, ebenso wie HANSSON, FEYERABEND u. a. nicht nur die Auffassung, daß die theoretischen Teile der Wissenschaftssprache inkommensurabel sind, *sondern daß dies bereits für die Beobachtungssprachen gilt*. Mit anderen Worten: Diese Autoren bestreiten die von den logischen Empiristen vertretene These von der Neutralität der Beobachtungssprache, die nach empiristischer Überzeugung die intersubjektive Verständigung und Kontrolle sichert. *Selbst diese wesentlich schärfere Kritik an einem Grundkonzept der Empiristen ist mit der Sneedschen Rekonstruktion des Fortschrittsbegriffs für wissenschaftliche Revolutionen verträglich*. Denn da die partiellen Modelle der alten und der neuen Theorie nicht identisch sind, sondern nur in einer ein-mehrdeutigen Beziehung zueinander stehen, *kann die Sprache, welche die empirischen Anwendungen der alten Theorie beschreibt, durchaus verschieden sein von der die empirischen Anwendungen der neuen Theorie beschreibenden Sprache*. Wiederum ist der Grund der, *daß für die Verwirklichung des Sneedschen Reduktionsprojektes Übersetzungsprobleme nirgends auftreten, nicht einmal auf der nichttheoretischen Stufe*.

Das einzige Zugeständnis, welches SNEED verlangt, ist die Annahme jener „mathematischen" Beziehung, die oben empirische Reduktionsrelation genannt wurde. Wollte jemand so weit gehen, die Existenz solcher Relationen zu bestreiten, so könnte er dies jedenfalls nicht mehr *qua Philosoph* tun. Er müßte sich mit Naturwissenschaftlern selbst anlegen, da es zahlreiche, als fachwissenschaftlich gesichert angesehene Beispiele dafür gibt, daß eine wissenschaftliche Disziplin auf eine andere zurückführbar ist. Einige Beispiele von dieser Art sind im Verlauf der obigen Ausführungen angedeutet worden.

Den Ausdruck „Erklärung" haben wir in der vorangehenden Schilderung nirgends benützt. Und doch betraf sie Themen, die manche Philosophen unter der Bezeichnung „Erklärung von Theorien" behandeln. Prinzipiell ist nichts dagegen einzuwenden, die Familie der Erklärungsbegriffe als eine Großfamilie zu deuten, in der auch die Theorienreduktion als ein Familienglied vorkommt. Man könnte daher auch von *reduktiver Erklärung* sprechen. Ein wie weites Gesamtfeld dann der Familienname „Erklärung" absteckt, wird im Rückblick klar. Ebenso aber wird auch klar, wie illusionär die Vorstellung jener Philosophen war, die meinten, innerhalb einer einheitlichen Theorie einen Erklärungsbegriff einführen zu können, der (1) alle Aspekte des *informativen Erklärungsbegriffs* deckt, außerdem (2) den Unterschied zwischen *Gründen und Ursachen* klärt und der schließlich (3) so weit gefaßt ist, daß er neben der *Tatsachenerklärung* auch die *Erklärung von Theorien* einschließt.

Die reduktive Erklärung, wie sie oben skizziert wurde, kann auch zur Klärung der *Anomalien-Bewältigung* benützt werden, „Anomalie" im Kuhnschen Sinn interpretiert. Unter einer Anomalie für eine Theorie soll eine intendierte Anwendung verstanden werden, bei der es nicht glückt, sie in eine wohlbestätigte oder allgemein akzeptierte starke Theorienproposition einzubeziehen. Daß die neue Theorie eine für die alte Theorie bestehende Anomalie löste, kann etwa wie folgt interpretiert werden: Die partiellen Modelle der neuen Theorie, die (aufgrund der empirischen Reduktionsrelation) der Anomalie entsprechen, erfüllen die strukturellen Bedingungen der neuen Theorie. (Die zuletzt benützte Phrase „die strukturellen Bedingungen der neuen Theorie erfüllen" ist nur eine etwas saloppe Umschreibung einer Formulierung, in der von den zu echten Modellen werdenden und die Constraints erfüllenden theoretischen Ergänzungen partieller Modelle die Rede sein und außerdem der Übergang von Theorienelementen zu Netzen von solchen vollzogen werden müßte.) Die bereits erwähnte Perihelbewegung des Planeten Merkur bildete eine Anomalie innerhalb der Theorie Newtons, während sie durch die Einsteinsche Theorie bewältigt wurde.

Angesichts der Neuartigkeit und des Schwierigkeitsgrades des Sneedschen Vorgehens bei der Explikation des Reduktionsbegriffs ist es nicht verwunderlich, daß verschiedene Einwendungen vorgebracht worden sind. Tatsächlich war der Begriff nur als eine erste prinzipielle Annäherung gedacht. So etwa könnte gesagt werden, daß es sich bei den Reduktionsbegriffen um „rein formale Relationen" handle. Dies ist insofern richtig, als die Begriffe zunächst innerhalb der *allgemeinen* Wissenschaftstheorie eingeführt worden sind, in der über Theorien im allgemeinen bzw. über Theorien eines bestimmten Typus gesprochen wird. Die Begriffe müssen sich innerhalb der *speziellen* Wissenschaftstheorie *bewähren*, wo von konkreten Theorien und ihren Beziehungen gesprochen wird. (Genaueres zu dieser Unterscheidung „allgemein – speziell" vgl. § 7 von [Structuralist View].) Die Analyse konkreter Beispiele, aber auch prinzipielle Betrachtungen haben DIETER MAYR in [Reduktion I] veranlaßt, verschiedene Verbesserungsvorschläge zu machen. In [Reduktion II] hat er außerdem die ursprünglich ganz ausgeklammerte *Approximationsproblematik* im Sneedschen Rahmen behandelt. Das ist von außerordentlicher Wichtigkeit,

## Die Familie der Erklärungsbegriffe 1071

weil ja z. B. die – vom gewöhnlichen physikalischen Standpunkt aus als relativ einfach angesehene – „Ableitung" der Keplerschen Gesetze aus den Gesetzen NEWTONS einen typischen Fall von bloß approximativer Reduktion bildet. Diese Art der Behandlung der Theorienreduktion erhielt entscheidende Impulse durch verschiedene Arbeiten von E. SCHEIBE über das Thema *Approximation*, unter denen die wichtigsten in der Bibliographie angeführt sind.

Kürzlich hat Moulines in [Approximation] und [Scheme] gezeigt, daß alle diese Auffassungen vermutlich in dem prinzipiellen Sinn zu eng sind, als sie davon ausgehen, daß es sich um ein einziges Explikandum handle, welches mittels *einer einzigen* intertheoretischen Relation zu explizieren sei. Er stellt dem ein allgemeineres Konzept entgegen, wonach „intertheoretische Approximation" ein ganzes *Bündel von* Relationen bezeichne, zwischen denen eine bloße „Familienähnlichkeit" bestehe. Den paradigmatischen Kern dafür bildet der intuitive Begriff der Approximation, der durch gewisse topologische Strukturmerkmale charakterisierbar ist.

Diese Überlegung ist in zweifacher Hinsicht interessant: Erstens deutet sich hier erstmals an, daß der Wittgenstein-Kuhnsche Begriff des *Paradigmas* und alle mit ihm zusammenhängenden Begriffe, die innerhalb des strukturalistischen Rahmens bislang nur zur Beschreibung der Menge der intendierten Anwendungen benützt worden sind, auch auf gewisse Mengen von mathematischen Strukturen, die Theorien und Beziehungen zwischen ihnen betreffen, übertragbar sind und hier eine nützliche Anwendung finden. Zweitens würde dadurch der Gedanke der Erklärung von Theorien nochmals in einer entscheidenden Hinsicht verallgemeinert werden. Insgesamt würde der Begriff der Erklärung dann *zwei große Begriffsfamilien* umfassen, deren eine aus den in diesem Band diskutierten *Erklärungen von Fakten* besteht, während die andere all das einschließt, was durch die Prädikate „*intertheoretische Reduktion*" und „*intertheoretische Approximation*" designiert wird. Bezüglich des Themas *Approximation* könnte es sich sogar erweisen, daß selbst die hier angedeutete Fassung noch nicht weit genug ist, da die Approximationsproblematik außer den intertheoretischen Fällen auch die Fälle von *intratheoretischer* Approximation umfaßt.

Bei dem Versuch, in einem konkreten, historischen Fall von „radikalem Paradigmenwechsel" die Reduzierbarkeit aufzuzeigen, nämlich die Reduktion der klassischen Partikelmechanik auf die relativistische Partikelmechanik, ist SNEED auf eine tieferliegende Schwierigkeit gestoßen. Hier erweist es sich tatsächlich als unmöglich, eine vernünftige Zuordnung zwischen den partiellen Modellen der beiden Theorien vorzunehmen, und zwar deshalb, weil bereits die diesen mechanischen Theorien *zugrunde liegenden* physikalischen Geometrien zu verschiedenartig sind. (Im Lichte dieser Geometrien sind die physikalischen Objekte im klassischen Fall als Äquivalenzklassen in bezug auf *Galilei-Transformationen* zu rekonstruieren, im relativistischen Fall dagegen als

Äquivalenzklassen in bezug auf *Lorentz-Transformationen*. Zwischen diesen beiden Systemen von Äquivalenzklassen gibt es keine „natürliche Entsprechung".) Hier bleibt nichts anderes übrig, als in der Hierarchie der Theorien „weiter nach unten vorzudringen" und sich dann von unten her mühsam nach oben vorzuarbeiten. Tatsächlich steigt SNEED gleich drei Stockwerke tiefer: über die *physikalische Geometrie* zu der dieser zugrundeliegenden *Topologie* und der dieser letzteren zugrundeliegenden Teil-Ganzes-Theorie oder *Mereologie*. Erst auf dieser Endstufe kann man physikalische Objekte als „gewöhnliche Gegenstände" behandeln. Damit ein solches Projekt realisierbar wird, muß natürlich zunächst die hierarchische Struktur sich überlagernder Theorien als solche im strukturalistischen Rahmen adäquat und präzise rekonstruiert werden.

Nehmen wir an, dieses Programm sei einschließlich einer befriedigenden Explikation des Begriffs der reduktiven Erklärung erfolgreich durchgeführt worden. Dann hätten wir auch *eine überzeugende Lösung des Inkommensurabilitätsproblems* vorliegen. Und wir dürften behaupten, *daß* – im Widerspruch zu dem, was sowohl POPPER als auch FEYERABEND zu denken scheinen – *radikaler Paradigmenwechsel in der Wissenschaft mit Erkenntniswachstum und Fortschritt verträglich ist*.

*(J) Theorienevolutionen. Zweite Abkoppelungsthese*

Der Weg zu diesem Ziel ist allerdings mühsam und mit nichttrivialen technischen Schwierigkeiten gepflastert. Als wesentlich einfacher erweist es sich, Fortschrittsbegriffe für den normalwissenschaftlichen Fall zu explizieren. Eine besonders elegante und für historische Studien nützliche Methode hat C.-U. MOULINES in [Evolution] entwickelt: Theorie-Elemente und damit Theoriennetze werden *pragmatisch bereichert* durch Einbeziehung wissenschaftlicher Gemeinschaften (ein und dieselbe für die Glieder eines bestimmten Netzes), historischer Zeitintervalle (ein und dasselbe für die Glieder eines Netzes) sowie durch ein vorausgesetztes Übereinkommen der Mitglieder jener Gemeinschaft darüber, was als gesicherte Annahme zu gelten habe. Die Entwicklung oder *Evolution einer Theorie* läßt sich dann darstellen als eine historische Folge pragmatisch bereicherter Netze. Ein Schritt dieser Folge ist *theoretisch* fortschrittlich, wenn das Folgeglied aus dem vorangehenden durch Kernspezialisierung hervorging; er ist fortschrittlich *in bezug auf die Anwendung*, wenn er durch Anwendungserweiterung hervorgeht; und er ist fortschrittlich *in bezug auf die Bestätigung*, wenn die Menge der gesicherten Anwendungen angewachsen ist. Die ganze Theorienevolution ist *fortschrittlich*, wenn jeder einzelne Schritt dieser Folge in einer der drei genannten Bedeutungen fortschrittlich ist. (Es lassen sich analog auch die Begriffe des rein theoretischen Fortschrittes, des Fortschrittes in der Anwendung sowie des Fortschrittes in der Bestätigung für die ganze Theorienevolution definieren.) Dieser

Begriff der fortschrittlichen Theorienevolution kann als (Teil-)Explikation des Begriffs des *fortschrittlichen Forschungsprogramms* von LAKATOS angesehen werden. Allerdings ist dabei folgendes zu beachten: Dasjenige, was LAKATOS „Theorie" nennt (aus deren Folge das Forschungsprogramm bestehen soll), ist entweder mit einem Theoriennetz oder mit der durch dieses Netz eindeutig festgelegten starken Theorienproposition zu identifizieren. Das Forschungsprogramm besteht dann aus dieser Folge. Dies gilt zumindest vom *verwirklichten* Programm. Das „reine" Programm könnte am besten mit der Aufgabe gleichgesetzt werden, über einer vorgegebenen Basis eine fortschrittliche Theorienevolution zu konstruieren.

Auch der Kuhnsche Fall kann ohne Mühe rekonstruiert werden: Ein *Paradigma für eine Theorienevolution* besteht aus einem Kern $K_0$ und einer Menge $I_0$, sodaß alle Kernelemente der Netze dieser Evolution durch Spezialisierung aus $K_0$ hervorgehen und die intendierten Anwendungen in geeigneter Weise durch Erweiterungen von Elementen aus $I_0$ entstehen. Eine *Kuhnsche Theorienevolution* ist eine Theorienevolution, für die es ein Paradigma gibt. (Dieser Begriff ist bei MOULINES so allgemein gehalten, daß das Paradigma selbst *nicht* als Theorie-Element der zu dieser Evolution gehörenden Netze vorzukommen braucht.) Diese Rekonstruktionen zeigen zugleich, wie ähnlich die von LAKATOS in seiner Theorie der Forschungsprogramme entwickelten Ideen denen von KUHN sind, ziminest dann, wenn man von dem niemals präzisierten „Degenerationskriterium" für Forschungsprogramme absieht, an das LAKATOS offenbar glaubte. Zugleich aber machen die beiden angedeuteten Rekonstruktionen auch die Unterschiede zwischen den beiden Konzepten deutlich.

Die hier skizzenhaft eingeführten Fortschrittsbegriffe zeichnen sich von allen teleologischen Fortschrittskonzeptionen, in denen der Grad einer bestimmten Zielerreichung („Nähe zur Wahrheit", „Erfassung der Realität") maßgebend ist, durch eine Besonderheit aus, nämlich durch das Phänomen möglicher *Fortschrittsverzweigungen*. Der Grund dafür liegt darin, daß hier „Fortschritt" stets nicht mittels eines Zieles, sondern mit Hilfe einer Relation eingeführt wird. Im evolutionären Fall ist dies die „*innertheoretische*" Relation der Progression zwischen aufeinanderfolgenden Netzen. Ein besonders einfacher Fall von Fortschrittsverzweigung liegt hier vor, wenn ein gegebener Kern wahlweise entweder auf die Erweiterung der bislang akzeptierten Anwendungen um ein bestimmtes physikalisches System oder um ein davon verschiedenes erfolgreich angewendet werden kann, jedoch nicht auf die Erweiterung um beide Systeme (vgl. dazu [II/2], S. 228).

Etwas aufregender ist die analoge Situation im revolutionären Fall. Der Fortschrittsbegriff stützt sich hier auf die „*intertheoretische*" Relation der Reduktion. Und diese läßt Gabelungen in bezug auf die Zukunft zu, was eine nachträgliche Rechtfertigung des Kuhnschen Bildes vom Evolutionsbaum liefert. Sogar der Begriff der *Unvergleichbarkeit* kommt hier wieder zu seinem

Recht. Der einfachste Fall ist der, daß bei $T_1$ eine revolutionäre Fortschrittsverzweigung begonnen hat, wobei sowohl die Theorie $T_2$ als auch die Theorie $T_3$ fortschrittlich ist bezüglich $T_1$. Dann sind sowohl $T_2$ als auch $T_3$ inkommensurabel mit $T_1$; trotzdem aber sind beide mit $T_1$ vergleichbar, da $T_1$ durch $T_2$ wie durch $T_3$ reduktiv erklärbar ist. Die auf verschiedenen Ästen liegenden Theorien $T_2$ und $T_3$ sind hingegen nicht nur inkommensurabel, sondern *unvergleichbar!*

Vertreter teleologischer Auffassungen werden dagegen einwenden, daß dieser Gedanke mit unseren intuitiven Vorstellungen vom wissenschaftlichen Fortschritt unvereinbar sei. Danach könne der Fortschritt nur in einer Annäherung an *die eine Wahrheit* oder in einer schrittweisen besseren Abbildung *der Realität* bestehen. Wir brauchen diese Auffassungen nicht als spekulative Träume zurückzuweisen, sondern können uns mit der Feststellung begnügen, daß sie mit den geschilderten Vorstellungen durchaus vereinbar sind, *aber überhaupt nichts Neues bringen*. Wenn wir versuchen, eine Theorie $T$ mit der Realität zu vergleichen, so übersehen wir nur zu leicht, daß wir von dieser letzteren nicht als von einem Ding an sich reden können, sondern zu ihr keinen anderen Zugang haben als dadurch, daß wir eine diese Realität *besser* beschreibende Theorie $T'$ annehmen oder fingieren. Und wenn sich dann bei genauerer Untersuchung herausstellt, daß das dabei benützte „besser" oder „fortschrittlicher" prinzipiell nicht mehr erzeugt als eine bloß partielle Ordnung, *dann gabelt sich mit den fortschrittlichen Theorien natürlich auch die Realität selbst bzw. die Wahrheit, denen sich diese Theorien in metaphorischer Sprechweise annähern.*

Mit dieser metaphysischen Bemerkung beschließen wir unsere Betrachtungen zum Thema *reduktive Erklärung* oder *Erklärung von Theorien*. Manches wird dem Leser in diesem letzten Unterabschnitt unklar oder zweifelhaft geblieben sein. Dies wäre nicht verwunderlich; denn das strukturalistische Theorienkonzept und seine Konsequenzen bildeten nicht das eigentliche Thema dieses Buches. Es genügt, wenn *eines* erreicht worden ist: Viele Philosophen glaubten und glauben, daß es möglich sein müsse, Erklärungen von Fakten und Erklärungen von Theorien „unter ein und denselben Begriff zu subsumieren". Die Ausführungen zum Punkt (5) haben ihren Zweck erfüllt, wenn sie alle diejenigen, welche selbst eine solche Überzeugung hegten, veranlaßten, diese Überzeugung preiszugeben und beides zu trennen. Reduktive Erklärung von Theorien erfordert nicht nur einen so andersartigen Begriffsapparat als den, welchen wir in den vorangehenden Teilen dieses Bandes verwendeten, sondern darüber hinaus eine Erörterung so vieler und so schwieriger Probleme, die gänzlich anderer Natur sind als die von uns diskutierten, daß es als dringend empfehlenswert erscheint, eine *zweite Abkopplungsthese* zu akzeptieren: Analog wie Kausalanalyse von der Explikation des informativen Erklärungsbegriffs abgekoppelt werden soll, so auch die reduktive Theorienerklärung von der letzteren.

## Bibliographie

### Zu Abschnitt 1

BROMBERGER, S. [Theory], "A Theory about the Theory of Theory and about the Theory of Theories", in: BAUMRIN B. (Hrsg.), *Philosophy of Science; The Delaware Seminar II*, New York 1963, S. 79—105.

BROMBERGER, S. [Approach], "An Approach to Explanation", in: BUTLER, R. J. (Hrsg.), *Analytical Philosophy*, Oxford 1965, S. 72—105.

BROMBERGER, S. [Why-Questions], "Why-Questions", in: COLODNY, R. G. (Hrsg.), *Mind and Cosmos*, Pittsburgh, S. 86—111.

GÄRDENFORS, P. [Redundancy], "Relevance and Redundancy in Deductive Explanation", *Philosophy of Science* Bd. 43 (1976), S. 420—431.

KÄSBAUER, M. [Erklärung], „Definitionen der wissenschaftlichen Erklärung", *Erkenntnis* Bd. 10 (1976), S. 255—273.

OMER, I. A. [D−N Model], "On the D−N Model of Scientific Explanation", *Philosophy of Science* Bd. 37 (1970), S. 417—433.

TUOMELA, R. [Deductive Explanation], "Deductive Explanation of Scientific Laws", *Journal of Philosophical Logic* Bd. 1 (1972), S. 369—392.

### Zu Abschnitt 2

HANSSON. B., "Explanations – Of What", Manuskript (1979?), Dept. of Philosophy, Stanford University and University of Lund.

### Zu den Abschnitten 3 und 4

GÄRDENFORS, P., "On the Logic of Relevance", *Synthese* Bd. 37 (1978), S. 351—367.

GÄRDENFORS, P., "Forecasts, Decisions und Uncertain Probabilities", *Erkenntnis* Bd. 14 (1979), S. 159—181.

GÄRDENFORS, P., "Conditionals and Changes of Belief", in: *Acta Philosophica Fennica* Bd. 30 (1979), S. 381—404.

GÄRDENFORS, P. [Pragmatic Approach], "A Pragmatic Approach to Explanations", *Philosophy of Science* Bd. 47 (1980), S. 405—423.

HEMPEL, C. G. [Aspects], *Aspects of Scientific Explanation*, New York 1965.

HEMPEL, C. G. [Maximal Specificity], "Maximal Specificity and Lawlikeness in Probabilistic Explanation", *Philosophy of Science* Bd. 35 (1968) S. 116—134.

HEMPEL, C. G. [Aspekte], *Aspekte wissenschaftlicher Erklärung*, Berlin-New York 1977.

STEGMÜLLER, W. [IV/2], *Personelle und Statistische Wahrscheinlichkeit*, zweiter Halbband: *Statistisches Schließen – Statistische Begründung – Statistische Analyse*, Berlin-Heidelberg-New York 1973.

STEGMÜLLER, W. [Two Successor Concepts], "Two Successor Concepts to the Notion of Statistical Explanation", in: G. H. VON WRIGHT (Hrsg.), *Logic and Philosophy*, The Hague-Boston-London 1980, S. 37—52.

### Zu Abschnitt 5

COFFA, J. A. [Ambiguity], "Hempel's Ambiguity", *Synthese* Bd. 28 (1974), S. 141—163.

SALMON, W. C., "Comments on 'Hempel's Ambiguity' by J. ALBERTO COFFA", *Synthese* Bd. 28 (1974), S. 165—169.

*Zu Abschnitt 6*

BALZER, W., „Die epistemologische Rolle des Zweiten Newtonschen Axioms", *Philosophia Naturalis* Bd. 17 (1978), S. 131—149.

BALZER, W., *Empirische Theorien; Modelle, Strukturen, Beispiele,* Braunschweig-Wiesbaden 1982.
(Dieses Buch enthält eine nichttechnische Einführung in die strukturalistische Auffassung mit ausführlichen Illustrationsbeispielen aus verschiedenen empirischen Wissenschaften.)

BALZER, W. und C. U. MOULINES, "On Theoreticity", *Synthese* Bd. 44 (1980), S. 467—494.

BALZER, W. und J. D. SNEED, "Generalized Net Structures of Empirical Theories I/II", *Studia Logica* Bd. 36 (1977), S. 195—211, und Bd. 37 (1978), S. 167—194.

BALZER, W., C. U. MOULINES und J. D. SNEED, *Basic Structures of Physical Theories,* in Vorbereitung.

DIEDERICH, W., *Strukturalistische Rekonstruktionen,* Braunschweig-Wiesbaden 1981.

GÄRDENFORS, P., "Theoretical Concepts and their Function", in: B. HANSSON (Hrsg.), *After Kuhn – Method or Anarchy?* Lund 1982.

GÄRDENFORS, P., "Sneed's Reconstruction of the Structure and Dynamics of Theories", in: *After Kuhn – Method or Anarchy?*

GLYMOUR, C. G., *Theory and Evidence,* Princeton 1980.

MAYR, D., "Investigations of the Concept of Reduction I/II", *Erkenntnis* Bd. 10 (1976), S. 275—294, und Bd. 16 (1981), S. 109—129.

MOULINES, C. U. [Evolution], "Theory-Nets and the Evolution of Theories: The Example of Newtonian Mechanics", *Synthese* Bd. 41 (1979), S. 417—439.

MOULINES, C. U. [Approximation], "Intertheoretic Approximation: The Kepler-Newton Case", *Synthese* Bd. 45 (1980), S. 387—412.

MOULINES, C. U. [Scheme], "A General Scheme for Intertheoretic Approximation", in: A. HARTKÄMPER und H. J. SCHMIDT (Hrsg.), *Structure and Approximation in Physical Theories,* New York – London 1980.

SALMON, W. C., *Statistical Explanation and Statistical Relevance,* Pittsburgh 1971.

SCHEFFLER, I. [Anatomy], *The Anatomy of Inquiry,* New York 1963.

SCHEIBE, E., „Die Erklärung der Keplerschen Gesetze durch Newtons Gravitationsgesetz", in: E. SCHEIBE und G. SÜSSMANN (Hrsg.), *Einheit und Vielheit,* Göttingen 1973, S. 98—118.

SCHEIBE, E., „Gibt es Erklärungen von Theorien?", *Allgemeine Zeitschrift für Philosophie* Bd. 1 (1976), S. 26—45.

SCHEIBE, E., "Conditions of Progress and the Comparability of Theories", in: R. S. COHEN et al. (Hrsg.), *Essays in Memory of Imre Lakatos,* Dordrecht 1976, S. 547—568.

SCHEIBE, E., „Eine Fallstudie zur Grenzfallbeziehung in der Quantenmechanik", in: J. NITSCH, J. PFARR und E. W. STACHOW (Hrsg.), *Grundlagenprobleme der modernen Physik,* Mannheim-Wien-Zürich 1981.

SNEED, J. D. [Mathematical Physics], *The Logical Structure of Mathematical Physics,* Dordrecht 1971, zweite Aufl. 1979.

SNEED, J. D., "Philosophical Problems in the Empirical Science of Science: A Formal Approach", *Erkenntnis* Bd. 10 (1976), S. 115—146.

SNEED, J. D., "Invariance Principles and Theoretization", in: *Acta Philosophica Fennica* Bd. 30 (1979), S. 130—178.

Siehe auch: BALZER und SNEED sowie BALZER, MOULINES und SNEED

STEGMÜLLER, W. [II/2], *Theorie und Erfahrung,* zweiter Halbband: *Theorienstrukturen und Theoriendynamik,* Berlin-Heidelberg-New York 1973.

STEGMÜLLER, W. [IV/2], *Personelle und Statistische Wahrscheinlichkeit*, zweiter Halbband: *Statistisches Schließen – Statistische Begründung – Statistische Analyse*, Berlin-Heidelberg-New York 1973.

STEGMÜLLER, W., *Hauptströmungen der Gegenwartsphilosophie*, Bd. II, sechste, erweiterte Aufl. 1979.

STEGMÜLLER, W. [Structuralist View], *The Structuralist View of Theories*, Berlin-Heidelberg-New York 1979.

STEGMÜLLER, W. [Neue Wege], *Neue Wege der Wissenschaftsphilosophie*, Berlin-Heidelberg-New York 1980.

# Schlußanmerkungen 1982

Die aus dem Jahre 1969 stammende Liste mit den offenen Problemen hinter dem damaligen letzten Kapitel X wurde beibehalten, um im Rückblick die Beurteilung zu erleichtern, wie viele damals noch offene Fragen inzwischen beantwortet wurden und welche Problemverschiebungen sich seither ergaben. Da sich diese Beurteilung aus den neu hinzugekommenen Teilen zwanglos ergibt, überlassen wir sie dem Leser als Übungsaufgabe und beschränken uns auf einige Andeutungen.

Eine der zentralen offenen Fragen war damals die Unterscheidung zwischen Realgründen und Vernunftgründen. Durch die Annahme der Abkoppelungsthese im Verein mit dem bislang erfolgreich verlaufenen Forschungsprojekt der Kausalanalyse ist dies jetzt kein das Thema „Erklärung" belastendes Problem mehr.

Eine stochastische Theorie der Kausalität von der geschilderten Art verspricht eher Erfolg als die seinerzeit in Erwägung gezogene Logik der kausalen Modalitäten.

Die von HEMPEL vermutete Wesensverschiedenheit von deduktiv-nomologischer und statistischer Systematisierung besteht nicht. *Alle* informativen Erklärungs- und Begründungsbegriffe sind pragmatisch-epistemischer Natur und daher von vornherein „epistemisch zu relativieren". Die für die Aufklärung dieses Sachverhaltes benötigte Analyse des Begriffs der Wissenssituation erwies sich als viel diffiziler, als man damals vermuten konnte.

Der Zwang zur Relativierung der Erklärungs- und Begründungsbegriffe auf mehrere Wissenssituationen verleiht einerseits diesen Begriffen selbst auf rein informativer Ebene einen größeren Grad an Komplexität und macht andererseits eine scharfe Grenzziehung zwischen Erklärungen und Begründungen möglich.

Für das Problem der Kontextmehrdeutigkeit von irrealen Konditionalsätzen zeichnet sich über die Theorie der minimalen Überzeugungsänderungen eine neuartige Lösung ab.

Analoges gilt für einige Fragen im Zusammenhang mit der Funktionalanalyse, für die sich sowohl ein spezieller als daneben auch ein globaler neuer Lösungsansatz anbietet.

Die seinerzeitige Vermutung, daß es zwei kategorial verschiedene Formen des Indeterminismus gibt, hat sich inzwischen bestätigt.

Ebenfalls bestätigt hat sich die Vermutung, daß Tatsachenerklärungen einerseits, Erklärungen von Gesetzen und Theorien andererseits zwei Begriffsfamilien bilden. Der Nachweis dafür läßt sich allerdings nur dann erbringen, wenn man sich zusätzlichen Themen, wie „Struktur von Theorien", „intertheoretische Relationen" und „Theoriendynamik" zuwendet.

Auch die Lösungen verschiedener anderer Probleme verlangt, über den gegenwärtigen Rahmen hinauszugehen. Dazu gehört insbesondere die scharfe Trennung der beiden Dichotomien „beobachtbar—nichtbeobachtbar" und „theoretisch—nichttheoretisch" sowie die Relativierung des Theoretizitätsbegriffs auf eine *Theorie* statt auf eine *Sprache*.

Möglicherweise wird das neue Theoretizitätskonzept sogar den Schlüssel zur Lösung des Problems liefern, warum nur gleichzeitige Hypothesen über Glauben und Wollen nachprüfbar sind: Die beiden Begriffe des Glaubens und des Wollens sind vermutlich *simultan theoretisch* in bezug auf eine adäquate Theorie des Verhaltens (analog wie etwa *Kraft* und *Masse* simultan theoretisch relativ zur klassischen Partikelmechanik sind).

Die naturalistische Auflösung des Problems der Gesetzesartigkeit — anstelle einer rationalen, durch entscheidbare und leicht zu handhabende Regeln erfolgenden Lösung — zeigt die Möglichkeit evolutionstheoretischer Behandlung *gewisser* wissenschaftsphilosophischer Spezialfragen auf.

Ebenso verweisen die verschiedenen, scheinbar miteinander im Konflikt stehenden Rationalitätsbegriffe auf andere Gebiete, wie z. B. die rationale Entscheidungstheorie, die Ethik sowie eine in Entwicklung befindliche Theorie zur Lösung der Inkommensurabilitätsproblematik.

Eine Fülle von Spezialfragen zum Thema „Erklärung und Begründung", die seinerzeit nur zum geringen Teil angedeutet worden sind, hat eine versuchsweise Beantwortung in XI, 4 erhalten.

# Bibliographie

Eckig eingeklammerte Kurztitel werden bei Zitaten in diesem Buch verwendet. Buchtitel sind kursiv gedruckt. Titel von Zeitschriftenaufsätzen stehen unter Anführungszeichen. Bei Verweisungen auf Sammelwerke, die in dieser Bibliographie an anderer Stelle selbst angeführt sind, werden nur Herausgeber und Jahreszahl angegeben.

Die in den speziellen Bibliographien angegebene Literatur (Einleitung, Kap. V, VI,, VII, VIII und XI) wurde hier nicht nochmals angeführt.

ABEL, TH. [Verstehen], "The Operation Called Verstehen", in: FEIGL, H., and M. BRODBECK (1953), S. 677—687.
ABEL, TH., "Verstehen I und Verstehen II", in: Theory and Decision Bd. 6 (1975), S. 99—102.
ACHAM, K., *Vernunft und Engagement. Sozialphilosophische Untersuchungen,* Wien 1972.
ACHAM, K., *Analytische Geschichtsphilosophie,* Freiburg-München 1974.
ACHINSTEIN, P., *Law and Explanation,* Oxford 1971.
ACHINSTEIN, P., "What is an Explanation?", in: American Philosophical Quarterly Bd. 14, S. 1—15.
ACHINSTEIN, P., "The Causal Relation", in: Midwest Studies in Philosophy Bd. 4 (1979), S. 369—386.
ACHINSTEIN, P., "Can there be a Model of Explanation?", in: Theory and Decision Bd. 13 (1981), S. 201—227.
ACKERMANN, R. [Deductive], "Discussion: Deductive Scientific Explanation", in: Philosophy of Science Bd. 32 (1965), S. 155—167.
ACKERMANN, R., and A. STENNER [Corrected Model], "Discussion: A Corrected Model of Explanation", in: Philosophy of Science Bd. 33 (1966), S. 168—171.
ADAMS, F. R., "A Goal-State Theory of Function Attributions", in: Canadian Journal of Philosophy Bd. 9 (1979), S. 493—518.
ADDIS, L., "Disposition, Explanation and Behavior", in: Inquiry Bd. 24 (1981), S. 205—224.
ADELMAN, H., "Rational Explanation Reconsidered: Case Studies and the Hempel-Dray Model", in: History and Theory Bd. 13 (1974), S. 208—224.
ALBERT, H., "Theorie, Verstehen und Geschichte", in: Zeitschrift für allgemeine Wissenschaftstheorie Bd. 1 (1970), S. 3—23.
ALEXANDER, F., "Psychology and the Interpretation of Historical Events", in: WARE, C. F. (Hrsg.), *The Cultural Approach to History,* New York 1940, S. 48—57.
ALEXANDER, H. G., "General Statements as Rules of Inference?", in: FEIGL, H., M. SCRIVEN, and G. MAXWELL (1958), S. 309—329.
ALEXANDER, P., "Psychoanalysis and the Explanation of Behavior", in: Mind Bd. 80 (1971), S. 391—402.
ALSTON, W. P., "The Place of the Explanation of Particular Facts in Science", in: Philosophy of Science Bd. 38 (1971), S. 13—34.

ANSCOMBE, G. E. M., *Causality and Determination,* Cambridge 1971.
ARMSTRONG, D., "Beliefs and Desires as Causes of Actions: A Reply to Donald Davidson",in: Philosophical Papers Bd. 4 (1975), S. 1—7.
ARONOVITCH, H., "Social Explanation and Rational Motivation", in: American Philosophical Quarterly Bd. 15 (1978), S. 197—204.
ARONOVITCH, H., "Rational Motivation", in: Philosophy and Phenomenological Research Bd. 49 (1979), S. 173—193.
ARONSON, J. L., "Explanations without Laws",in: The Journal of Philosophy Bd. 66 (1969), S. 541—557.
ARONSON, J. L., "On the Grammar of 'Cause' ", in: Synthese Bd. 22 (1970/71), S. 414—430.
ATKINSON, R. F., "Explanation in History", in: Proceedings of the Aristotelian Society Bd. 72 (1971/72), S. 241—256.
ATKINSON, R. F., *Knowledge and Explanation in History,* Ithaca, 1978.
AUDI, R., "Intentionalistic Explanation of Action", in: Metaphilosophy Bd. 2 (1971), S. 241—250.
AUDI, R., "Psychoanalytic Explanation and the Concept of Rational Action", in: The Monist Bd. 56 (1972), S. 444—464.
AUDI, R., "Wants and Intentions in the Explanation of Action", in: Journal for the Theory of Social Behavior Bd. 9 (1979), S. 227—249.
AUDI, R., " The Structure of Motivation", in: Pacific Philosophical Quarterly Bd. 61 (1980), S. 258—275.
AUDI, R.,"Inductiv-Nomological Explanations and Psychological Laws", in: Theory and Decision Bd. 13 (1981), S. 229—249.
AUNE, B., *Reason and Action,* Dordrecht 1977.
AYALA, F. J., "Teleological Explanations in Evolutionary Biology", in: Philosophy of Science Bd. 37 (1970), S. 1—15.
BALL,T.,"On 'Historical' Explanation", in: Philosophy of the Social Sciences Bd. 2 (1972), S. 181—192.
BARKER, S. F. [Induction], *Induction and Hypothesis,* Ithaca, N. Y. 1957.
BARKER, S. F. [Simplicity], "The Role of Simplicity in Explanation" in: FEIGL, H., and G. MAXWELL (1961), S. 265—274.
BASSON, A. H. [HUME], *David Hume,* London 1958.
BATENS, D., *Studies in the Logic of Induction and in the Logic of Explanation,* Brügge 1975.
BAUMRIN, B. (Hrsg.), *Philosophy of Science. The Delaware Seminar:* Bd. I (1961—1962), New York 1963.
BEARD, R. W. [Completeness Conditions], "Discussion: Deduction, Prediction, and Completeness Conditions", in: Philosophy of Science Bd. 33 (1966), S. 165—167.
BECKERMANN, A. (Hrsg.), *Analytische Handlungstheorie,* Band 2: *Handlungserklärungen,* Frankfurt 1977.
BECKERMANN, A., *Gründe und Ursachen,* Kronberg/Ts. 1977.
BECKERMANN, A., "A Note on v. Wright's Formulation of Intentional Explanations", in: Erkenntnis Bd. 14 (1979), S. 349—353.
BECKERMANN, A., "Diskussion von R. Tuomela: Human Action and its Explanation", in: Erkenntnis Bd. 15 (1980), S. 195—209.
BENNETT, P. W., "Avowed Reasons and the Covering Law Model", in: Mind Bd. 82 (1973), S. 606—607.
BERNAYS, P., siehe: HILBERT, D., and P. BERNAYS.
BERTALANFFY, L. VON, "Problems of General System Theory", in: Human Biology Bd. 23 (1951), S. 302—312.
BERTALANFFY, L. VON, *General System Theory,* in: TAYLOR, R. W. (Hrsg.), *Life, Language, Law.* Antioch Press; Yellow Springs, Ohio 1957, S. 58—78.

BICHLER, R., " 'Intentionale Erklärungen'. Kritische Gedanken zu Henrik v. Wrights Sicht der Erklärung", in: Grazer philosophische Studien Bd. 2 (1976), S. 173—188.
BINKLEY, R., R. BRONAUGH, and A. MARRAS, A. (Hrsg.), *Agent, Action and Reason*, Oxford 1971.
BISMARCK, O. VON [Erinnerungen], *Gedanken und Erinnerungen:* Bd. II, Stuttgart 1898.
BLACK, M. [Self-Supporting], "Self-Supporting Inductive Arguments", in: The Journal of Philosophy Bd. 55 (1958), S. 718—725.
BLOCK, N. J., "Are Mechanistic and Teleological Explanations of Behavior Incompatible?", in: The Philosophical Quarterly Bd. 21 (1971), S. 109—117.
BODEN, M., "Intentionality and Physical Systems", in: Philosophy of Science Bd. 37 (1970), S. 200—214.
BODEN, M., *Purposive Explanation in Psychology,* Cambridge, Mass. 1972.
BOEHMER, H. [LUTHER], *Luther im Lichte der neueren Forschung,* Leipzig 1906.
BOLLNOW, O. F. [DILTHEY], *Dilthey. Eine Einführung in seine Philosophie,* Stuttgart1955.
BONFANTE, G. [Semantics], "Semantics, Language", in: HARRIMAN, P. L. (Hrsg.) *The Encyclopedia of Psychology,* New York 1946.
BONHOEFFER, K. F., "Über physikalisch-chemische Modelle von Lebensvorgängen", in: Studium Generale Bd. 1 (1948), S. 137—143.
BOLTON, N. (Hrsg.), *Philosophical Problems in Psychology,* London 1979.
BORGER, R. (Hrsg.), *Explanation in the Behavioural Sciences,* Cambridge 1970.
BRAITHWAITE, R. B. [Explanation], *Scientific Explanation,* Cambridge, England 1953.
BRAND, M., "Causes of Actions", in: The Journal of Philosophy Bd. 67 (1970), S. 932—947.
BRAND, M., and M. SWAIN, "On the Analysis of Causation", in: Synthese Bd. 21 (1970), S. 222—227.
BANDT, R., and J. KIM [Wants], "Wants as Explanations of Actions", in: The Journal of Philosophy Bd. 60 (1963), S. 425—435.
BRATMAN, M., "Intention and Means-End Reasoning" in: Philosophical Review Bd. 90 (1981), S. 252—265.
BRATOEV, G., "Bemerkungen über die Explikation der kausalen Begriffe", Zeitschrift für allgemeine Wissenschaftstheorie Bd. 9 (1978), S. 207—224.
BRIDGMAN, P. W. [Modern Physics], *The Logic of Modern Physics,* New York 1927.
BRITTAN, G. G., Jr., "Explanation and Reduction", in: The Journal of Philosophy Bd. 67 (1970), S. 446—457.
BROAD, C. D., *Induction, Probability, and Causation,* Selected Papers, Dordrecht 1968.
BRODBECK, M., "Models, Meanings, and Theories", in: GROSS, L. (Hrsg.), *Symposium on Sociological Theory,* New York 1959, S. 373—403.
BRODBECK, M., "Explanation, Prediction, and 'Imperfect' Knowledge", in: FEIGL, H., and G. MAXWELL (1962), S. 231—272.
BRODY, B. A., "Confirmation and Explanation", in: The Journal of Philosophy Bd. 65 (1968), S. 282—299.
BRODY, B. A., "Towards an Aristotelian Theory of Scientific Explanation", in: Philosophy of Science Bd. 39 (1972), S. 20—31.
BRODY, B. A., "The Reduction of Teleological Sciences", in: American Philosophical Quarterly Bd. 12 (1975), S. 69—76.
BRONAUGH, R., siehe BRINKLEY, R. et al.
BROWNE, D. A., "Can Desires Be Causes of Actions?", in: Canadian Journal of Philosophy Supp. 1 (1974), S. 145—158.
BURCH, R. W., "Functional Explanation and Normalcy", in: Southwestern Journal of Philosophy Bd. 9 (1978), S. 45—53.

BURGEOIS, W., "Verstehen in the Social Sciences", in: Zeitschrift für allgemeine Wissenschaftstheorie Bd. 7 (1976), S. 26—38.
BURHENN, H., *"Narrative Explanation and Redescription"*, in: Canadian Journal of Philosophy Bd. 3 (1974), S. 419—425.
BURIAN, R. M., "Conceptual Change, Cross-Theoretical Explanation, and the Unity of Science", in: Synthese Bd. 32 (1975), S. 1—28.
BURKS, A. W. [Causal Propositions], "The Logic of Causal Propositions", in: Mind Bd. 60 (1951), S. 363—382.
BYERLY, H., "Teleology and Evolutionary Theory: Mechanisms and Meanings", in: Nature and System Bd. 1 (1979), S. 157—176.
BYERLY, H., "Substantial Causes and Nomic Determination", in: Philosophy of Science Bd. 46 (1979), S. 57—81.
CAMPBELL, N. R., *Physics: The Elements,* Cambridge, England 1920.
CAMPBELL, N. R., *What is Science?,* New York 1952.
CANFIELD, J., and K. LEHRER [Note], "A Note on Prediction and Deduction", in: Philosophy of Science Bd. 28 (1961), S. 204—211.
CARLOYE, J. C., "The Role of Analogy in the Explanation of New Phenomena by a Fundamental Scientific Theory", in: Methodology and Science Bd. 5 (1972), S. 3—25.
CARNAP, R. [Syntax], *Logische Syntax der Sprache,* Wien 1934, 2. Aufl. Wien-New York 1968.
CARNAP, R. [Syntax], *The Logical Syntax of Language,* London 1937.
CARNAP, R. [Testability], "Testability and Meaning", in: Philosophy of Science Bd. 3 (1936) und Bd. 4 (1937): teilweise abgedruckt in: FEIGL, H., and M. BRODBECK (1953); selbständig erschienen: New Haven 1954.
CARNAP, R., "Logical Foundations of the Unity of Science", in International Encyclopedia of Unified Science: Bd. I, Nr. 1, Chicago 1938.
CARNAP, R. [Semantics], *Introduction to Semantics and Formalization of Logic,* Cambridge, Mass. 1942.
CARNAP, R., "On Inductive Logic", in: Philosophy of Science Bd. 12 (1945) S. 72—97.
CARNAP, R. [Application], "On the Application of Inductive Logic", in: Philosophy and Phenomenological Research Bd. 6 (1946), S. 133—147.
CARNAP, R. [Necessity], *Meaning and Necessity,* Chicago 1947, 2. Aufl. 1956.
CARNAP, R. [Probability], *Logical Foundations of Probability,* Chicago 1950, 2. Aufl. 1962.
CARNAP, R., *"Inductive Logic and Science",* in: Proceedings of the American Academy of Arts and Sciences Bd. 80 (1951—1954), S. 187—197.
CARNAP, R., *The Continuum of Inductive Methods,* Chicago 1952.
CARNAP, R. [Theoretical Concepts], "The Methodological Character of Theoretical Concepts", in: FEIGL, H., and M. SCRIVEN (1956), S. 38—76.
CARNAP, R., und W. STEGMÜLLER, *Induktive Logik und Wahrscheinlichkeit,* Wien 1959.
CARNAP, R., "The Aim of Inductive Logic", in: NAGEL, E., P. SUPPES, and A. TARSKI (1962), S. 303—318.
CARNAP, R. [CARNAP], *The Philosophy of Rudolf Carnap,* SCHILPP, P. A. (Hrsg.), La Salle 1963.
CARNAP, R. [Physics], *Philosophical Foundations of Physics,* GARDNER, M. (Hrsg.), New York-London 1966.
CARNAP, R. [Einführung], *Einführung in die symbolische Logik,* Wien-New York 1968.
CASSTEVENS, TH. W., "On Hempel's Scientific Explanation and Prediction in Political Science", in: Philosophy and Social Action Bd. 2 (1976), S. 47—60.
CAUSEY, R., "Structural Explanations in Social Science",in: NICKLES, T. (Hrsg.), *Scientific Discovery, Logic and Rationality,* Dordrecht 1978, S. 355—374.

CAUSEY, R., *Unity of Science,* Dordrecht 1977.
CHERRY, CH., "Explanation and Explanation by Hypothesis", in: Synthese Bd. 33 (1976), S. 315—339.
CHISHOLM, R., "Sentences about Believing", in: FEIGL, H., M. SCRIVEN, and G. MAXWELL (1958), S. 510—520.
CHISHOLM, R. M., "On the Logic of Purpose", in: Midwest Studies in Philosophy Bd. 4 (1979), S. 223—237.
CHOMSKY, N. [Explanatory Models], "Explanatory Models in Linguistics", in: NAGEL, E., P. SUPPES, and A. TARSKI (1962), S. 528—550.
CHOMSKY, N., "A Transformational Approach to Syntax", in: FODOR, J. A., and J. J. KATZ (1964), S. 211—245.
CHOMSKY, N. [Syntax], *Aspects of the Theory of Syntax,* Cambridge, Mass. 1965.
CHOMSKY, N. [Innate Ideas], "Recent Contributions to the Theory of Innate Ideas", in: Synthese Bd. 17, Nr. 1 (1967), S. 2—11.
CHOPRA, Y. N., "Explaining and Characterizing Human Actions", in: Mind Bd. 88 (1979), S. 321—333.
COFFA, J. A., "Deductive Predictions", in: Philosophy of Science Bd. 35 (1968), S. 279—283.
COFFA, J. A., siehe SALMON, W. C.
COHEN, B. P., "On the Construction of Sociological Explanations", in: Synthese Bd. 24 (1972), S. 401—409.
COHEN, J. (Hrsg.), *Applications of Inductive Logic:* Proc. 1978, Oxford 1980.
COLE, R., "Causes and Explanations", in: Noûs Bd. 11 (1977), S. 347—374.
COLLINS, A. W., "Teleological Reasoning", in: The Journal of Philosophy Bd. 75 (1978), S. 540—550.
COPI, I. M. [Introduction], *Introduction to Logic,* New York 1961.
CORNMAN, J. W., *Scepticism, Justification, and Explanation,* Dordrecht 1980.
CORRADO, M., "The Logic of Intentional Action", in: Philosophy Research Archives Bd. 5 (1979), No. 1337.
CRAIG, W., "Replacement of Auxiliary Expression", in: Philosophical Review Bd. 65 (1956), S. 38—55.
CRAMER, H. [Statistics], *Mathematical Methods of Statistics,* Princeton 1946.
CREARY, L., "Causal Explanation and the Reality of Natural Component Forces", in: Pacific Philosophical Quarterly Bd. 62 (1981), S. 148—157.
CROWELL, E., "Causal Explanation and Human Action", in: Mind Bd. 84 (1975), S. 440—442.
CUMMINGS, R., "Programs in the Explanation of Behavior", in: Philosophy of Science Bd. 44 (1977), S. 269—287.
CUPPLES, B., "Three Types of Explanation", in: Philosophy of Science Bd. 44 (1977), S. 387—408.
CURRIE, G., "The Role of Normative Assumptions in Historical Explanation", in: Philosophy of Science Bd. 47 (1980), S. 456—473.
CURRY, H. [Deducibility], *A Theory of Formal Deducibility,* Notre Dame, Indiana 1957.
DALRYMPLE, H. B., "Dispositional and Causal Explanation", in: Southwestern Journal of Philosophy Bd. 6 (1975), S. 115—121.
DANTO, A., "On Explanations in History", in: Philosophy of Science Bd. 23 (1956), S. 15—30.
DANTO, A., and S. MORGENBESSER (Hrsg.), *Readings in the Philosophy of Science,* New York 1960.
DANTO, A. C., "Causality, Representations, and the Explanation of Actions", in: Tulane Studies in Philosophy Bd. 28 (1979), S. 1—19.
DANTO, A. C., *Analytische Handlungsphilosophie,* Königstein/Ts. 1979.

DAVENEY, T. K., "Intentional Behavior", in: Journal for the Theory of Social Behavior Bd. 4 (1974), S. 111—129.
DAVIDSON, D., "Actions, Reasons, and Causes", in: The Journal of Philosophy Bd. 60 (1963), S. 685—700.
DAVIDSON, D., *Essays on Actions and Events,* Oxford 1980.
DAVIDSON, D., P. SUPPES, and S. SIEGEL [Decision Making], *Decision Making: An Experimental Approach,* Stanford 1957.
DEHM, R. [Vorzeit], "Vorzeit und Leben", Münchner Universitätsreden: N. F. Heft 52, München 1967.
DIETZ, ST. M., "A Remark on Hempel's Replies to his Critics", in: Philosophy of Science Bd. 37 (1970), S. 614—617.
DINGLE, H., "Causality and Statistics in Modern Physics", in: The British Journal for Philosophy of Science Bd. 21 (1970), S. 223—246.
DONAGAN, A., "Historical Explanations and Verification", in: The Monist Bd. 53 (1969), S. 58—89.
DORLING, J., "On Explanations in Physics: Sketch of an Alternative to Hempel's Account of the Explanation of Laws", in: Philosophy of Science Bd. 45 (1978), S. 136—140.
DOWNES, CH., "Functional Explanations and Intentions", in: Philosophy of the Social Sciences Bd. 6 (1976), S. 76.
DRAY, W., *Perspectives on History,* Boston 1980.
DRAY, W., "Explanatory Narrative in History", in: Philosophical Quarterly Bd. 4 (1954), S. 15—27.
DRAY, W. [History], *Laws and Explanation in History,* Oxford 1957.
DRAY, W., "Explaining What' in History", in: GARDINER, P. (1959), S. 403—408.
DRAY, W., "The Historical Explanation of Actions Reconsidered", in: HOOK, S. (Hrsg.), *Philosophy and History,* New York 1963, S. 105—135.
DRETSKE, F. I., SNYDER, A., "Causal Irregularity", in: Philosophy of Science Bd. 39 (1972), S. 69—71.
DUCASSE, C. J. [Explanation], "Explanation, Mechanism, and Teleology", in: The Journal of Philosophy Bd. 22 (1925), S. 150—155; abgedruckt in: FEIGL, H., and W. SELLARS (Hrsg.) (1949), S. 540—544.
EBERLE, R., D. KAPLAN, and R. MONTAGUE [HEMPEL and OPPENHEIM], "Hempel and Oppenheim on Explanation", in: Philosophy of Science Bd. 28 (1961), S. 418—428.
EDWARDS, P., and A. PAP [Introduction], *A Modern Introduction to Philosophy,* Glencoe 1962.
ENC, B., "Function Attributions and Functional Explanations", in: Philosophy of Science Bd. 46 (1979), S. 343—365.
ENGELS, E.-M., "Teleologie — eine 'Sache der Formulierung' oder eine 'Formulierung der Sache'? Überlegungen zu Ernest Nagels reduktionistischer Strategie und Versuch ihrer Widerlegung", in: Zeitschrift für allgemeine Wissenschaftstheorie Bd. 9 (1978), S. 225—235.
ENGELS, E.-M., *Die Teleologie des Lebendigen,* Berlin 1982.
EICHNER, K., HABERMEHL, W., *Probleme der Erklärung sozialen Verhaltens,* Meisenheim 1977.
ESSLER, W. K., [Einführung], *Einführung in die Logik,* Stuttgart 1966.
ESSLER, W. K., "Zur Topologie von Verstehen und Erklären", in: Grazer philosophische Studien Bd. 1 (1975), S. 127—141.
ESSLER, W. K., "A Note on Functional Explanation", in: Erkenntnis Bd. 13 (1978), S. 371—376.
ESSLER, W. K., *Wissenschaftstheorie IV: Erklärung und Kausalität,* München 1979.

FABIAN, R. G. "Human Behavior in Deductive Social Theory", in: Inquiry Bd. 15 (1972), S. 411—433.
FAIN, H., "Some Problems of Causal Explanation", in: Mind Bd. 72 (1963), S. 519—532.
FAIR, D., "Causation and the Flow of Energy", in: Erkenntnis Bd. 14 (1979), S. 219—250.
FAY, B., "Practical Reasoning, Rationality and the Explanation of Intentional Action", in: Journal for the Theory of Social Behavior Bd. 8 (1978), S. 77—101.
FEIGL, H., "Some Remarks on the Meaning of Scientific Explanation", in: FEIGL, H., and W. SELLARS (Hrsg.) (1949), S. 510—514.
FEIGL, H. [Causality], "Notes on Causality", in: FEIGL, H., and M. BRODBECK (Hrsg.) (1953), S. 408—418.
FEIGL, H., and M. BRODBECK (Hrsg.), *Readings in the Philosophy of Science,* New York 1953.
FEIGL, H., and G. MAXWELL (Hrsg.), *Current Issues in the Philosophy of Science,* New York 1961.
FEIGL, H., and M. SCRIVEN (Hrsg.), *Minnesota Studies in the Philosophy of Science:* Bd. I, Minneapolis 1956.
FEIGL, H., M. SCRIVEN, and G. MAXWELL (Hrsg.) [Minnesota Studies II], *Minnesota Studies in the Philosophy of Science:* Bd. II, Minneapolis 1958.
FEIGL, H., and G. MAXWELL (Hrsg.), *Minnesota Studies in the Philosophy of Science:* Bd. III, Minneapolis 1962.
FEIGL, H., and W. SELLARS (Hrsg.), *Readings in Philosophical Analysis,* New York 1949.
FETZER, J. H., "A Single Case Propensity Theory of Explanation", in: Synthese Bd. 28 (1974), S. 171—198.
FETZER, J. H., "On the Historical Explanation of Unique Events", in: Theory and Decision Bd. 6 (1975), S. 87—97.
FETZER, J. H., "Probability and Explanation", in: Synthese Bd. 48 (1981), S. 371—408.
FEYERABEND, P. K., "Explanation, Reduction, and Empiricism", in: FEIGL, H., and G. MAXWELL (1962), S. 28—97.
FINN, D. R., "Categories of Psychological Explanation", in: Mind Bd. 77 (1968), S. 550—555.
FLORIAN, A., "Human Action and Methodology", in: Philosophie et Logique Bd. 20 (1979), S. 269—275.
FODOR, A. J., and J. J. KATZ, *The Structure of Language. Readings in the Philosophy of Language,* London 1964.
FØLLESDAL, D. [Causal Contexts], "Quantification into Causal Contexts", in: Boston Studies in the Philosophy of Science Bd. 22 (1965), S. 263—274.
FØLLESDAL, D. [Approach], "A Model Theoretic Approach to Causal Logic", in: Det Klg. Norske Videnskabers Selskabs Skrifter Nr. 2 (1966), S. 1—13.
FOOT, PH., siehe WOODS, M.
FORD, L. S., "Reasons, Causes, and Decisions", in: Southwestern Journal of Philosophy Bd. 3 (1972), S. 51—62.
FORGE, J., "The Structure of Physical Explanation", in: Philosophy of Science Bd. 47 (1980), S. 203—226.
VAN FRAASEN, B. C., "The Pragmatics of Explanation", in: American Philosophical Quarterly Bd. 14 (1977), S. 143—150.
FRANKEL, C., "Explanation and Interpretation in History", in: GARDINER, P. (1959), S. 408—427; aus: Philosophy of Science Bd. 24 (1957), S. 137—155.
FREUD, S. [Werke], *Gesammelte Werke:* Bd. 1—17, Frankfurt 1964.
FRIEDMAN, M., "Explanation and Scientific Understanding", in: The Journal of Philosophy Bd. 71 (1974), S. 5—19.

FUMERTON, A., "Induction and Reasoning to the Best Explanation", in: Philosophy of Science Bd. 47 (1980), S. 589—600.
GALLIE, W. B., "Explanation in History and the Genetic Sciences", in: Mind Bd. 64 (1955); abgedruckt in: GARDINER, P. (1959), S. 386—402.
GARDINER, P. [Historical Explanation], *The Nature of Historical Explanation,* London 1952, 2. Aufl. 1962.
GARDINER, P. (Hrsg.) [Theories], Theories of History, New York 1959.
GAUKROGER, ST., *Explanatory Structures,* Hassocks 1978.
GIBSON, Q. [Social Inquiry], *The Logic of Social Inquiry,* London-New York 1960.
GIRILL, T. R., "The Logic of Scientific Puzzles", in: Zeitschrift für allgemeine Wissenschaftstheorie Bd. 4 (1973), S. 25—40.
GIRILL, T. R., "Identity, Causality, and the Regressiveness of Micro-Explanations", in: Dialectica Bd. 28 (1974), S. 223—238.
GIRILL, T. R., "Explanatory Pragmatics: A Critical Analysis", in: Philosophy Research Archives Bd. 3 (1977), No. 1234.
GLYMOUR, C., "On Some Patterns of Reduction", in: Philosophy of Science Bd. 37 (1970), S. 340—353.
GLYMOUR, C. "Explanations, Tests, Unity and Necessity", in: Noûs Bd. 14 (1980) S. 31—50.
GOH, S. T., "The Logic of Explanation in Anthropology", in: Inquiry Bd. 13 (1970), S. 339—359.
GOLDMAN, A. I., *A Theory of Human Action,* Englewood Cliffs 1970.
GOLDMAN, A. I., "Action, Causation, and Unity", in: Noûs Bd. 13 (1979), S. 261—270.
GOLDSTEIN, L. J. [MALINOWSKI], "The Logic of Explanation in Malinowskian Anthropology", in: Philosophy of Science Bd. 24 (1957), S. 156—166.
GOLDSTEIN, L. J., "A Note on the Status of Historical Reconstructions", in: The Journal of Philosophy Bd. 55 (1958), S. 473—479.
GOLDSTEIN, L. J., "Historical Explanation and the Close of Inquiry", in: International Studies in Philosophy 1977, S. 113—120.
GOOD, I. J., "Corroboration, Explanation, Evolving Probability, Simplicity and a Sharpened Razor", in: The British Journal for the Philosophy of Science Bd. 19 (1968), S. 123—143.
GOOD, I. J., "A Good Explanation of an Event is not necessarily Corroborated by the Event", in: Philosophy of Science Bd. 49 (1982), S. 236—253.
GOODMAN, N., "The Problem of Counterfactual Conditionals", in: The Journal of Philosophy Bd. 44 (1947), S. 113—128; mit geringfügigen Änderungen abgedruckt in: GOODMAN, N. (1965).
GOODMAN, N. [Appearance], *The Structure of Appearance,* Cambridge, Mass. 1951, 2. Aufl. New York 1966.
GOODMAN, N. [Forecast], *Fact, Fiction, and Forecast,* Cambridge, Mass. 1955, 2. Aufl. Indianapolis-New York-Kansas City 1965.
GOODMAN, N. [Reply], "Reply to an Adverse Ally", in: The Journal of Philosophy Bd. 54 (1957), S. 531—535.
GOODMAN, N. [About], "About", in: Mind Bd. 70 (1961), S. 1—24.
GOODMAN, N. [Argument], "The Epistemological Argument", in: Synthese Bd. 17, Nr. 1 (1967), S. 23—28.
GOROVITZ, S., "Aspects of the Pragmatics of Explanation", in: Noûs Bd. 3 (1969) S. 61—72.
GOROVITZ, S., "Inscriptionalism and the Objects of Explanation", in: The British Journal for the Philosophy of Science Bd. 21 (1970), S. 247—256.
GOUDGE, T. A., "Causal Explanation in Natural History", in: The British Journal for the Philosophy of Science Bd. 9 (1958), S. 194—202.

GREENSTEIN, H., "The Logic of Functional Explanation", in: Philosophia Bd. 3 (1973), S. 247—264.
GRICE, G. R., "Are there Reasons for Acting?", in: Midwest Studies in Philosophy Bd. 3 (1978), S. 209—220.
GRIEDER, A., "Relativity, Causality and the 'Substratum' ", in: The British Journal for the Philosophy of Science Bd. 28 (1977), S. 35—48.
GRÜNBAUM, A. [Teleology], "Temporally Asymmetric Principles, Parity between Explanation and Prediction, and Mechanism vs. Teleology", in: BAUMRIN, B. (1963), S. 57—96.
GRÜNBAUM, A. [Space and Time], *Philosophical Problems of Space and Time,* New York 1963. Zweite, erweiterte Aufl. in der *Synthese Library,* Dordrecht 1973.
GUSTAVSON, D., "A Critical Survey of the Reason vs. Causes Arguments in Recent Philosophy of Action", in: Metaphilosophy Bd. 4 (1973), S. 269—297.
HABERMEHL, W., siehe EICHNER, K.
HACKING, I. J. [Statistical Inference], *Logic of Statistical Inference,* Cambridge 1965.
HAMMOND, M., "Weighting Causes in Historical Explanation", in: Theoria Bd. 43 (1977), S. 103—128.
HANNA, J. F., "Single Case Propensities and the Explanation of Particular Events", in: Synthese Bd. 48 (1981), S. 409—436.
HANSON, N. R., "On the Symmetry between Explanation and Prediction", in: The Philosophical Review Bd. 68 (1959), S. 349—358.
HANSON, N. R., *The Concept of the Positron. A Philosophical Analysis,* Cambridge, England 1963.
HARMAN, G., "Reasoning and Explanatory Coherence", in: American Philosophical Quarterly Bd. 17 (1980), S. 151—157.
HARRÉ, R., and P. F. SECORD, *The Explanation of Social Behavior,* Oxford 1976.
HARRISON, R. (Hrsg.), *Rational Action,* Cambridge 1979.
HEMPEL, C. G., "The Function of General Laws in History", in: The Journal of Philosophy Bd. 39 (1942), S. 35—48; abgedruckt in HEMPEL, C. G. (1965).
HEMPEL, C. G., and P. OPPENHEIM, "Studies in the Logic of Explanation", in: Philosophy of Science Bd. 15 (1948), S. 135—175; abgedruckt in: HEMPEL, C. G. (1965).
HEMPEL, C. G., "General System Theory and the Unity of Science", in: Human Biology Bd. 23 (1951), S. 313—327.
HEMPEL, C. G., "The Theoretician's Dilemma", in: FEIGL, H., M. SCRIVEN, and G. MAXWELL (1958), S. 37—98; abgedruckt in: HEMPEL, C. G. (1965).
HEMPEL, C. G. [Functional Analysis], "The Logic of Functional Analysis", in: GROSS, L. (Hrsg.), *Symposium on Sociological Theory,* New York 1959, S. 271—307; abgedruckt in: HEMPEL, C. G. (1965).
HEMPEL, C. G., "Inductive Inconsistencies", in: Synthese Bd. 12 (1960), S. 439—469; abgedruck in: HEMPEL, C. G. (1965).
HEMPEL, C. G. [Versus], "Deductive-Nomological versus Statistical Explanation", in: FEIGL, H., and G. MAXWELL (1962), S. 98—169.
HEMPEL, C. G. [Aspects], *Aspects of Scientific Explanation,* New York-London 1965.
HEMPEL, C. G. [Maximal Specificity], "Maximal Specificity and Lawlikeness in Probabilistic Explanation", in: Philosophy of Science Bd. 35 (1968), S. 116—133.
HERMES, H. [Einführung], *Einführung in die Mathematische Logik,* Stuttgart 1963.
HERMES, H. [Berechenbarkeit], *Aufzählbarkeit, Entscheidbarkeit, Berechenbarkeit,* Berlin-Göttingen-Heidelberg 1961.
HERRMANN, TH., *Die Psychologie und ihre Forschungsprogramme,* Göttingen 1976.
HERTZ, H., *Die Prinzipien der Mechanik,* Leipzig 1894.

HESS, P. H., "Actions, Reasons and Humean Causes", in: Analysis Bd. 41 (1981), S. 77—81.
HILBERT, D., und P. BERNAYS [Grundlagen], *Grundlagen der Mathematik*, Bd. 1: Berlin 1934, 2. Aufl. Berlin-Heidelberg-New York 1968, Bd. 2: Berlin 1939.
HINTIKKA, J., and P. SUPPES (Hrsg.), *Aspects of Inductive Logic*, Amsterdam 1966.
HIRSCHMANN, D., "Function and Explanation", in: The Aristotelian Society Bd. 47 (1973), S. 19—52.
HOCHBERG, H., "Explaining Facts", in: Metaphilosophy Bd. 6 (1975), S. 277—302.
HOCHE, H.-U., "Kausalgefüge, irreale Bedingungssätze und das Problem der Definierbarkeit von Dispositionsprädikaten", in: Zeitschrift für allgemeine Wissenschaftstheorie Bd. 8 (1977), S. 257—291.
HOLLIS, M., and A. RYAN, "Deductive Explanation in the Social Sciences", in: The Aristotelian Society Bd. 47 (1973), S. 147—185.
HOOK, S. (Hrsg.), *Psychoanalysis, Scientific Method, and Philosophy*, New York 1959.
HOOK, S. (Hrsg.), *Philosophy and History*, New York 1963.
HOOKER, C. A., "Explanation, Generality and Understanding", in: The Australasian Journal of Philosophy Bd. 58 (1980), S. 284—290.
HOVARD, R. B., "Theoretical Reduction: The Limits and Alternatives to Reductive Methods in Scientific Explanation", in: Philosophy of the Social Sciences Bd. 1 (1971), S. 83—100.
HUGHES, H. S., *History as Art and Science*, New York 1964.
HUMPHREYS, W. C. [Statistical Ambiguity], "Statistical Ambiguity and Maximal Specificity", in: Philosophy of Science Bd. 35 (1968), S. 112—115.
HUMPHREYS, P., "Aleatory Explanations", in: Synthese Bd. 48 (1981), S. 225—232.
HUNG HIN-CHUNG, "Scientific Explanation or Deceptive Explanation", in: Methodology and Science Bd. 11 (1978), S. 185—204.
HUNT, L. H., "A Note on Action and Causal Explanation", in: Reason Papers 1978, S. 89—94.
JOBE, E. K., "A Puzzle Concerning D-N Explanation", in: Philosophy of Science Bd. 43 (1976), S. 542—549.
KÄSBAUER, M. [Analysen], *Systematische Analysen* (im Erscheinen).
KANT, I. [Urteilskraft], *Kritik der Urteilskraft*, Berlin 1790.
KAPLAN, D. [Revisited], "Explanation Revisited", in: Philosophy of Science Bd. 28 (1961), S. 429—436.
KAUFMAN, J. N., "Löst der Strukturalismus die Kausalanalyse ab?", in: Zeitschrift für allgemeine Wissenschaftstheorie Bd. 7 (1976), S. 75—98.
KELSEN, H., *Vergeltung und Kausalität*, Wien 1982.
KEMENY, J. G. [Man], "Man Viewed as a Machine", in: Scientific American Bd. 192 (1955), S. 58—67.
KENNY, A., *Wittgenstein*, Frankfurt a. M. 1974.
KIM, J., *Explanation, Prediction, and Retrodiction: Some Logical and Pragmatic Considerations*, Ph. D. thesis, Princeton 1962.
KIM, J. [Conditions], "On the Logical Conditions of Deductive Explanation", in: Philosophy of Science Bd. 30 (1963), S. 286—291.
KIM, J., "Causes as Explanations: A Critique", in: Theory and Decision Bd. 13 (1981), S. 293—308.
KING, J. L., "Statistical Relevance and Explanatory Classification", in: Philosophical Studies Bd. 30 (1976), S. 313—321.
KITCHER, PH., "Explanation, Conjunction, and Unification", in: The Journal of Philosophy Bd. 73 (1976), S. 207—212.
KITCHER, PH., "Explanatory Unification", in: Philosophy of Science Bd. 48 (1981), S. 507—531.

KLEENE, ST. C. [Metamathematics], *Introduction to Metamathematics,* Amsterdam 1959.
KLINE, A. D., "Screening-off and the Temporal Asymmetry of Explanation", in: Analysis Bd. 40 (1980), S. 139—143.
KÖRNER, S. (Hrsg.), *Observation and Interpretation: Proceedings of the Ninth Symposium of the Colston Research Society,* New York-London 1957.
KÖRNER, ST. (Hrsg.), *Experience and Theory,* London 1966.
KÖRNER, ST. (Hrsg.), *Explanation,* Oxford 1975.
KOERTGE, N., "An Exploration of Salmon's S–R Model of Explanation", in: Philosophy of Science Bd. 42 (1975), S. 270—274.
KOLMOGOROFF, A., *Grundbegriffe der Wahrscheinlichkeitsrechnung,* Berlin 1933.
KRIMSKY, S., "On Deductive Non-Nomological Explanation", in: Philosophia Bd. 6 (1976), S. 303—308.
KRÜGER, L., "Are Statistical Explanations Possible?", in: Philosophy of Science Bd. 43 (1976), S. 129—146.
KUTSCHERA, F. v., *Wissenschaftstheorie,* 2 Bde., München 1972.
KUTSCHERA, F. v., *Grundfragen der Erkenntnistheorie,* Berlin-New York 1982.
KÜTTNER, M., "Ein verbesserter deduktiv-nomologischer Erklärungsbegriff", in: Zeitschrift für allgemeine Wissenschaftstheorie Bd. 7 (1976), S. 274—297.
KYBURG, H. E. [Belief], *Probability and the Logic of Rational Belief,* Middleton, Conn. 1961.
KYBURG, H. E., *The Logical Foundations of Statistical Inference,* Dordrecht 1974.
LAMBERT, K., "The Place of the Intentional in the Explanation of Behavior: A Brief Survey", in: Grazer Philosophische Studien Bd. 6 (1978), S. 75—84.
LANGER, W. L., "The Next Assignment", in: The American Historical Review Bd. 63 (1958), S. 283—304; abgedruckt in: MAZLISH, B. (1963), S. 87—107.
LANGFORD, G., "The Nature of Purpose", in: Mind Bd. 90 (1981), S. 1—19.
LANGHAM, P., "Rational Explanation and Covering Laws", in: Southern Journal of Philosophy Bd. 10 (1972), S. 471—479.
LAUCKEN, U., "Verstehen gegen Erklären. Nekrolog auf einen Gegensatz", in: Zeitschrift für allgemeine Wissenschaftstheorie Bd. 7 (1976), S. 113—118.
LEACH, J., "Explanation and Value Neutrality", in: The British Journal for the Philosophy of Science Bd. 19 (1968), S. 93—108.
LEHMAN, H., "Approaches to the Explanation of Behavior", in: Philosophical Forum Bd. 3 (1972), S. 137—191.
LEHMAN, H., "Statistical Explanation", in: Philosophy of Science Bd. 39 (1972), S. 500—506.
LENK, H., *Erklärung, Prognose und Planung,* Freiburg 1972.
LEVIN, M. E.. "The Extensionality of Causation and Causal-Explanatory Contexts", in: Philosophy of Science Bd. 43 (1976), S. 266—277.
LEVIN, M. E., and M. R. LEVIN, "Flagpoles, Shadows and Deductive Explanation", in: Philosophical Studies Bd. 32 (1977), S. 293—299.
LEVINSON, A. B., "Essential and Causal Explanation of Action", in: Mind Bd. 78 (1969), S. 91—101.
LEVY, E., "Causal-Relevance Explanation: Salmon's Theory and its Relation to Reichenbach", in: Synthese Bd. 50 (1982), S. 423—445.
LEWIS, C. I., *An Analysis of Knowledge and Valuation,* La Salle, Ill. 1946.
LEWIS, D., "Causation", in: The Journal of Philosophy Bd. 70 (1973), S. 556—567.
LOCKE, D., "Reasons, Wants, and Causes", in: American Philosophical Quarterly Bd. 11 (1974), S. 169—179.
LOUCH, A. R., *Explanation and Human Action,* Oxford 1966.
LÜBBE, H., *Geschichtsbegriff und Geschichtsinteresse,* Basel-Stuttgart 1977.
LUCE, R. D., and H. RAIFFA [Decisions], *Games and Decisions,* New York 1957.

MACKAN, T., "Kuhn's Impossibility Proof and the Moral Element in Scientific Explanations", in: Theory and Decision Bd. 5 (1974), S. 355—374.
MACKIE, J. L., "Dispositions, Grounds, and Causes", in: Synthese Bd. 34 (1977), S. 361—369.
MACKLIN, R., "Action, Causality, and Teleology", in: The British Journal for the Philosophy of Science Bd. 19 (1969), S. 301—316.
MADDEN, E., "Scientific Explanation", in: Review of Metaphysics Bd. 26 (1973), S. 723—743.
MÄGDEFRAU, K. [Paläobiologie], *Paläobiologie der Pflanzen*, Jena 1956.
MALINOWSKI, B. [Anthropology], "Anthropology", in: Encyclopedia Britannica, First Supplementary Volume, London-New York 1926.
MALINOWSKI, B. [Magic], *Magic, Science, and Religion, and Other Essays*, New York 1954.
MANDELBAUM, M., "Historical Explanation: The Problem of 'Covering Laws' ", in: History and Theory Bd. 1 (1961), S. 229—242.
MARGENAU, H., *The Nature of Physical Reality*, New York 1950.
MARGOLIS, J., "Puzzles Regarding Explanation by Reasons and Explanation by Causes", in: The Journal of Philosophy Bd. 67 (1970), S. 187—195.
MARGOLIS, J., "Action and Causality", in: Philosophical Forum Bd. 11 (1979), S. 47—64.
MARGOLIS, J., "Prospects for an Extensionalist Psychology of Action", in: Journal for the Theory of Social Behavior Bd. 11 (1981), S. 53—64.
MARQUIS, D., "Historical Explanation: A Reconsideration of the New Popper-Hempel Theory", in: Southwestern Journal of Philosophy Bd. 4 (1973), S. 101—108.
MARRAS, A-. siehe BINKLEY, R.
MARTIN, M., "Confirmation and Explanation", in: Analysis Bd. 32 (1971/72), S. 167—169.
MARTIN, M., "Explanation in Social Science: Some Recent Work", in: Philosophy of the Social Sciences Bd. 2 (1972), S. 61—81.
MARTIN, L. W., "Grammatical Rules and Explanations of Behavior", in: Inquiry Bd. 18 (1975), S. 65—82.
MARTIN, J. R., "Another Look at the Doctrine of Verstehen", in: The British Journal for the Philosophy of Science Bd. 20 (1969), S. 53—67.
MARTIN, R., "Singular Causal Explanation", in: Theory and Decision Bd. 2 (1971/72), S. 221—237.
MASSEY, G. J. [HEMPEL's Criterion], "Hempel's Criterion of Maximal Specificity", in: Philosophical Studies Bd. XIX, 3 (1968), S. 43—47.
MATTHEWS, R. J., "Explaining and Explanation", in: American Philosophical Quarterly Bd. 18 (1981), S. 71—77.
MAZLISH, B. (Hrsg.), *Psychoanalysis and History*, Englewood Cliffs, N. J. 1963.
MCCARTHY, TH., "On Misunderstanding 'Understanding'", in: Theory and Decision Bd. 3 (1972/73), S. 351—370.
MCCULLAGH, C. B., "Narrative and Explanation in History", in: Mind Bd. 78 (1969), S. 256—261.
MCCULLAGH, C. B., "Causal Theories of Action", in: Philosophical Studies Bd. 27 (1975), S. 201—209.
MCLACHLAN, H. V., "Functionalism, Causation and Explanation", in: Philosophy of the Social Sciences Bd. 6 (1976), S. 235—240.
MCMULLIN, E., "Structural Explanation", in: American Philosophical Quarterly Bd. 15 (1978), S. 139—147.
MEIKLE, S., "Reasons for Action", in: The Philosophical Quarterly Bd. 24 (1974), S. 52—66.

MEIXNER, J., "Homogeneity and Explanatory Depth", in: Philosophy of Science Bd. 46 (1979), S. 336—381.
MELLOR, D. H., "Probable Explanation", in: The Australasian Journal of Philosophy Bd. 54 (1976), S. 231—241.
MENDEL, A., "Evidence and Explanation", in: LA RUE, J. (Hrsg.), *Report of the Eighth Congress of the International Musicological Society:* New York 1961, Kassel 1962, Bd. II, S. 3—18.
MERTON, R. K. [Social Theory], *Social Theory and Social Structure,* New York 1957.
MILL, J. ST. [Logik], *System der deduktiven und induktiven Logik,* in: Gesammelte Werke, Bd. 2 und Bd. 4, Leipzig 1884.
MILLER, A. R., "Intention and Practical Reasoning", in: Mind Bd. 91 (1982), S. 106—108.
MILLER, R. W., "Methodological Individualism and Social Explanation", in: Philosophy of Science Bd. 45 (1978), S. 387—414.
MILLIGAN, D. E., "Reasons as Explanations", in: Mind Bd. 83 (1974), S. 180—193.
MILLIGAN, D., *Reasoning and the Explanation of Action,* Sussex 1980.
MINTON, A. J., "Wright and Taylor: Empiristic Teleology", in: Philosophy of Science Bd. 42 (1975), S. 299—306.
MISES, R. VON, *Wahrscheinlichkeitsrechnung und ihre Anwendungen in der Statistik und theoretischen Physik,* Wien 1931, 2. Aufl. New York 1945.
MISES, R. VON [Statistik], *Wahrscheinlichkeit, Statistik und Wahrheit,* Wien 1951.
MONTEFIORE, A., and T. L. S. SPRIGGE, "Final Causes", in: The Aristotelian Society Bd. 45 (1971), S. 149—192.
MOORE, H. F., "Explanation and Understanding: Recent Models for Interpreting Action", in: International Philosophical Quarterly Bd. 13 (1973), S. 419—434.
MORAVCSIK, J. M. E., "Aristotle on Adequate Explanations", in: Synthese Bd. 28 (1974), S. 3—17.
MORGAN, CH. G., "On two Proposed Models of Explanation", in: Philosophy of Science Bd. 39 (1972), S. 74—81.
MULLANE, H., "Psychoanalytic Explanation and Rationality", in: The Journal of Philosophy Bd. 68 (1971), S. 413—426.
MULLICK, M., "Is Rational Explanation Deductive?", in: Indian Philosophical Quarterly Bd. 3 (1975), S. 75—78.
MUSGRAVE, A. E., "Explanation, Description, and Scientific Realism", in: Scientia Bd. 112 (1977), S. 727—741.
NAGEL, E., *Principles of the Theory of Probability,* Chicago 1939.
NAGEL, E., *Logic without Metaphysics,* New York 1956.
NAGEL, E., "Methodological Issues in Psychoanalytic Theory", in: HOOK, S. (1959), S. 38—56.
NAGEL, E. [Science], *The Structure of Science: Problems in the Logic of Scientific Explanation,* New York 1961.
NAGEL, E., P. SUPPES, and A. TARSKI (Hrsg.), *Logic, Methodology, and Philosophy of Science: Proceedings of the 1960 International Congress,* Stanford 1962.
NAGEL, E., "Functional Explanations in Biology", in: The Journal of Philosophy Bd. 74 (1977), S. 280—301.
NAGEL, E., *Teleology Revisited and other Essays in the Philosophy and History of Science,* New York 1979.
NATHAN, N. M. L., "On the Non-Causal Explanation of Human Action", in: Philosophy of Science Bd. 6 (1976), S. 241—244.
NEUMANN, J. VON, and O. MORGENSTERN, *Theory of Games and Economic Behavior,* Princeton 1947.

NEUMANN, J. VON [Automata], "The General and Logical Theory of Automata", in: *Cerebral Mechanisms in Behavior — The Hiron Symposium: Sept. 1948,* Pasadena-New York 1951, S. 1—31; auch in: NEUMANN, J. VON, *Collected Works,* hrsg. v. THUB, A. H., Oxford-London-New York-Paris 1963, Bd. 5 S. 288—328.
NEUMANN, J. VON [Probabilistic Logics], "Probabilistic Logics and the Synthesis of Reliable Organisms from Unreliable Components", in: SHANNON, C. E., and J. MCCARTHY (Hrsg.), *Automata Studies,* Princeton 1956, S. 43—98.
NEUMANN, J. VON, *Theory of Self-Reproducing Automata,* Urbana-London 1966.
NEWTON-SMITH, W. H., *The Rationality of Science,* Boston 1981.
NICKLES, TH., "Covering Law Explanation", in: Philosophy of Science Bd. 38 (1971), S. 542—561.
NICKLES, TH. (Hrsg.), *Scientific Discovery, Logic and Rationality,* Dordrecht 1980.
NIINILUOTO, I., "Inductive Systematization: Definition and a Critical Survey", in: Synthese Bd. 25 (1972), S. 25—81.
NIINILUOTO, I., "Inductive Explanation, Propensity, and Action", in: MANNINEN, J., and R. TUOMELA (Hrsg.), *Essays on Explanation and Understanding,* Dordrecht 1976, S. 335—368.
NIINILUOTO, I., "Statistical Explanation Reconsidered", in: Synthese Bd. 48 (1981), S. 437—472.
NILSON, ST. SP., "On the Logic of Historical Explanation", in: Theoria Bd. 36 (1970), S. 65—81.
NILSON, ST. SP., "Covering Laws in Historical Practice", in: Inquiry Bd. 14 (1971), S. 445—463.
NISSEN, L., "Neutral Functional Schemata", in: Philosophy of Science Bd. 38 (1971), S. 251—257.
NORDENFELT, L., *Explanations of Human Actions,* Uppsala 1974.
NORMAN, R., *Reasons for Actions,* Oxford 1971.
NOWAK, L., "Idealizational Laws and Explanation", in: Logique et Analyse Bd. 15 (1972), S. 527—544.
NOWAK, ST., *Understanding and Prediction,* Dordrecht 1976.
OMER, I. A., "Minimalgesetz-Erklärung", in: Ratio Bd. 22 (1980), S. 165—177.
O'NEILL, L. J., "Singular Causal Statements", in: Mind Bd. 89 (1980), S. 595—598.
OPP, K. D., *Methodologie der Sozialwissenschaften,* Hamburg 1976.
PALUCH, ST., "The Covering Law Model of Historical Explanation", in: Inquiry Bd. 11 (1968), S. 368—387.
PAP, A. [Erkenntnistheorie], *Analytische Erkenntnistheorie,* Wien 1955.
PARKINSON, G. H. R. [LEIBNIZ], *Logic and Reality in Leibniz's Metaphysics,* Oxford 1965.
PASSMORE, J. [History], "Law and Explanation in History", in: The Australian Journal of Politics and History Bd. 4 (1958), S. 269—274.
PASSMORE, J. [Everyday Life], "Explanation in Everyday Life, in Science, and in History", in: History and Theory Bd. 2 (1962), S. 105—123.
PATEL, P. [Probleme], *Logische und Methodologische Probleme der wissenschaftlichen Erklärung. Eine kritische Übersicht über die neueste Entwicklung in den USA,* Diss. München 1965.
PATTEN, ST. C., "Carl Hempel: Explanations by Reasons", in: Canadian Journal of Philosophy Bd. 2 (1972), S. 503—522.
PAULSON, S. L., "Two Types of Motive Explanation", in: American Philosophical Quarterly Bd. 9 (1972), S. 193—199.
PEACOCKE, CH., "Demonstrative Thought and Psychological Explanation", in: Synthese Bd. 49 (1981), S. 187—217.
PETERS, R. S., *The Concept of Motivation,* London-New York 1958.

PITCHER, G. [WITTGENSTEIN], *Die Philosophie Wittgensteins. Eine kritische Einführung in den Tractatus und die Spätschriften,* Übersetzung aus dem Englischen, Freiburg-München 1967.
PITT, J., "Generalisations in Historical Explanation", in: The Journal of Philosophy Bd. 56 (1959), S. 578—586.
PITT, J. C., and M. TAVEL, "Revolutions in Science and Refinements in the Analysis of Causation", in: Zeitschrift für allgemeine Wissenschaftstheorie Bd. 8 (1977), S. 48—62.
PITT, J. C., "Hempel versus Sellars on Explanation", in: Dialectica Bd. 34 (1980), S. 95—120.
POPPER, K. R., *Logik der Forschung,* Wien 1935, 2. Aufl. Tübingen 1966.
POPPER, K. R. [Scientific Discovery], *The Logic of Scientific Discovery,* London 1959.
POPPER, K. R. [Propensity], "The Propensity Interpretation of the Calculus of Probability, and the Quantum Theory", in: KÖRNER, S. (1957), S. 65—70.
POPPER, K. R., "The Aim of Science", in: Ratio Bd. 1 (1957), S. 24—35.
POPPER, K. R., *Conjectures and Refutations,* New York 1962.
POSER, H. (Hrsg.), *Formen teleologischen Denkens,* Berlin 1981.
PRADO, C. G., "Intentionality and Causal Analysis", in: Noûs Bd. 6 (1972), S. 281—287.
PURTON, A. C., "Biological Function", in: Philosophical Quarterly Bd. 29 (1979), S. 10—24.
PUTNAM, H. [The Analytic], "The Analytic and the Synthetic", in: FEIGL, H., and G. MAXWELL (Hrsg.) (1962), S. 358—397.
PUTNAM, H. [Innateness Hypothesis], "The 'Innateness Hypothesis' and Explanatory Models in Linguistics", in: Synthese Bd. 17, Nr. 1 (1967), S. 12—22.
PUTNAM, H., *Reason, Truth and History,* London-New York 1981.
QUINE, W. V. [View], *From a Logical Point of View,* Cambridge 1953.
QUINE, W. V. [Attitudes], "Quantifiers and Propositional Attitudes", in: The Journal of Philosophy Bd. 53, 3 (1956), S. 177—188.
QUINE, W. V. [Methods], *Methods of Logic,* New York 1960.
QUINE, W. V. [Word], *Word and Object,* New York-London 1960.
QUINE, W. V. [Set Theory], *Set Theory and its Logic,* Cambridge, Mass. 1963.
RACHELS, J., "Reasons for Action", in: Canadian Journal of Philosophy Bd. 1 (1971), S. 173—180.
RADCLIFFE-BROWN, A. R. [Primitive Society], *Structure and Function in Primitive Society,* London 1952.
RAILTON, P., "A Deductive-Nomological Model of Probabilistic Explanation", in: Philosophy of Science Bd. 45 (1978), S. 206—226.
RAILTON, P., "Probability, Explanation, and Information", in: Synthese Bd. 48 (1981), S. 233—256.
RAMSEY, F. P. [Foundations], *The Foundations of Mathematics and Other Logical Essays,* London-New York 1931.
RAPOPORT, A., "Explanatory Power and Explanatory Appeal of Theories", in: Synthese Bd. 24 (1972), S. 321—342.
RAZ, J. (Hrsg.), *Practical Reasoning,* Oxford 1978.
REICHENBACH, H. [Probability], *The Theory of Probability,* Berkeley-Los Angeles 1949.
REICHENBACH, H. [Quantenmechanik], *Philosophische Grundlagen der Quantenmechanik,* Basel 1949.
RESCHER, N., "A Theory of Evidence", in: Philosophy of Science Bd. 25 (1958), S. 83—94.

RESCHER, N. [State Systems], "Discrete State Systems, Markov Chains, and Problems in the Theory of Scientific Explanation and Prediction", in: Philosophy of Science Bd. 30 (1963), S. 325—345.
RESCHER, N. [Hypothetical Reasoning], *Hypothetical Reasoning,* Amsterdam 1964.
RESCHER, N., and F. B. SKYRMS [Evaluation], "A Methodological Problem in the Evaluation of Explanations", in: Noûs Bd. II, 2 (1968), S. 121—129.
RESCHER, N., *Scientific Explanation,* New York-London 1970.
RESCHER, N., *Empirical Inquiry,* Totowa, New Jersey, 1982.
RICHARDS, N. W., "Acting for Reasons", in: Philosophical Studies Bd. 26 (1974), S. 135—139.
ROHRACHER, H., "Kritische Betrachtungen zur Leugnung der Kausalität durch W. Heisenberg", in: Erkenntnis und Erziehung (1961), S. 105—123.
ROGERS, B., "Probabilistic Causality, Explanation, and Detection", in: Synthese Bd. 48 (1981), S. 201—223.
ROSENBERG, A., "Obstacles to the Nomological Connection of Reasons and Actions", in: Philosophy of the Social Science Bd. 10 (1980), S. 78—91.
ROSENKRANTZ, R. D., "On Explanation", in: Synthese Bd. 20 (1969), S. 335—370.
RUSE, M., "Narrative Explanation and the Theory of Evolution", in: Canadian Journal of Philosophy Bd. 1 (1971), S. 59—74.
RUSE, M., "Functional Statements in Biology", in: Philosophy of Science Bd. 38 (1971), S. 87—95.
RUSE, M., "Teleological Explanations and the Animal World", in: Mind Bd. 82 (1973), S. 433—436.
RUSSELL, B., "A Practical Device to Simulate the Working of Nervous Discharges", in: The Journal of Animal Behavior Bd. 3 (1913), S. 15—35.
RUSSELL, B. [Mind], *The Analysis of Mind,* London 1921.
RUSSELL, E. S. [Directiveness], *The Directiveness of Organic Activities,* Cambridge 1945.
RYAN, A., *The Philosophy of Social Explanation, Oxford Readings in Philosophy,* Oxford 1973.
RYAN, A., siehe HOLLIS, M.
RYLE, G. [Mind], *The Concept of Mind,* London 1949.
RYLE, G. [Because], "If", "So", and "Because", in: BLACK, M. (Hrsg.), *Philosophical Analysis,* Cornell University Press, Ithaca, New York 1950, S. 323—340.
SADEGH-ZADEH, K., "On the Limits of the Statistical-Causal Analysis as a Diagnostic Procedure", in: Theory and Decision Bd. 9 (1978), S. 93—107.
SALMON, W. C., "Statistical Explanation", in: COLODNY, R. G. (Hrsg.), *University of Pittsburgh Series in the Philosophy of Science, Essays in Contemporary Science and Philosophy* Vol. 4: *The Nature and Functions of Scientific Theories,* Pittsburgh 1970, S. 173—231.
SALMON, W. C., J. A. COFFA, and K. M. SAYRE, Symposium: "The S–R Model of Scientific Explanation", in: Philosophy of Science Bd. 44 (1977), S. 180—224.
SALMON, W. C., "Why Ask, 'Why' An Inquiry Concerning Scientific Explanation", in: Proceedings and Adresses of the American Philosophical Association Bd. 51 (1978), S. 683—705.
SAVAGE, L. J. [Statistics], *The Foundations of Statistics,* New York-London 1954.
SAYRE, K. M., siehe SALMON, W. C.
SCHEFFLER, I. [Prediction], "Explanation, Prediction, and Abstraction", in: The British Journal for the Philosophy of Science Bd. 7 (1957), S. 293—309.
SCHEFFLER, I. [Inductive Inference], "Inductive Inference: A New Approach", in: Science Bd. 127, Nr. 3294, S. 177—181.
SCHEFFLER, I. [Anatomy], *The Anatomy of Inquiry: Philosophical Studies in the Theory of Science,* New York 1963.

SCHEFFLER, I., "Explanations, Desires, and Inscriptions", in: The British Journal for the Philosophy of Science Bd. 22 (1971), S. 362—369.
SCHILD, W., "Wants and Causes", in: Logique et Analyse Bd. 14 (1971), S. 1—80.
SCHLICK, M. [Kausalität], "Die Kausalität in der gegenwärtigen Physik", in: Die Naturwissenschaften Bd. 19 (1931), S. 145—162.
SCHUELLER, G. F., "X's reason for ø-ing was p", in: Mind Bd. 88 (1979), S. 111—114.
SCHÜTTE, K., *Beweistheorie,* Berlin-Heidelberg 1960. Zweite, verbesserte Aufl. *Proof Theory,* Berlin-Heidelberg-New York 1977.
SCHURZ, G., "Ein logisch-pragmatisches Model von deduktiv-nomologischer Erklärung (Systematisierung)", in: Erkenntnis Bd. 17 (1982), S. 321—347.
SCHWEMMER, O., *Theorie der rationalen Erklärung,* München 1976.
SCHWIEBERT, E. G. [LUTHER], *Luther and His Times,* St. Louis 1950.
SCRIVEN, M., "Definitions, Explanations, and Theories", in: FEIGL, H., M. SCRIVEN, and G. MAXWELL (1958), S. 99—195.
SCRIVEN, M. [Truisms], "Truisms as the Grounds for Historical Explanations", in: GARDINER, P. (1959), S. 443—475.
SCRIVEN, M. [Evolutionary Theory], "Explanation and Prediction in Evolutionary Theory", in: Science Bd. 130 (1959), S. 477—482.
SCRIVEN, M. [Predictions], "Explanations, Predictions, and Laws", in: FEIGL, H., and G. MAXWELL (1962), S. 170—230.
SCRIVEN, M., "The Temporal Asymmetry between Explanations and Predictions", in: BAUMRIN, B. (1963), S. 97—105.
SCRIVEN, M., "New Issues in the Logic of Explanation", in: HOOK, H. (1963), S. 339—361.
SCRIVEN, M., "Verstehen again", in: Theory and Decision Bd. 1 (1970/71), S. 382—386.
SCRIVEN, M., "The Logic of Cause", in: Theory and Decision Bd. 2 (1971/72), S. 49—66.
SCRIVEN, M., "Causation as Explanation", in: Noûs Bd. 9 (1975), S. 3—16.
SEELIGER, R., "Analogien und Modelle in der Physik", in: Studium Generale Bd. 1 (1948), S. 125—137.
SELLARS, W., "Counterfactuals, Dispositions, and the Causal Modalities", in: FEIGL, H., M. SCRIVEN, and G. MAXWELL (1958), S. 225—308.
SELLARS, W., "Giveness and Explanatory Coherence", in: The Journal of Philosophy Bd. 70 (1973), S. 612—624.
SHANNON, C. E. [Contributions], "Von Neumann's Contributions to Automata Theory", in: Bulletin of the American Mathematical Society Bd. 64 (1958), S. 123—129.
SHELANSKI, V. B., "Nagel's Translation of Teleological Statements: A Critique", in: The British Journal for the Philosophy of Science Bd. 24 (1973), S. 397—401.
SHER, G. "Causal Explanation and the Vocabulary of Action", in: Mind Bd. 82 (1973), S. 22—30.
SHER, G. "Charles Taylor on Purpose and Causation", in: Theory and Decision Bd. 6 (1975), S. 27—38.
SHERER, D., "Explanatory Completeness", in: Philosophy Bd. 49 (1974), S. 198—204.
SHERWOOD, M., *The Logic of Explanation in Psychoanalysis,* New York-London 1969.
SHRADER, D. W., Jr., "Causation, Explanation, and Statistical Relevance", in: Philosophy of Science Bd. 44 (1971), S. 136—145.
SKINNER, QU., "On Performing and Explaining Linguistic Actions", in: Philosophical Quarterly Bd. 21 (1971), S. 1—21.
SKLAR, L., "Statistical Explanation and Ergodic Theory", in: Philosophy of Science Bd. 40 (1973), S. 194—212.

SNYDER, A., siehe DRETSKE, F. I.
SOLOMON, R. G., "Reasons as Causal Explanations", in: Philosophy and Phenomenological Research Bd. 34 (1974), S. 415—428.
SOSA, E. (Hrsg.), *Causation and Conditionals,* Oxford 1975.
SOSA, E., "Scriven on Causation as Explanation", in: Theory and Decision 13 (1981), S. 357—361.
SPRIGGE, T. L. S., siehe MONTEFIORE, A.
SREDNICKI, J., "Statistical Indeterminism and Scientific Explanation", in: Synthese Bd. 26 (1973/74), S. 197—204.
STACHOWIAK, H. [Denken], *Denken und Erkennen im kybernetischen Modell,* 2. Aufl. Wien-New York 1969.
STEGMÜLLER, W. [Sprache], "Sprache und Logik", in: Studium Generale Bd. 9, Heft 2 (1956), S. 57—77. 2. überprüfte Ausgabe: *Der Phänomenalismus und seine Schwierigkeiten. Sprache und Logik,* Wiss. Buchgesellschaft, Darmstadt 1969.
STEGMÜLLER, W. [Semantik], *Das Wahrheitsproblem und die Idee der Semantik,* Wien 1957, 2. Aufl. 1968.
STEGMÜLLER, W. [Universalienproblem], "Das Universalienproblem einst und jetzt", in: Archiv für Philosophie Bd. 6 und Bd. 7 (1956, 1957); 2. überprüfte Ausgabe: *Glauben, Wissen und Erkennen. Das Universalienproblem,* Wiss. Buchgesellschaft, Darmstadt 1965.
STEGMÜLLER, W. [Glauben], "Glauben, Wissen und Erkennen", in: Zeitschr. für phil. Forschung Bd. 10 (1956); abgedruckt in: [Universalienproblem].
STEGMÜLLER, W. [Condito Irrealis], "Condito Irrealis, Dispositionen, Naturgesetze und Induktion", in: Kantstudien Bd. 50, 3 (1958/1959), S. 363—390.
STEGMÜLLER, W. [Kausalität], "Das Problem der Kausalität", in: *Probleme der Wissenschaftstheorie. Festschrift für Victor Kraft,* Wien 1960, S. 171—190.
STEGMÜLLER, W. [Teleologie], "Einige Beiträge zum Problem der Teleologie und der Analyse von Systemen mit zielgerichteter Organisation", in: Synthese Bd. 13, Nr. 1 (1961), S. 5—40.
STEGMÜLLER, W. [Systematisierung], "Erklärung, Voraussage, wissenschaftliche Systematisierung und nicht-erklärende Information", in: Ratio Bd. 8, 1 (1966), S. 1—22.
STEGMÜLLER, W. [Gegenwartsphilosophie], *Hauptströmungen der Gegenwartsphilosophie,* 6., erweiterte Aufl., 2 Bde., Stuttgart 1979.
STEGMÜLLER, W. ], Naturgesetze], "Der Begriff des Naturgesetzes", in: Studium Generale Bd. 19, Heft 11 (1966), S. 649—657.
STEGMÜLLER, W. [Kants Metaphysik der Erfahrung], "Gedanken über eine mögliche rationale Rekonstruktion von Kants Metaphysik der Erfahrung", Teil I in: Ratio Bd. 9, 1 (1967), S. 1—30, Teil II in: Ratio Bd. 10, 1 (1968) S. 1—31.
STEGMÜLLER, W., "Wissenschaft und Erklärung", in: Zeitschrift für allgemeine Wissenschaftstheorie Bd. 1 (1970), S. 252—263.
STEGMÜLLER, W., *Theorie und Erfahrung,* 2 Halbbände, Berlin-Heidelberg-New York 1973 und 1974.
STEGMÜLLER, W., *Personelle und Statistische Wahrscheinlichkeit,* 2 Halbbände, Berlin-Heidelberg-New York 1973.
STEGMÜLLER, W., *The Structuralist View of Theories,* Berlin-Heidelberg-New York 1979.
STEGMÜLLER, W., *Neue Wege der Wissenschaftsphilosophie,* Berlin-Heidelberg-New York 1980.
STEINBUCH, K. [Automat], *Automat und Mensch,* 3. Aufl. Berlin-Heidelberg-New York 1965.
STEINER, M., "Mathematics, Explanation and Scientific Knowledge", in: Noûs Bd. 12 (1978), S. 17—28.

STOUTLAND, F., "Oblique Causation and Reasons for Action", in: Synthese Bd. 43 (1980), S. 351—367.
SUPPES, P., "The Philosophical Relevance of Decision Theory", in: The Journal of Philosophy Bd. 58 (1961), S. 605—614.
SUPPES, P. [Quantum Mechanics], "The Role of Probability in Quantum Mechanics", in: BAUMRIN, B. (Hrsg.) (1963) Bd. II (1962—1963), S. 319—337.
SUPPES, P. [Probabilistic Inference], "Probabilistic Inference and the Concept of Total Evidence", in: HINTIKKA, J., and P. SUPPES (1966).
SUPPES, P., and M. ZANOTTI, "When are Probabilistic Explanations Possible?", in: Synthese Bd. 48 (1981), S. 191—199.
SWAIN, M., "Reasons, Causes, and Knowledge", in: The Journal of Philosophy Bd. 75 (1978), S. 229—249.
SWAIN, M., siehe BRAND, M.
TAVEL, M., siehe PITT, J. C.
TAYLOR, CH., *The Explanation of Behaviour*, London 1970
TAYLOR, CH., "Explaining Action", in: Inquiry Bd. 13 (1970), S. 54—89.
TAYLOR, D. M., *Explanation and Meaning*, Cambridge 1970.
TELLER, P., "On Why-Questions", in: Noûs Bd. 8 (1974), S. 371—380.
THALBERG, I., "Constituents and Causes of Emotion and Action", in: Philosophical Quarterly Bd. 23 (1973), S. 1—12.
THALBERG, I., "Agents Causality and Reasons for Acting", in: Philosophia Bd. 7 (1977), S. 555—565.
THORNTON, M. T., "Aristotelian Practical Reason", in: Mind Bd. 81 (1982), S. 57—76.
THORPE, D. A., "The Quartercentenary Model of D–N Explanation", in: Philosophy of Science Bd. 41 (1974), S. 188—195.
TODD, W., "The Presuppositions of Historical Understanding", in: Methodology and Science Bd. 11 (1978), S. 165—199.
TOLMAN, E. C., "A Psychological Model", in: PARSONS, T., and E. A. SHILS (Hrsg.), *Toward a General Theory of Action*, Cambridge, Mass. 1951, S. 277—361.
TOULMIN, S. [Science], *The Philosophy of Science*, London 1953.
TOULMIN, S. [Argument], *The Uses of Argument*, Cambridge, England 1958.
TOULMIN, S. [Foresight], *Foresight and Understanding*, London 1961, New York 1963.
TRAVIS, CH., "Why?", in: American Philosophical Quarterly Bd. 5 (1978), S. 285—293.
TUOMELA, R., "Causes and Deductive Explanation", in: COHEN, R. S. et al. (Hrsg.), *Boston Studies in the Philosophy of Science*, Bd. XXXII, Dordrecht 1976, S. 325—360.
TUOMELA, R., "Dispositions, Realism, and Explanation", in: Synthese Bd. 34 (1977), S. 457—478.
TUOMELA, R., "Causality and Action", in: BUTTS, R. E., and J. HINTIKKA, (Hrsg.), *Foundational Problems in the Special Sciences*, Dordrecht 1977, S. 167—203.
TUOMELA, R., "Explaining Explaining", in: Erkenntnis Bd. 15 (1980), S. 211—243.
TUOMELA, R., "Inductive Explanation", in: Synthese Bd. 48 (1981), S. 257—294.
ULLMANN, CH., "Ein Schema für Kausalerklärungen", in: Erkenntnis 9 (1975), S. 131—137.
VARELA, F. G., "Mechanism and Biological Explanation", in: Philosophy of Science Bd. 39 (1972), S. 378—382.
WANG, JÜN-TIN, *Zur Anwendung kombinatorischer Verfahren der Logik auf die Formalisierung der Syntax*, IPK-Forschungsbericht 68-5, Bonn 1968.
WARNOCK, G. I. [Cause], "Every Event has a Cause", in: FLEW, A. (Hrsg.), *Logic and Language*, Second Series, Oxford 1953, S. 95—111.
WARTOFSKY, M. W., *Models, Representation, and the Scientific Understanding*, Dordrecht 1979.

WEBER, M. [Soziologie], *Soziologie — Weltgeschichtliche Analysen — Politik,* Stuttgart 1956.
WEIDEL, W. [Virus], *Virus und Molekularbiologie,* 2. Aufl. Berlin-Heidelberg 1964.
WEIL, V., "Intentional and Mechanistic Explanation", in: Philosophy and Phenomenological Research Bd. 40 (1980), S. 459—473.
WEINGARTNER, R. H., "The Quarrel about Historical Explanation", in: The Journal of Philosophy Bd. 58 (1961), S. 29—45.
WESTMEYER, H., "The Diagnostic Process as a Statistical-Causal Analysis", in: Theory and Decision Bd. 6 (1975), S. 51—86.
WHITE, J. E., "Avowed Reasons and Causal Explanation", in: Mind Bd. 80 (1971), S. 238—245.
WICKEN, J. S., "Causal Explanations in Classical and Statistical Thermodynamics", in: Philosophy of Science Bd. 48 (1981), S. 65—77.
WILSON, F., "Explanation in Aristotle, Newton and Toulmin", in: Philosophy of Science Bd. 36 (1969), Teil I: S. 291—310, Teil II: S. 400—428.
WILSON, I., "Explanatory and Inferential Conditionals", in: Philosophical Studies Bd. 35 (1979), S. 269—278.
WIMSATT, W., "Teleology and the Logical Structure of Function Statements", in: Studies in History and Philosophy of Science Bd. 3 (1972), S. 1—80.
WISDOM, J. O., "General Explanation in History", in: History and Theory Bd. 15 (1976), S. 257—266.
WOODS, M., and PH. FOOT, "Reasons for Actions and Desires", in: The Aristotelian Society Bd. 46 (1972), S. 189—210.
WOODWARD, J., "Scientific Explanation", in: The British Journal for the Philosophy of Science Bd. 30 (1979), S. 41—67.
WRIGHT, G. H. VON, *Causality and Determinism,* Columbia 1974.
WRIGHT, L., "The Case against Teleological Reductionism", in: The British Journal for the Philosophy of Science Bd. 19 (1968), S. 211—223.
WRIGHT, L., "Explanation and Teleology", in: Philosophy of Science Bd. 39 (1972), S. 204—218.
WRIGHT, L., "Teleological Etiologies", in: Philosophical Forum Bd. 4 (1973), S. 575—584.
WRIGHT, L., "Rival Explanations", in: Mind Bd. 82 (1973), S. 497—515.
WRIGHT, L., "Mechanisms and Purposive Behavior", in: Philosophy of Science Bd. 41 (1974), S. 345—360.
WYLLIE, R., "Causal Explanation in Mental Event Contexts", in: Philosophical Papers Bd. 9 (1980), S. 15—31.
WYNNE, V. C., and P. EDWARDS [Dispersion], *Animal Dispersion in Relation to Social Behaviour,* London 1962.
YOUNG, J. M., "Understanding and Evaluating Human Action", in: Southwestern Journal of Philosophy Bd. 6 (1975), S. 55—61.
YOUNG, R., "Reasons as Causes", in: The Australasian Journal of Philosophy Bd. 49 (1971), S. 90—95.
ZAFFRON, R., "Identity, Subsumption, and Scientific Explanation", in: The Journal of Philosophy Bd. 68 (1971), S. 849—860.
ZANOTTI, M., siehe SUPPES, P.
ZINSSER, H. [Rats], *Rats, Lice, and History,* Boston 1935.

# Autorenregister

Abel, Th. 415, 422, 424f.
Ackermann, R. 907ff., 912, 933, 941, 943, 947
Ackermann, W. 93
Alexander, H. G. 142
Anderson, J. 585, 632
Anscombe, E. 484
Aristoteles 13, 639f., 649, 663, 745ff., 756ff.

Balzer, W. 1057, 1068
Barker, S. F. 216, 785
Basson, A. H. 511
Beard, R. W. 190
Benn, G. 976
Berkeley, G. 332
Birkhoff, G. 579
Black, M. 785
Blau, U. 919, 945, 1000
Böhmer, H. 408
Bonfante, G. 395
Boole, G. 60
Braithwaite, R. B. 641ff., 707, 709, 715, 793
Brandt, R. 2, 21, 452, 454, 756
Brentano, F. 660, 758f., 760
Bridgman, P. W. 163
Broglie, L. de 573f.
Bromberger, S. 234, 948ff., 1000
Burks, A. W. 552ff., 673

Canfield, J. 182ff.
Cantor, G. 58, 89
Carnap, R. 1—20pass., 67, 69, 99ff., 132, 135, 162, 182, 353ff., 431, 509, 513—520pass., 537, 553ff., 570, 572, 774, 793, 803, 805f., 809ff., 837f., 927f., 935 et passim, 941, 988f., 1004, 1014, 1027, 1035
Chomsky, N. 935ff.
Church, A. 90

Coffa, J. A. 7, 190, 968, 991, 1012—1027pass.
Comte, A. 414
Cooley, J. C. 365, 784
Copi, I. M. 507f.
Craig, W. 204, 875
Cramér, H. 794f.
Curry, H. 109, 304

Darwin, Ch. 758, 761ff.
Davidson, D. 475
Dehm, R. 218
Dennett, D. C. 482
Descartes, R. 649, 936
Dilthey, W. 21, 414ff., 429
Ditfurth, H. v. 763, 765
Dray, W. 14, 21, 123, 135, 139f., 282, 406, 408, 412, 428ff., 449, 473f., 998, 1005
Driesch, H. 746, 748
Ducasse, C. J. 487, 654, 656

Eberle, R. 874, 932
Edwards, P. 718
Eigen, M. 764f.
Einstein, A. 614, 1062
Essler, W. K. 73, 556

Feigl, H. 525, 532, 538
Feyerabend, P. 1035, 1055, 1064, 1069, 1072
Føllesdal, D. 523f., 929
Frege, G. 96, 103, 776
Freud, S. 480, 685, 770
Fritz, K. v. 745ff., 756

Gaifman, B. 387
Gärdenfors, P. 7f., 20, 381f., 606, 945ff., 950ff., 957—969pass., 976, 979, 982—1006pass., 1023, 1027f., 1036, 1054
Gardiner, P. 421f., 428, 435, 475

Gibson, L.  387
Gibson, Q.  449
Glymour, C.  1045
Gödel, K.  90
Goldstein, L. J.  680
Goodman, N.  19f., 159, 245, 319, 322ff., 329, 334, 346, 353ff., 360, 362ff., 378f., 382ff., 671, 675f., 868, 926f.
Gottlob, A.  408
Grandy, R.  845ff., 1025f.
Grice, H. P.  940ff., 946
Grünbaum, A.  231, 647, 941
Gumplowicz, L.  702

Hacking, I. J.  793, 854
Hansson, B.  7, 586, 950—958 pass., 976, 979, 982, 1005, 1028, 1035, 1055, 1069
Harsányi, B.  751
Hart, H. L. A.  588, 752
Hegel, G. W. F.  397
Heidegger, M.  67
Hempel, C. G.  3, 5—19 pass., 113, 122ff., 162, 172, 195ff., 214—236 pass., 243, 400ff., 435, 437f., 450ff., 464, 469, 471, 493, 534, 537f., 605f., 681, 684, 687, 689, 696f., 701f., 704, 749, 757, 769ff., 774—799 pass., 807f., 818—825 pass., 839—852 pass., 858ff., 926, 928, 931f., et passim, 950—969 pass., 977—1026 pass., 1035 et passim
Hermes, H.  73, 75, 175, 731
Hilbert, D.  93, 890
Hoerster, N.  751
Honoré, A. M.  589
Hooke, R.  1040, 1053
Hume, D.  6, 116, 358, 386, 399, 496, 506, 511ff., 525, 536, 583f., 592, 596ff., 600ff., et passim
Humphreys, W. C.  841
Huntington, E. V.  605
Hurwicz, L.  447

Jaspers, K.  976

Kahane, H.  385
Kant, I.  98f., 269, 517f., 705
Kaplan, D.  866, 874, 888, 906, 932, 946
Käsbauer, M.  852, 910ff., 933f., 943
Kemeny, J. G.  99, 737
Kim, J.  2, 21, 452, 454, 596, 896ff., 946
Kleene, St. C.  73
Kluckhohn, C.  696

Kuhn, H.  765
Kuhn, T.S.  761, 763, 767, 944, 1035, 1043, 1054f., 1058—1065 pass.,
Kutschera, F. v.  385, 756
Kyburg, H. E.  808

Lakatos, I.  761, 944, 1043, 1073
Langer, W. L.  22, 477ff.
Lehrer, K.  182ff.,
Leibniz, G. W.  152, 647, 649f., 834
Lewin, K.  555
Locke, J.  938
Löw, R.  756—768 pass.
Luce, R. D.  440, 446

Mach, E.  583
Mackie, J. L.  8, 583—600 pass., 631ff., 756, 1004, 1007, 1010, 1028
Mägdefrau, K.  218
Malinowski, B.  686, 689f., 702, 704
Massey, G. J.  841, 848
Maxwell, J. C.  614, 1056
Mayr, D.  1070
Mayr, E.  763f.
Merton, R. K.  684f., 689
Mill, J. St.  6, 116, 584, 592, 594, 598, 757, 992
Mises, R. v.  780, 792
Montague, R.  874, 932
Morris, Ch. W.  3
Moravcsik, J. M.  482
Moulines, C. U.  1058, 1071ff.
Murray, H. A.  696

Nagel, E.  130, 172, 560ff., 574, 576f., 579, 716
Neumann, J. v.  579, 731, 737f., 741
Newton, I.  613, 762, 1033—1072 pass.
Nietzsche, F.  976, 980

Omer, I. A.  940—946 pass.
Oppenheim, P.  6—19 pass., 122ff., 196, 204, 226, 234, 493, 679, 757, 821, 858ff., 932 et passim, 951f., 992, 1022

Pap, A.  515, 548, 579
Parkinson, G. H. R.  152
Pascal, B.  442f.
Passmore, J.  110, 112, 176, 178, 180, 396, 438
Patel, P.  222
Peano, G.  776

Peters, R. S.   475
Pitcher, G.   936
Popper, K. R.   3f., 116f., 183ff., 384, 575, 577, 766, 793, 941, 992, 1000, 1045, 1054, 1060, 1072
Putnam, H.   2, 458, 939, 1035, 1040, 1046

Quine, W. v.   1, 20, 41, 52, 62, 90, 99ff., 312, 348f., 370, 382ff., 458, 523f., 669, 766, 929

Radcliffe-Brown, A. R.   685
Raiffa, H. R.   440, 446ff.
Ramsey, F. P.   365
Rawls, J.   751ff.
Reichenbach, H.   572, 579, 792
Reichenbach, P.   7, 287, 290, 611, 626ff., 968ff.
Rescher, N.   17f., 246f., 253ff., 266—275pass., 284, 286, 366, 368, 377, 381f., 647ff., 750, 831, 834, 853, 856, 928, 932, 1006
Rott, H.   1007, 1009
Russell, B.   3, 104, 106, 349, 583, 605, 663, 709, 776
Russel, E. S.   707
Ryle, G.   12, 112, 135, 140f., 158f., 462

Salmon, W.   493, 498f., 605, 611, 626, 631, 768—781pass., 986, 1030ff.
Savage, L. J.   444, 446, 448
Scheffler, I.   193, 199, 204, 210, 240, 294f., 314, 322, 653, 668, 672, 1045f.
Scheibe, E.   1071
Schlick, M.   135
Schütte, K.   73
Schwiebert, E. G.   408
Scriven, M.   17, 141f., 215ff., 231, 856f., 950, 955f., 976, 978—983pass., 987ff., 1025
Sen, A. K.   752, 754
Shannon, C. E.   737

Siegel, S.   475
Skyrms, F. B.   853, 856, 932
Sneed, J. D.   2, 762, 1034—1063pass.
Spaemann, R.   756—768pass.
Spengler, O.   397
Spinoza, B.   152, 585
Spohn, W.   609, 611, 617, 621, 626, 633
Stachowiak, H.   728
Stegmüller, W.   19, 21, 43, 67, 70, 72f., 100, 221, 233, 362, 426f., 716, 793, 936, 984, 1018, 1046
Steinbuch, K.   728, 731, 733f., 736
Stenner, A.   909, 912, 933, 941, 943
Strawson, P. F.   940
Suppes, P.   8, 475, 580f., 583, 600ff., 631ff., 835ff., 1004f., 1008, 1024, 1028, 1036

Tarski, A.   3, 60
Toulmin, St.   135, 216f., 782, 784, 800, 804f.
Toynbee, A.   397
Tucker, R.   748
Tuomela, R.   490, 941—945pass.
Turing, A. M.   731, 738

Vico, G. B.   414

Warnock, G. I.   546
Weber, M.   21, 209, 390, 414, 417, 497, 746, 748ff.
Weidel, W.   728
Whitehead, A. N.   605, 746
Wittgenstein, L.   135, 488, 766, 936, 1055
Wojcicki, R.   839
Wolff, Chr.   67, 152
Wright, G. H. v.   21f., 482—500pass., 1032
Wynne, V. C.   718

Zilsel, E.   419
Zinsser, H.   479

# Sachverzeichnis

Abkoppelungsthese 9, 633 ff., 954, 976, 1005 ff., 1028 et passim
—, zweite 1074
Ablaufgesetz s. „Sukzessionsgesetz"
Ableitungsbegriff, syntaktischer 86
Ableitungsregel 73 f.,
Absorptionszustand 277
Abtrennungsregel s. „modus ponens"
Adäquatheitsbedingungen für DN-Erklärungen 124 ff., 863, 865, 932
— für DN-Systematisierungen 199
— für induktive Systematisierungen 208, 229
— $B_1, B_2, B_3, B_4$ 124
— $B_4^*$ 226, 229
— $B_5, B_6, B_7$ 888
— $B_i$ 229
— $B_w$ 199, 225, 226
Additionstheorem der Wahrscheinlichkeitstheorie 791
Adjunktion 47, 50, 81
—, Wahrheitstabelle 47
adjunktive Normalform 83 f.
adjunktives Fundamentalschema 84
Ähnlichkeitsmaßstab 384
A-falsch 100
a-fronte-Erklärung 648
A-Implikation 99
Akzeptierbarkeit 222 f.
akzidentell 194, 298, 319 ff., 927
Akzidentien, aristotelische Theorie der 269 f.
allgemeingültig 87 f., 90, 97, 104
Allgeneralisation 53
Allhypothese, erschütterte 322
—, falsifizierte 322
—, nicht erschöpfte 322
—, positiver Einzelfall einer 322 f.
Allklasse 108
Allquantor 53 s. auch „Quantor"
Allsatz 859

Allschließung 88
Allspezialisierung 94
Analogiemodell 171 ff., 175, 286 ff., 925
—, diskretes, zur Quantenmechanik 286
—, qualitatives 172
—, quantitatives 172
Analogon, diskretes, zur Unschärferelation 292
—, —, zur zeitabhängigen Schrödingergleichung 293
analytisch 98 ff.
— falsch 100
—, quasi-analytisch 457
Anomalie 1070
Antecedens 48
Antecedensbedingung 120, 192
Antecedensdatum 192
Antecedens-Ereignis 192
Antizipationsargument 56, 193, 214 ff.
a-Prädikat 846
Approximation 1070 ff.
Argument, deduktives 39, 79, 182
—, erklärendes 120, 124
—, —, in DS-Systemen 254
—, gültiges 80
—, induktives 182, 204, 206, 804
—, prognostisches 201, 240
—, —, in DS-Systemen 255
—, retrodiktives 202, 240
—, —, in DS-Systemen 255
—, ungültiges 80
Argumentform 80
assoziative Gesetze der Aussagenlogik 81
a-tergo-Erklärung 648
Atomsatz 858
Attribut 72
Aussage 44, 193 s. auch „Satz"
—, analytische 98 ff.
—, akzidentelle 194, 298, 319 ff., 927
—, einfache 44

Aussage
—, elementare statistische 40, 44, 46
—, gesetzesartige 319ff., 462, 927
—, komplexe 44
—, logisch wahre 42, 77
—, nichtgesetzesartige s. „Aussage, akzidentelle"
—, synthetische 98ff.
Aussageargument 193ff., 217
Aussageform 52
Aussagenlogik 11, 34, 37, 49, 56, 59, 72, 75, 94, 97
—, axiomatischer Aufbau der 86ff.
aussagenlogisch getrennt 916
— — relativ zu $T$ 917
aussagenlogisches Verknüpfungszeichen s. „Junktor"
Aussagenvariable 45
Äußerung 193, 221
Auswertung 77ff.
Autodetermination, Regel der 1055
Automat, lernender 733ff.
Automatismus, teleologischer 707ff.
autonym 71
A-wahr 100
Axiom 73f.
axiomatische Methode 73
axiomatischer Aufbau der Aussagenlogik 86ff.
Axiomenschema 86f.

Basissatz 858
Bedeutungspostulat 99
Bedingung, definierende 107
—, hinreichende 586f., 915
—, —, gerade noch 915
—, INUS- 1004
—, notwendige 584, 915
—, —, gerade noch 915
—, relevante 334ff.
Bedingungsanalyse der Kausalität, s. „Konditionalanalyse der Kausalität"
Begriffsfamilie 1027
Begründung 852
—, deduktiv-nomologische 852
—, ex-post-facto 8, 953, 976
— vs. Erklärung 984ff., 993ff., 1005ff.
—, induktiv-statistische 852
—, —, Wirkungsgrad einer 855
—, —, komparative Stärke einer 854
—, IS-Begründung s. „Begründung, induktiv-statistische"

Bereich einer Relation 108
—, leerer 87
Bestätigung 3, 323
Bestätigungsbegriff
—, komparativer 182
—, qualitativer 182
—, quantitativer 182
Bestätigungsgrad 802
Bewährung 4
Beweis 74
beweisbar 73, 86
Bezugsklasse, Probleme der 1019ff.
Bezugsprädikat 842
Bikonditional 49, 51, 81
—, Wahrheitstabelle 49

Conclusio 49f., 93
Constraints 1047ff.
Corpus, rationales 367, 808
Covering-law-Modell 123

DAMQ-Systeme 288ff.
deduktionsgleich 95
Deduktionsregel 73
Deduktionstheorem 93
definierende Bedingung 107
D-Erklärung 254
Determinismus 286ff., 559ff.
—, Prinzip des universellen 504, 518, 539ff., 554
deterministische Gesetzesaussage 121, 525, 560
— Theorie 526, 561
deterministisches System 526, 560f.
Designatum 71
Deskriptionsargument 193, 214ff., 217
deskriptives Zeichen 41, 72, 75, 97
Diskretes Zustandssystem 156f., 247ff.
— —, deterministisches 252
— —, indeterministisches 252
— —, zyklisches 259
Disposition 158
Dispositionsprädikat 160f., 165, 332
distributive Gesetze der Aussagenlogik 82
Divergenz, strukturelle 225, 273
DN-Erklärung s. „Erklärung, deduktiv-nomologische"
DN-Systematisierung s. „Systematisierung, deduktiv-nomologische"
DS-System s. „Diskretes Zustandssystem"
Durchschnitt 106f.

E-Erklärung 131
Eigenschaft 95
—, gemischte 354
—, positionale 354
—, qualitative 354
—, zielerreichende 711
Einheit, methodische, der Wissenschaften 400
Einzelfallbegründung und informative Einzelfallerklärung 971 ff.
— — — — im epistemischen Minimalsinn 972 ff., 975
— — — — im starken probabilistischen Minimalsinn 992 ff., 977
— — — — im epistemischen Idealsinn 973 ff., 977
Elementschaftsrelation 107
Eliminationsregeln 383, 385
— für logische Zeichen 49 f., 81 f., 92
Empirismus 1, 132
—, Dogmen des 1, 745, 990
empiristische Sprache 126, 859
Endlichkeitsbedingung 842
Endlichkeitshypothese 351
Entbehrlichkeit logischer Zeichen 49 f., 81 f.
Entelechie 644, 677, 746, 748 ff.
entscheidbar 74
Entscheidung unter Risiko 440
— — Sicherheit 440
— — Unsicherheit 443
Entscheidungsprinzipien, rationale 491
Entscheidungstheorie 439 ff., 491
Entscheidungsverfahren der Aussagenlogik 85 f.
— für quantorenlogische Allgemeingültigkeit 90
epistemische Grundreaktionen 1059
— Wichtigkeit 381 f.
ERat 450
Ereignis 150, 192, 286, 299
Ereignisbegriff der Wahrscheinlichkeitstheorie 604 f., 615 f., 635 ff.
—, philosophischer 604, 615 f.
Ereignisprädikat 842
Ereignistypen 594
erfüllbar 79, 89
Erhärtung 241
Erkenntnis, ideographische 391
—, nomothetische 391
Erkenntnisgründe s. „Vernunftgründe"

erklärbar, potentiell 868
—, S-erklärbar 895
Erklärbarkeitsbehauptung 166 ff., 218
Erklären, verstehendes 482 ff.
Erklärung 5, 110 ff., 124, 191 ff., 212, 225, 228, 236, 240 et passim
—, abgeschlossene 150 ff.
—, Adäquatheitsbedingungen für 124 ff., 199, 226, 888, 932
—, a-fronte-Erklärung 648
—, a-tergo-Erklärung 648
— als detaillierte Schilderung 112
— als Interpretation 111
— als korrigierende Uminterpretation 111
— als moralische Rechtfertigung 112
— aus Motiven 235 Fn., 69, 392, 642
—, D-Erklärung 254
—, deduktive 941 ff.
—, deduktiv-nomologische 121, 156, 164 et passim, 991
—, deduktiv-statistische 780
— der Bedeutung eines Wortes 111
— des Erlernens der Umgangssprache 935
— des Funktionierens eines komplexen Gebildes 112
—, direkte vs. indirekte 946
—, dispositionelle 158 ff., 164, 437, 451
—, DN-Erklärung s. „Erklärung, deduktiv-nomologische"
—, E-Erklärung 131
—, effektive 166 ff.
— einer Tatsache 110, 118, 120, 128 ff., 150, 226, 927
— eines Ereignisses 150 f.
—, Einfachheit einer 946
—, empirische 128 ff.
—, epistemischer Idealsinn einer informativen 973 ff., 977
—, epistemischer Minimalsinn einer informativen 972, 975
— ex post facto 168, 419, 809
—, funktionale oder nichtargumentativ-nomologische 1030
—, G-Erklärung 131
—, genetische 155 ff., 282 f., 406 ff., 448
—, globale 282
—, Grad einer 997 f.
—, historische 121, 389 ff., 402
—, —, teleologischer Charakter der 275

Erklärung
—, —, warum-notwendig-Fall der 429ff.
—, —, warum-wahrscheinlich-Fall der 430ff.
—, —, wie-möglich-Fall der 429ff.
—, historisch-genetische 157, 283, 408ff., 715
—, H-O-Schema der 124
—, indirekte 1012
— in DS-Systemen 254
—, induktive vs. deduktiv-nomologische 1012ff.
—, induktiv-statistische s. „Erklärung, statistische"
—, informative 8, 958
—, informativer Aspekt einer 9, 953
—, IS-Erklärung s. „Erklärung, induktiv-statistische"
—, kausale 504, 525, 535, 973
—, kausaler Aspekt einer 9
—, kausal-genetische 155ff., 283, 408ff.
—, korrekte 226
— kollektiven Verhaltens 476f.
—, konkurrierende 997
—, Minimalbedingung für eine 954f.
— mit Hilfe von Analogiemodellen 171ff.
—, mit Hilfe von INUS-Bedingungen 1010
—, mittels versteckter Ursachen 1010
—, nichtargumentatives Modell der 492ff.
—, partielle 146ff., 158, 218
—, P-Erklärung s. „Erklärung, probabilistische"
—, $P_{sch}$-Erklärung s. „Erklärung, probabilistische im schwachen Sinn"
—, $P_{st}$-Erklärung s. „Erklärung, probabilistische im starken Sinn"
—, potentielle 197f., 226, 868, 941
—, pragmatischer Aspekt einer 940ff.
—, probabilistische 255
—, —, im schwachen Sinn 255
—, —, im starken Sinn 255
—, probabilistisch-genetische 157
—, Pseudoerklärung 129, 140, 149, 321, 402ff., 925
—, psychologische 121
—, rationale 433ff.
—, rationale informative 954
—, reduktive 1034ff.

Erklärung
—, rudimentäre 145, 503
—, scheinbare 1011
—, Schema der intentionalistischen 480ff., 484, 489
—, Selbsterklärung 127, 321, 869ff.
—, selbstbestätigende 220
—, starker probabilistischer Minimalsinn einer informativen 972, 977
—, statistische 122, 498, 780f., 852
—, —, epistemologische Relativität der 821
—, —, im nichtqualifizierten Sinn 834
—, —, im scharfen Sinn 834
—, —, im schwachen Sinn 834
—, —, im starken Sinn 834
—, —, Mehrdeutigkeit der 255, 825
—, —, objektiv zulässige 821f., 825, 850
—, —, potentielle 818
—, —, rational annehmbare 818, 825, 849
—, statistisch-genetische 157
—, Subsumtionsmodell der 6, 757, 763
—, systematisch-genetische 155ff., 408
—, systematisch-historische 155ff.
—, teleologische 483, 640, 656ff., 930
—, theoretische 128ff., 206, 871, 1033f.
—, totale 150ff.
— und Kausalität 1007
— und Voraussage 982
—, ungenaue 144
—, unvollkommene 144ff., 153f., 218
— von Gesetzen 125, 128ff., 927
— von Theorien 1034ff.
—, warum-notwendig-Fall der 998
—, wie-möglich-Fall der 998
—, zirkuläre 987
—, Zweckerklärung 656
Erklärungsatom 155
Erklärungsbegriffe, informative 1028
—, logisch-systematische 110ff.
—, pragmatische 128, 176ff., 936
—, semantische 430
—, verschieden starke 226, 241
Erklärungskette 283
Erklärungsschema 860
Erklärungsskizze 145, 148, 400, 402ff., 925
Erklärungsversuch 198, 226
Evolutionstheorie 149, 756, 761
Existenzgeneralisation 53, 93

Existenzquantor 53 s. auch „Quantor"
Explanandum 7, 116, 120, 192, 238, 951 ff.
— in DS-Systemen 254
Explanandum-Ereignis 192
Explanans 124, 238
— in DS-Systemen 254
—, K-Explanans 905
—, potentielles 863, 866
—, S-Explanans 895
Explanans-Schema 868 f.
Explanatio$_1$ 921
Explanatio$_2$ 922
Explanatio$_3$ 922
Explanatio$_4$ 922
Explanatio$_5$ 922
Extension 57 f., 62, 75, 91, 94 ff.
—, endliche, eines Prädikats 842
extensionsgleich 94

Faktisch wahr 80
Faktoren 594
falsch
—, A-falsch 100
—, L-falsch 79, 89
Falsifizierbarkeit 1045
Feld einer Relation 558
Feldbedingung 710 f.
finalgesteuertes System 707 ff.
Folgerungsbegriff 86
Folgerung, analytische 99
—, logische 40, 72, 79 f., 85, 90
formalisierbar 93
Formel, atomare 54
—, aussagenlogische 50
—, geschlossene 56
—, offene 56
—, quantorenlogische 54, 88
Formelbaum 74
Forschungsprogramm 944, 1073
Fundamentalgesetz 160, 351, 560
—, potentielles 860
Fundamentalschema, adjunktives 84
—, konjunktives 83
Fundamentaltheorie 862
Funktionalanalyse 647, 679 ff., 687 ff., 746, 768, 930
funktionelle Alternativen 689
— Äquivalente 689
— Substitute 689
— Unvermeidlichkeit 688

Gebrauchsdefinition s. „Kontextdefinition"
Gebrauch und Erwähnung von Ausdrücken 69 f.
Gehalt, gemeinsamer, zweier Sätze 870
generative Linguistik 936 ff.
genidentisch 555 f.
geordnetes Paar 59 f., 62
G-Erklärung 131
Gesamtdatum 3, 182, 431, 809 ff.
geschlossener Satz 56
Gesetz 861
—, abgeleitetes 161, 351, 521, 560, 860 f.
—, —, in DS-Systemen 282 f.
—, Ablaufgesetz s. „Sukzessionsgesetz"
—, abnormes 949
— als Schlußregel 135 ff.
—, assoziatives, der Aussagenlogik 81
— der Idempotenz 81
— der Koexistenz 247, 528
—, deterministisches 121, 525, 560
—, distributives, der Aussagenlogik 82
—, empirisches 133, 162
—, Fundamentalgesetz 160, 351, 560, 860 f.
—, —, in DS-Systemen 282 f.
—, Grundgesetz 520, 860
—, historisches 397
—, Individualgesetz 462
—, Kausalgesetz 223, 261, 430 f., 452 ff., 503 f., 525 ff.
—, kommutatives, der Aussagenlogik 81
—, komparatives 527
—, leeres 337
—, Makrogesetz 529
—, Mikrogesetz 529
—, Minimalgesetz 123, 134
—, nomologisches 121
—, probabilistisches 121
—, qualitatives 527
—, quantitatives 527
—, statistisches 121, 525
—, striktes 121
—, Sukzessionsgesetz 249, 261, 528
—, theoretisches 133
—, Vervollständigung eines 185
—, vollständiges 185 f.
—, Zustandsgesetz 286 ff., 528
Gesetzesargument 193, 204 ff., 212, 227
Gesetzesartigkeit 136, 319 ff., 346 ff., 383, 860

Gesetzesartigkeit
—, Akzeptierbarkeit als Kriterium für 358f.
—, Bedeutungskriterium der 353
— einer statistischen Aussage 839ff., 845
— —, Bedingung ($N_1$) für 841
— —, Bedingung ($N_2$) für 842
—, Problem der 320, 522
— und Erklärung 320ff.
— und Induktion 322ff.
— und irreale Konditionalsätze 329ff.
Gesetzesaussage 192
Gesetzesbegriff, einheitlicher 363f.
Gesetzesprinzip 269, 542
Gesetzes-Sachverhalt 192
gesetzmäßig unverträglich 185
— verträglich 185
— wahr 521
— notwendig 521
G-k-Ausschlußklasse 721
G-k-Vernichtungsklasse 721
glauben 458, 461f.
Glaubensfunktion 962
glaubenswiderstreitend 366, 372
Gleichartigkeit, strukturelle, von Erklärung und Voraussage 191ff., 217ff., 224, 926, 982
—, —, Argumente gegen die:
  Antizipationsargument 214ff., 218
  Aussageargument 193ff., 217
  Deskriptionsargument 214ff., 217
  Gesetzesargument 204, 212, 227
  Induktionsargument 204, 212
  Mannigfaltigkeitsargument 199ff., 217
  Notwendigkeitsargument 214ff., 217
  Ursachenargument 204ff., 212, 236
  Wahrheitswertargument 196ff., 225, 227
Gleichheit, strukturelle, zwischen Erklärung und Voraussage s. „Gleichartigkeit"
—, —, zwischen historischer und naturwissenschaftlicher Erklärung 396
Gleichheitsrelation 108

Gleichheitsthese s. „Gleichartigkeit"
Gleichverteilungsprognose 273f., 557, 834
gleichzeitig 557
Gottesbeweis, kosmologischer 152
grot 325f.
Grundgesetz 520, 860
grundgesetzartig 860
gültig 87
— im Endlichen 89
gültiges Argument 80
G-wahr 5

Häufigkeitsinterpretation der Wahrscheinlichkeit 792ff.
Handlung 484
—, Beschreibung einer 484f.
—, Ergebnis vs. Folge einer 486
Hermeneutik 419ff.
Heuguruh-Sprung 844
Homöostasis 717
H-O-Schema der Erklärung 124
Hyperrealismus 101, 300
hypothetisches Räsonieren 366ff.

Idempotenz 81
Identität 102ff.
— von Sachverhalten 300ff.
Identitätsaxiome 104
Identitätslogik s. „Quantorenlogik mit Identität"
Implikation 48
—, A-Implikation 99
—, L-Implikation 79f., 90
—, —, von Prädikaten 846
Indeterminismus 285, 286ff., 559ff., 929
—, Gesetzesindeterminismus 286
—, Zustandsindeterminismus 286ff.
Indikator 64
Indikatorgesetz 231
Individualgesetz 462
Individuenbereich 57
Individuenkonstante 95, 106
—, wesentliches Vorkommen 348
Individuenvariable 52
Induktion 322ff., 383f.
—, sprachliche vs. vorsprachliche 383
Induktionsargument 193,˙204ff., 212
induktiv projektierbar 357
Information, nicht-erklärende 271, 275
Informationsbasis 433

Informationsgehalt eines Satzes 941
— von Antworten auf warum-Fragen 953
Informationsgesetz 234
Inkommensurabilitätsthese 990f., 1062ff.
inkonsistent 79, 84, 85
Inkonsistenz, induktive 372
Inschrift 193
Instrumentalismus 1045f.
Intention 72, 94ff., 484ff.
I-intentional unter einer bestimmten Beschreibung 484, 488
intentionale Tiefenanalyse 493
intentionalistisches Erklärungsschema 480ff., 484, 489
— — und empirische Gesetzeshypothesen 491
Interpretation 49, 80, 88
— einer Atomformel 57f., 62
—, extensionale 58, 62
—, intensionale 58
—, semantische 56ff.
—, semiotische 56
Interpretationsfunktion 962f.
INUS-Bedingung 591ff., 594, 632f., 1004
IS-Begründung s. „Begründung, induktiv-statistische"
IS-Erklärung s. „Erklärung, induktiv-statistische"
Isomorphiekorrelator 551
Isomorphismus, nomologischer 171
—, qualitativer 172
—, quantitativer 172
—, syntaktischer 171
IS-Prognose s. „Prognose, statistische"
IS-Ratio 852

Junktor 49, 75
Junktorenlogik s. „Aussagenlogik"

Kalkül 73, 132
—, gesättigter 75
—, korrekter 75, 87, 90
—, vollständiger 75, 87, 90
Kalkülisierung eines Logiksystems 86
kausale Abschirmung 613, 617, 629
— — und indirekte Ursachen 626ff.
— —, stabile 629
kausale Modalität 519ff., 929
— Notwendigkeit 511, 519ff.

kausale
— Priorität 592, 598ff.
— Regularitäten 593ff.
— Überbestimmtheit 588f., 1004
— —, qualitative und quantitative 588f.
— Unabhängigkeit, totale 629ff.
— —, im schwachen Sinn 629f.
kausales Feld 585, 591, 632
Kausalbeurteilung, Dynamik der 621ff.
Kausalgesetz 261, 503f., 525
Kausalität 8, 583ff.
—, epistemische Analyse der 596f.
—, interventionistische Deutung der 600
—, Konditionalanalyse der 584, 590
—, probabilistische Theorie der 600ff.
—, Regularitätstheorie der 584, 592
—, semantische Analyse der 596f., 631
Kausalitätsprobleme 502ff.
Kausalkette 708, 711f.
kausal relevant 726
Kausalprinzip 269, 504, 518, 539
Kausalproblem 234
Kausalsatz, allgemeiner 593ff.
—, singulärer 116, 167, 335, 503, 536, 591
kausal wahr 520
Kennzeichnung 96, 104ff.
Kennzeichnungsoperator 104f.
Kernreduktion 1068
K-Explanans 905
Klammerersparnis 52, 81
Klasse, Allklasse 108
—, leere 108
Klassenoperator 107
klassentheoretische Begriffe 106ff.
Klassifikation der Systematisierungsargumente 208, 237
kommutative Gesetze der Aussagenlogik 81
komparative Stärke einer induktiv-statistischen Begründung 854
Konditional 47
—, Wahrheitstafel 49
Konditionalsatz, irrealer 329ff., 334, 366ff., 376, 584, 926
—, —, antinomologischer 379
—, —, nomologischer 377
—, —, spekulativer 380
—, —, Wahrheitskriterium für 336ff.
—, subjunktiver 330, Fn. 6

Konjunktion 45, 49f., 81
—, Wahrheitstabelle 46
konjunktive Normalform 84
konjunktives Fundamentalschema 83
Konsequenz 48
konsistent 79, 108
konsistente Satzklasse 108
Konsistenztest 84
Kontextdefinition 104
Kontextmehrdeutigkeit 368
kontradiktorisch 79, 100
Konvention K.1a, K.1b 225
— K.2a, K.2b 228
— K.3a, K.3b 236
korrekter Kalkül 75, 87, 90
Korrespondenzregel 132f.
$K_1$-System 733
$K_2$-System 734
$K_3$-System 735
K-wahr 518

Lagerelation 520
L-Äquivalenz 80ff., 90
—, Transitivität der 82
— von Prädikaten 846
leerer Bereich 87
Legalitätsprinzip 269
Leibniz-Bedingung 972
L-falsch 79, 89
Likelihood 853
L-Implikation 79f., 90
— von Prädikaten 846
Lingualismus 1065
Logik, Aussagenlogik 49
—, aristotelische 60
—, extensionale 58
—, induktive 3
—, Quantorenlogik 53
—, Untersuchungsgegenstand der 39ff.
logische Äquivalenz 80ff., 90
— Folgerung 40, 72, 79f., 85, 90
— Implikation 79f., 90
logisches Zeichen 41, 97
logisch falsch 79
— wahr 42, 77, 86f.
L-wahr 77, 87

Makrogesetz 529
Mannigfaltigkeitsargument 193, 199ff., 217
Matrix, charakteristische, eines DS-Systems 250

Matrix
— der Konsequenzen 441
— der subjektiven Wahrscheinlichkeit 442
—, Wünschbarkeitsmatrix 441
maximale Bestimmtheit, Bedingung der 968, 988ff.
Maximax-Nutzen-Kriterium 445
Maximin-Nutzen-Kriterium 445
Mehrdeutigkeit der statistischen Systematisierung 958, 968ff., 985, 1012
Mengenfunktion 791
Mengenkörper 789
metalogisch 76
Metasprache 70
Metatheorem 70
Methode der Anführungszeichen 69
— des Verstehens 414ff.
methodologische Regeln 3f.
Mikrogesetz 529
Mindestbedingung, hinreichende 593
Minimalerklärung 942ff.
Minimalgesetz 123, 134
Minimax-Risiko-Kriterium 446f.
mithaltbar 343
Modalschicht 374
Modell, Analogiemodell 171ff., 175, 925
—, covering-law-Modell 123
— einer Formel 60
—, linguistisches 923
—, theoretisches 175
modus ponens 73, 85, 87, 93
— —, probabilistisches Analogon zum 835, 931
mögliche Realisierung 60, 62
— Welten 961ff.
Molekularsatz 99 Fn., 59, 858
Multiplikationstheorem der Wahrscheinlichkeitstheorie 825

Nachbereich 108, 550
Nachkegel 556
natürliche Arten 384
naturgesetzlich verträglich 338
Negation 45f., 62, 81
—, Prinzip der doppelten 48, 81
—, Wahrheitstabelle 46
Neovitalismus 746f.
nichtgesetzesartig s. „akzidentell"
nomologisch-isomorph 171
Normalform, adjunktive 83f.

Normalform
—, —, ausgezeichnete 85
—, —, irreduzible 915
—, konjunktive 84
—, —, ausgezeichnete 85
—, —, irreduzible 915
—, —, wesentlich reduzierte und ausgezeichnete 904
—, pränexe 93, 858
Notwendigkeitsargument 193, 214ff., 217
Notwendigkeitsoperator 94, 521
NRat 438

Objektsprache 70, 73
Offene Formel 56
offener Satz 52
Ontologie des Erklärungsbegriffs 294ff.
Operator 109, 289

Paradigma 944
paradigmatische Beispiele 1055
Paradoxie 70
P-Erklärung 255
$P_{sch}$-Erklärung 255
$P_{st}$-Erklärung 255
Pessimismus-Optimismus-Kriterium 447
Phänomenalismus 332
positionale Eigenschaft 354
potentiell erklärbar 868
Prädikat 41
—, a-Prädikat 846
—, Bezugsprädikat 842
—, Ereignisprädikat 842
—, maximal bestimmtes 842
—, pathologisches 382
—, projektierbares 382ff.
—, Verankerung eines Prädikats 385
—, Vollsatz 840
Prädikatbuchstabe, schematischer 60
Prädikatenkalkül der ersten Stufe 93
Prädikatenlogik der ersten Stufe 93
Prädikatenvariable 54
Präferenzrelation, subjektive und soziale 752
Pragmatik 71
pragmatisch-epistemische Begriffe 3ff., 633, 942
pragmatische Relation des Gegebenseins 222, 240

pragmatische Umstände 192, 201, 329
— — des Gegebenseins 201
— — erster Art 201
— — zweiter Art 201
— Wende 7 et passim
— Zeitverhältnisse 201, 221, 240
Prämisse 79f., 93
praktischer Syllogismus 484, 486ff.
Prinzip der doppelten Negation 48, 81
— der endlichen Grenzgeschwindigkeit 556
— der Prämissenverstärkung 183
— des universellen Determinismus 504, 518, 539ff., 554
—, methodologisches, des Gesamtdatums 182, 431
Prognose 122, 194f., 196, 209 s. auch „Voraussage"
—, deterministische 202
—, Gleichverteilungsprognose 273f., 834
—, IS-Prognose s. „Prognose, statistische"
—, statistische 831ff.
prognostisches Argument 201, 240
projektierbar 326, 354
—, induktiv 357
Proposition 72, 94, 101, 951
Pseudoerklärung 129, 140, 149, 321, 402ff., 925
P-System 713
Punktkonvention 52

Quantifikation 53
Quantor 52ff., 59, 62, 66f., 75
—, Allquantor 53
—, Bedeutung 59
—, Existenzquantor 53
—, Reichweite 55
Quantorenlogik 53, 75, 90, 94, 97
— mit Identität 102
Quantorenpräfix 93
quasi-analytisch 457

Ramsey-Satz-Methode 1041
Ratio 911, 933
—, IS-Ratio 852
$Ratio_0$ 917
$Ratio_1$ 921
$Ratio_2$ 922
$Ratio_2^*$ 923
$Ratio_3$ 922

Ratio$_4$ 922
Ratio$_5$ 922
rational, bewußt rationales Handeln 469ff.
—, unbewußt rationales Handeln 474f.
rationale Erwartung 954ff.
— Voraussage 971
Rationalisierung 271f., 275, 928
Rationalitätsschema, normatives 384, 449
—, erklärendes 450
RC s. „Corpus, rationales"
Realgründe vs. Vernunftgründe s. Seinsgründe vs. Vernunftgründe
Realisierung 60, 62
Realismus 1046
Reduktionssatz 161f., 165
Reduktionsrelation, empirische 1067
reduktive Erklärung 1065
reflexiv 108
Regel, Cramérsche 794
— (J) 794
— (J.1) 795
— (J.2) 795
— (MB) 818
— (MB*) 821
— (MB$_1$) 847
— (MB$_1^*$) 850
— S 802
Regularitätstheorie der Kausalität 116, 145, 512
Relation 60
—, Bereich 108
—, Feld 550
—, Nachbereich 108, 550
—, reflexive 108
—, symmetrische 108
—, transitive 108
—, Vorbereich 108, 550
Relationentheorie 108
Relativität von Intentionen auf Beschreibungen 485f.
Relevanz, informative 945
Rephrasierung 672
Retrodiktion 202, 240
— in DS-Systemen 259ff.
retrodiktives Argument 202, 240
R-System 727
rün 355

Sachverhalt 120, 150, 192, 297ff.
Satz 44, 858 s. auch „Aussage"

Satz
—, Allsatz 859
—, analytischer 72, 928
—, Atomsatz 858
—, Basissatz 858
—, beweisbarer 73, 86
—, einfacher 44f.
—, genereller 137, 858
—, geschlossener 56
—, komplexer 44f.
—, molekularer 99 Fn. 59, 858
—, offener 52, 56
—, repräsentativer 382
—, singulärer 137, 858
—, Um-zu-Satz 392
— von nomologischer Form 520
—, wahrheitsfunktioneller 45
—, Weil-Satz 141ff., 145, 196
Satzklasse 108
Satzvariable 45
Scheinursache 606ff.
—, ε- 611
— im ersten Sinn 607ff.
— im zweiten Sinn 609ff.
—, tatsächliche und notwendige 615f.
schematische Aussagenbuchstaben 45
— Prädikatbuchstaben 54
Seinsgründe 209f., 230, 536, 925
— vs. Vernunftgründe 973
Selbsterklärung 127, 321, 869ff.
Selbstregulation 715ff.
Selbstregulator 727
Semantik 71f., 101
—, intensionale 633
semantischer Sprachaufbau 72
Semiotik 71
S-erklärbar 895
Setzung 241
S-Explanans 895
Signifikanz 126
singulärer Kausalsatz 116, 167, 335, 503, 536,
— Satz 137, 858
$\sigma$-Körper 635, 790
Smaragd 324ff.
Sprache, Beobachtungssprache 131ff.
—, empiristische 126, 859
— erster Ordnung 858
—, qualitative 144
—, quantitative 144
—, theoretische 131ff.
Sprachzuordnung 672

statistisch relevant 846
Stichprobenraum 789
stochastische Unabhängigkeit 381 f.
störende Bedingung 185
strukturelle Divergenz 225, 275
Sukzessionsgesetz 249, 261, 528
Syllogismus, statistischer 781 ff., 795 ff., 836 f.
Symbolismus 42 f.
—, stenographische Funktion 42
—, präzisierende Funktion 43
—, deduktionstechnische Funktion 43 f.
Symmetrie zwischen Prognose und Retrodiktion 202
symmetrisch 108
Symptom 213
Symptomgesetz 230
Symptomsatz 161 f., 165
synonym 98
syntaktisch isomorph 171
syntaktischer Sprachaufbau 72 f.
— Ableitungsbegriff 86
Syntax 71
synthetisch 98 ff.
System 679, 710
—, abgeschlossenes 156, 189
—, deterministisches 526, 560
—, final gesteuertes 707 ff.
—, $K_1$-System 733
—, $K_2$-System 734
—, $K_3$-System 735
—, nomologisch isomorphe Systeme 171
—, P-System 713
—, R-System 727
—, verhaltensplastisches 712
Systematisierung 110, 199 ff., 271, 275, 928
—, Adäquatheitsbedingungen für 124 ff., 199, 208, 226, 229, 888, 932
—, deduktiv-nomologische 128, 204, 208, 849
—, DN-Systematisierung s. „Systematisierung, deduktiv-nomologische"
— in DS-Systemen 254 ff.
—, induktive 208
—, induktiv-statistische 781 s. auch „Systematisierung, statistische"
—, IS-Systematisierung s. „Systematisierung, induktiv-statistische"
—, statistische 204, 208, 774 ff., 781, 849
—, —, der Basisform 803

Systematisierung
—, —, induktive Interpretation 806
—, —, Mehrdeutigkeit 255, 807
—, —, nichtkonjunktiver Charakter 828
—, —, objektiv zulässige 821, 825, 850
—, —, Probleme 745 ff.
—, —, rational annehmbare 818, 825, 849
—, teleologische 643
Systematisierungsargumente, Klassifikation 208, 237 ff.

Tatsache 120, 150, 297 ff.
tatsachenwiderstreitend 333, 366
Tautologie 78, 97
Tautologietest 84
tautologisch 78 ff., 84 ff.
Teleologie 639 ff., 647, 745 ff., 756 ff.
—, deskriptive 749 ff., 755
—, erklärende 749 ff., 755
—, normative 749 ff., 754 f.
teleologische Erklärung 756 ff.
teleologische vs. antiteleologische Theorien in der Ethik 751, 756
teleologischer Gottesbeweis 758
Teleologie-Trilemma 760 f.
Theorem 70, 73 f.
Theorie 122, 862
— im schwachen und starken Sinn 1058
—, abgeleitete 862
—, Anwendungserweiterung einer 1057 f.
—, Basiselement einer 1057
—, deterministische 526, 561
—, empirischer Gehalt einer 1050 ff.
—, erfolgreiche Anwendung einer 1038,
— erster Stufe 93
—, Fundamentaltheorie 862
—, intendierte Anwendungen einer 1038, 1052 ff., 1056 f.
—, Kern einer 1056 f.
—, Modell einer 1037 f.
—, partielles mögliches Modell einer 1041
—, Spezialgesetze einer Theorie 1055 f.
—, Spezialisierung einer 1057 f.
T-theoretisch 1038 ff.
theoretische Ergänzung eines partiellen Modells 1042

theorieartig 319, 860, 862, 927 s. auch „Gesetzesartigkeit"
Theorie-Elemente, Netz von 1057
Theorienevolution 1072
Theorienimmunität gegen empirische Widerlegung 1055f., 1060
Theorienkonzept, strukturalistisches 1034ff.
Theorienproposition 1053
— im starken und schwachen Sinn 1058
Theorienreduktion 1068
transitiv 108
Tupel 62
Turing-Maschine 731ff.

Übergangsdiagramm 251
übertragbar s. „projektierbar"
Überzeugungsänderung, minimale 381f.
Umstände, Relativierung auf die 584, 590f., 593
Um-zu-Satz 392
Unendlichkeitsaxiom 89 Fn. 10
unerfüllbar 89
Unschärferelation 288, 565, 580f.
unverträglich 185, 339
Unwissenheitsspielraum 961
Ursachen 209, 213, 230, 268, 502f., 506ff., 535
—, das potentiell endlose Spiel zwischen scheinbaren und versteckten 622
—, das potentiell endlose Spiel zwischen indirekten und versteckten 624
—, direkte oder indirekte 611f.
— —, im ersten und zweiten Sinn 612f.
— —, im Weltverlauf 626
—, ε-supplementäre 620
—, ε-unmittelbare 615
— und Gründe 958
—, hinreichende 620
—, Humesche vs. nicht-Humesche 496
—, negative 620
—, notwendige, hinreichende 589
—, potentielle 605
—, prima-facie- 602ff.
—, supplementäre 619
—, tatsächliche und notwendige indirekte 615ff.
—, verborgene 617ff.
Ursachenargument 204ff., 212, 236

Ursachenbegriff, Interessenrelativität des 586
—, semantischer 537
—, pragmatischer 537f.
Utilitarismus 751

Variable, Aussagenvariable 45
—, freie 56
—, gebundene 55f.
—, gleichnamige mit einem Quantor 55
—, Individuenvariable 52
—, Prädikatvariable 54
Vereinigung 106f.
Verhalten 484
verhaltensplastisch 712
Vernunftgründe 209f., 230, 236f., 536f., 925
Verstehen 482ff.
—, erklärendes 488, 494
—, funktionales Gesamtverstehen 498
—, historisch-normatives 494
—, Methode 414ff.
—, zweiter und höherer Stufe 495
verträglich 185, 339
Vervollständigung eines Gesetzes 185
Vitalismus 677ff.
Vollsatz eines Prädikats 840
vollständiger Kalkül 75, 90
vollständiges Gesetz 185
Vollständigkeitsbedingung für Gesetze 185f.
Voraussage 122, 191ff., 240, 242 s. auch „Prognose"
— in DS-Systemen 254ff., 275ff.
—, rationale 194ff.
Voraussageargument in DS-Systemen 255
Vorbereich 108, 550
Vorkegel 556
Vorkommen, unwesentliches, eines Satzes 903, 915
—, wesentliches, einer Individuenkonstante 860
—, wesentliches, eines Wortes 41

Wahr, faktisch 80
—, G-wahr 521
—, gesetzmäßig 521
—, K-wahr 520
—, kausal 520
—, L-wahr 77, 87
—, logisch 42, 77, 86f.

wahre Satzklasse 108
Wahrheitsfunktion 45
Wahrheitstabelle 46 ff.
— der Adjunktion 47
— der Konjunktion 46
— der Negation 46
— des Bikonditionals 49
— des Konditionals 49
Wahrheitstafel 78
Wahrheitswert 41, 75
Wahrheitswertanalyse 50
Wahrheitswertargument 196 ff., 225, 227
Wahrheitswertverteilung 46, 77 f.
Wahrheitswertzuteilung s. „Wahrheitswertverteilung"
Wahrscheinlichkeit, erwartete 965 ff.
—, induktive 802
—, Häufigkeitsinterpretation 792 ff.
—, mathematisches Modell 789 ff.
—, objektive 962
—, statistische 792
—, subjektive 603, 962 ff.
Wahrscheinlichkeitskriterium 665, 957
Wahrscheinlichkeitsmischung 8, 633, 960 f., 966 ff.
Warum-Fragen 7, 948 ff.
—, Aspekt und Bezugsklassen von 7, 951 ff.
—, epistemische 113 f., 209, 215
—, Erklärung heischende 113 f., 209, 215
— und Explananda 951
—, Präsuppositionen bei 949
Weil-Satz 141 ff., 145, 196
Weltlinie 555 f., 635 ff.
Weltpunkt 555
Wertbereich 101
$W_1$-Frage 851
$W_2$-Frage 852
Wirkung 502
Wirkungsgrad einer induktiv-statistischen Begründung 855
Wirkungsrelation 555
Wissen 426 f.

Wissenserweiterung, empirische vs. epistemische 976
Wissenssituation 6 ff., 952, 957 ff.
—, dynamisches Modell einer 964 ff.
—, interpretatorische und epistemische Bestandteile einer 963
—, statisches Modell einer 960 ff.
—, Verschärfung einer 964 ff.
wollen 453 ff.
Wünschbarkeitsmatrix 441

Zeichen, deskriptives 41, 72, 75, 97
—, logisches 41, 97
zeitfolgeunbestimmt 557
Zeitindex 194
Zeitverhältnisse, gegenständliche 221, 239 f.
—, pragmatische 201, 221, 240
zielerreichende Eigenschaft 711
zielgerichtetes Verhalten 642
zielintendiertes Verhalten 642, 759
Zielverfolgung 707
Zufallsexperiment 789
Zuordnungsregel s. „Korrespondenzregel"
Zustand 247, 662, 710
—, Pseudozustand 287 ff.
—, realer 287 ff.
—, S-Zustand 288
—, T-Zustand 288
—, Wahrscheinlichkeitszustand 287 ff.
—, W*-Zustand 289
—, konjugierte Pseudozustände 291
—, U-Zustände 291
Zustandsgesetz 286 ff., 528
Zustandsgröße 551 f.
Zustandssystem s. „Diskretes Zustandssystem"
—, diskretes 286 ff.
—, —, indeterministisches 286 ff.
Zweck 758 ff.
Zweckerklärung 656
Zwischengebiet 556

# Verzeichnis der Symbole und Abkürzungen

| | | | | | |
|---|---|---|---|---|---|
| $A\ddot{A}$ | 317 | $N_L$ | 521 | $\bigwedge x$ | 53 |
| $B$ | 182 | $NF^*$ | 904 | $\bigvee x$ | 53 |
| $C$ | 182, 356 | $p$ | 778, 791 | $\top$ | 46 |
| $c$ | 182 | $p_F$ | 791 | $\bot$ | 46 |
| $C^*$ | 357 | $R$ | 660 | $\models$ | 76, 86 |
| $D_I$ | 550 | $R^*$ | 355 | $\models_A$ | 100 |
| $D_{II}$ | 550 | $\overleftrightarrow{R}$ | 550 | $\vdash$ | 86 |
| $Det$ | 553 | $Rm$ | 557 | $\Box$ | 94 |
| $E$ | 303f. | $W$ | 314f., 660 | $=$ | 102 |
| $E^*$ | 314f. | $W_D$ | 666 | $=_{Df}$ | 108 |
| $Endl$ | 554 | $W_\nu$ | 669 | $\iota$ | 104 |
| $f$ | 550 | $z$ | 662 | $\cap$ | 106 |
| $G$ | 660 | $Zg$ | 552 | $\cup$ | 106 |
| $G^*$ | 325 | $ZgKorr$ | 553 | $\in$ | 107 |
| $G_D$ | 666 | $\eta_\sigma$ | 306 | $\subseteq$ | 107 |
| $G_W$ | 669 | $\sigma$ | 303f. | $\bigcap$ | 107f. |
| $Gl$ | 557 | $\Phi$ | 712 | $\bigcup$ | 107 |
| $IKorr_n$ | 551 | $\neg$ | 45f. | $\{\}$ | 107 |
| $Lr$ | 552 | $\wedge$ | 45f. | $\{\|\}$ | 107 |
| $LrKorr$ | 552 | $\vee$ | 45f. | $\bigwedge$ | 108 |
| $M_\nu$ | 673 | $\to$ | 48 | $\bigvee$ | 108 |
| $N$ | 660 | $\Rightarrow$ | 249 | $<$ | 200, 253 |
| $N_G$ | 521 | $\rightsquigarrow$ | 329 | $\leq$ | 200 |
| $N_K$ | 521 | $\leftrightarrow$ | 49 | | |

# Probleme und Resultate der Wissenschaftstheorie und Analytischen Philosophie
## Von Wolfgang Stegmüller

Band I
## Erklärung – Begründung – Kausalität
2., verbesserte und erweiterte Auflage. 1983. Etwa 1150 Seiten
Gebunden DM 248,–. ISBN 3-540-11804-7
(Studienausgabe Teile A–G lieferbar)

*Aus den Besprechungen zur 1. Auflage:*
"...In the present work Stegmüller not only functions as an expert reporter and interpreter, but also provides quite a number of important new insights, partly based on penetrating critical analyses of previous contributions to the logic of scientific explanation and related problems of *Begründung* (justification)...
This reviewer has found a great number of suggestive and valuable insights in this book, whose clarity, precision, pertinency and timeliness, can hardly be overestimated." *The Journal of Philosophy*

Band II
## Theorie und Erfahrung
1. Halbband
**Begriffsformen, Wissenschaftssprache, empirische Signifikanz und theoretische Begriffe**
Verbesserter Neudruck 1974.
Neuauflage in Vorbereitung

"The work promises to become a classic in the German language because of its comprehensiveness, thoroughness, and clarity." *Philos. of Science*

2. Halbband
**Theorienstrukturen und Theoriendynamik**
1973. 4 Abbildungen. XVII, 327 Seiten
Gebunden DM 78,–. ISBN 3-540-06394-3

(Studienausgaben Teile A–E lieferbar)

*Auch in englischer Sprache:*

W. Stegmüller
## The Structure and Dynamics of Theories
Translated from the German by W. Wohlhüter
1976. 4 figures. XVII, 284 pages
Cloth DM 82,–. ISBN 3-540-07493-7

"...the second volume of Stegmüller's *Theorie und Erfahrung* is one of the most important contributions to philosophy of science since the appearance of Kuhn's *The Structure of Scientific Revolutions.*"
*Philos. of Science*

Band III
## Strukturtypen der Logik
In Vorbereitung

Kapitel 1 bis 8 enthalten eine systematische Darstellung sämtlicher semantischer und syntaktischer Verfahren der modernen Logik. Die Semantik wird aufgebaut als denotationelle Semantik (Interpretationssemantik) sowie als nichtdenotationelle Semantik (Bewertungs- und Wahrheitsmengensemantik). Die Kalkülisierungen der Logik werden sechsfach untergliedert in Baumverfahren, Sequenzenlogik, Dialogspiele, Axiomatik, natürliches Schließen, Positiv-Negativteil-Kalkül. Routine im Umgang mit den verschiedenen Systemen vermittelt der Nachweis ihrer Gleichwertigkeit sowie ihrer semantischen Adäquatheit. Ausführlich geschildert werden daneben die Normalformen, Kennzeichnungen, die Definitionslehre sowie die Theorien erster Stufe.

Kapitel 9 bis 15 gewähren einen Einblick in alle wichtigen metalogischen Resultate. Eingehend behandelt werden: Kompaktheit; analytische und synthetische Konsistenz zusammen mit einer Typisierung der Vollständigkeitsbeweise; die Theorie der magischen Mengen und das Fundamentaltheorem der Quantorenlogik; Unvollständigkeit (Theorem von Gödel) und Unentscheidbarkeit (Theorem von Church); selbstreferentielle Sprachen und die Theorie der Tarski-Sätze. Die beiden letzten Kapitel geben eine erste für sich lesbare Einführung in die Auszeichnung der Prädikatenlogik erster Stufe gegenüber allen anderen logischen Systemen durch die Sätze von Lindström. Ausgangspunkt dafür ist die Theorie der Isomorphien semantischer Strukturen, der Satz von Fraissé und die sog. abstrakte Semantik.

Springer-Verlag
Berlin
Heidelberg
New York

Band IV
## Personelle und Statistische Wahrscheinlichkeit

"...Stegmüller has presented a remarkably rich collection of material in a field where it has become increasingly difficult to keep an overview. ... one need not fight through the book, it can be read continuously despite its diffcult subject. ... All this recommends Stegmüller's volume as a textbook, but ... it goes far beyond the scope of a mere textbook." *Philosophia*

1. Halbband
**Personelle Wahrscheinlichkeit und Rationale Entscheidung**
1973. Neuauflage in Vorbereitung

(Studienausgabe Teile A–C lieferbar)

"...This volume is a remarkably clear, highly scholary, and masterfully written work, equally valuable for introducing the beginner to its field and for raising and clarifying important problems for advanced philosophical discussion..." *The Journal of Philosophy*

2. Halbband
**Statistisches Schließen – Statistische Begründung – Statistische Analyse**
1973. 3 Abbildungen. XVI, 420 Seiten
Gebunden DM 98,–. ISBN 3-540-06040-5

(Studienausgabe Teile D–E lieferbar)

"...In Stegmüller's very lucid and systematic exposition almost all the relevant literature has been assimilated. Both working statisticians and philosophers of science will get new insights and stimulation for further research when reading it." *Theory and Decision*

W. Stegmüller
## Neue Wege der Wissenschaftsphilosophie
1980. VI, 198 Seiten
DM 49,–. ISBN 3-540-09668-X

W. Stegmüller
## The Structuralist View of Theories
A Possible Analogue of the Bourbaki Programme in Physical Science
1979. V, 101 pages
DM 29,50. ISBN 3-540-09460-1

Springer-Verlag
Berlin
Heidelberg
New York

"These two ... books of Wolfgang Stegmüller give an impressive account of the strength and vividness of the so-called structuralist approach in the philosophy of science. ... Structuralism ... provides us ... with **tools** for reconstruction which are widely applicable, penetrative, and flexible enough to lead us eventually to a deeper understanding not only of a number of concrete theories and their interrelations, but also of what theories and their dynamics consist of on a more general level." *Erkenntnis*

MIX
Papier aus verantwortungsvollen Quellen
Paper from responsible sources
FSC® C105338

If you have any concerns about our products,
you can contact us on
**ProductSafety@springernature.com**

In case Publisher is established outside the EU,
the EU authorized representative is:
**Springer Nature Customer Service Center GmbH
Europaplatz 3, 69115 Heidelberg, Germany**

Printed by Libri Plureos GmbH
in Hamburg, Germany